1 MONTH OF
FREE
READING

at

www.ForgottenBooks.com

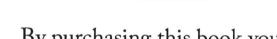

By purchasing this book you are eligible for one month membership to ForgottenBooks.com, giving you unlimited access to our entire collection of over 1,000,000 titles via our web site and mobile apps.

To claim your free month visit:

www.forgottenbooks.com/free1041291

ISBN 978-0-364-60106-8
PIBN 11041291

Friedrich Hebbel

Sämtliche Werke

Vierter Band

Dramen IV. (1862)

Die Nibelungen

Berlin 1904
B. Behr's Verlag
Steglitzerstr. 4

126684

Inhaltsverzeichnis.

Einleitung des Herausgebers.

XIV. Die Nibelungen.

In Friedrich Theod. Vischers „Kritischen Gängen" (1844 II S. 399 ff.) stand sein „Vorschlag zu einer Oper", der mit dem Satze beginnt: „Ich möchte die Nibelungensage als Text zu einer großen heroischen Oper empfehlen," und der von dem Gedanken diktiert ist, daß zwar schon das Nibelungenlied einen streng dramatischen Gang wandle, aber einer Bearbeitung als reines Drama widerstrebe. Allerdings komme alles aus dem Willen und jeder sei der Schmied seines Glücks, das Schicksal erscheine als rein sittliches Gesetz, die Vorzüge ließen sich nicht verkennen, nur müsse nach dem Grade der Subjektivität in den Charakteren gefragt werden. „Man gebe diesen Eisen-Männern, diesen Riesen-Weibern die Beredtsamkeit, welche das Drama fordert, die Sophistik der Leidenschaft, die Reflexion, die Fähigkeit, ihr Wollen auseinanderzusetzen, zu rechtfertigen, zu bezweifeln, welche dem dramatischen Charakter durchaus nothwendig ist: und sie sind aufgehoben; ihre Größe ist von ihrer Wortkargheit, ihrer wortlos in sich gedrängten Tiefe, ihrer Schroffheit so unzertrennlich, daß sie aufhören, zu sein, was sie sind, und doch nicht etwas Anderes werden, was uns gefallen und erschüttern könnte." Diese Schwierigkeit könnte der Dramatiker nicht überwinden, und doch sei es „sehr zu wünschen, daß es eine Form gebe, in welcher dieser Stoff dem modernen Gefühle genießbar würde, ohne seinen

Friedrich Hebbel

Sämtliche Werke

Historisch-kritische Ausgabe

besorgt von

Richard Maria Werner

Erste Abteilung
Neue Subskriptions-Ausgabe
(Zweite unveränderte Auflage)

Berlin
B. Behr's Verlag
Steglitzerstr. 4

Friedrich Hebbel

Sämtliche Werke

Vierter Band

Dramen IV. (1862)

Die Nibelungen

Berlin 1904
B. Behr's Verlag
Steglitzerstr. 4

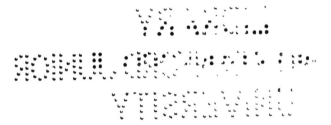

Inhaltsverzeichnis.

dasein sein Herzblut opfere, damit sie zu neuem Leben erwachen
könnten. Sie verdichteten sich in ihm, weshalb er nur nach
mancherlei Pausen mit seiner Trilogie zurecht kam. Nachdem
er schon zwei Akte zu eigener Zufriedenheit fertig hatte, mangelte
ihm noch das Vertrauen zum Ganzen, zweifelte er, ob er fort=
fahren werde. Die Tagebücher und Briefe setzen uns in den
Stand, die einzelnen Entwickelungsphasen ziemlich genau zu ver=
folgen.

Nachdem sich Hebbel längere Zeit nur in Gedanken mit
dem Stoffe getragen, mit ihm gespielt hatte, begann er im
Herbst 1855 sich ernstlicher mit den Nibelungen zu beschäftigen
und war am 18. Oktober mit den beiden ersten Scenen des
jetzigen Vorspiels fertig. Er dachte zunächst an zehn Akte, also
an zwei Stücke zu je fünf Akten, von denen das erste „Kriem=
hilds Leid“ heißen sollte. Der erste Akt, bis zum Schlusse des
jetzigen Vorspiels reichend, wurde am 2. November 1855 ge=
schlossen (Tgb. II S. 424). Im Jahresüberblick konnte Hebbel
schreiben: „Gearbeitet zwei Akte an den Nibelungen“ (Tgb. II
S. 426). Aber vorerst gedieh die Arbeit nicht weiter, denn
Ende Dezember erkrankte Christine an einer Leberentzündung,
und die Sorge brachte Hebbel natürlich aus jeder poetischen
Stimmung heraus; während dieser nüchternen Stunden schauderte
er selbst vor seinem kühnen Unternehmen, aber, so meint er
(Bw. I S. 339), „das Dichten ist nun einmal ein Mittelding
von Träumen und Nachtwandeln, und man muß es nehmen,
wie’s kommt.“ Nach Christinens Genesung fand der Dichter
den Weg zu seinem Stücke nicht wieder zurück, vielmehr begann
er am Geburtstag seiner Frau, 9. Februar, ein idyllisches Epos,
zu dem das Motiv schon lang in ihm ruhte, ohne daß ihm
bisher die richtige Form gelungen war; noch 1854 hatte er es
in einer Novelle bewältigen wollen, jetzt aber reihten sich rasch
die Hexameter aneinander, und bald waren vier Gesänge ent=
standen (Tgb. II S. 427). Dann trat im April die gewöhnliche

Sommerpause ein (Bw. II S. 228), während der Hebbel nichts
zu arbeiten vermochte; trotzdem besorgte er noch nicht, daß sein
Werk ein Torso bleiben werde (Bw. II S. 107). Von Gmunden
nach Wien zurückgekehrt, änderte Hebbel zunächst seinen Plan
und entschloß sich, anstatt der anfangs projektierten zehn kurzen
Akte, fünf lange zu machen. Deshalb erweiterte er den
vollendeten ersten Akt durch den zweiten, dem in unserem jetzigen
Stücke der erste Akt der zweiten Abteilung entspricht; Hebbel
wollte die „Bilogie" vermeiden, und ein Drama für einen
einzigen Abend schaffen, denn er dachte an die Metzgerneigungen
der modernen Theaterdirektoren, die sich eher entschließen würden,
einem Stücke Arme und Beine abzuhacken, als sich auf zwei
Abende einzulassen (Tgb. II S. 431). Jetzt sah er aber schon
„durch das Dickigt hindurch", wie er Emil Kuh schrieb (Bw. II
S. 113), und kannte den Weg, was „bei einem so desparaten
Gegenstand" schon etwas heiße. Die angespannte Thätigkeit, für
die er den Herbst segnete, wurde sogar durch ein heftiges Un=
wohlsein nicht unterbrochen, im Gegenteil machte Hebbel die alte,
bei den „Dithmarschen", der „Judith", „Maria Magdalene"
erprobte Erfahrung, daß dies geradezu der Arbeit nütze (Tgb. II
S. 432). Am 27. Oktober schrieb er eine „Meisterscene, mit
der Hagen fertig ist!" (wohl die 8. Scene aus dem 2. Akt der
zweiten Abteilung). „Eins darf ich mir sagen zu einigem inneren
Trost. Hätt' ich die Wahl jetzt, ein Theaterstück hervor zu bringen,
welches über alle Bühnen der Welt gehen und die Anerkennung
aller kritischen Schöppenstühle finden, aber nach einem Jahr=
hundert verurtheilt werden sollte, oder ein würdiges Drama zu
erzeugen, das aber mit Füßen getreten und bei meinen Lebzeiten
nie zu einiger Geltung gelangen, später aber gekrönt werden
sollte, ich wäre nicht eine Secunde in der Wahl zweifelhaft. So
genügt man denn doch wenigstens nach Einer Seite dem höchsten
Gesetz. An Tagen, wie diesem, ist Einem zu Muth, als ob man
die Feder, statt in Dinte, unmittelbar in Blut und Gehirn eintauchte."

Am 21. November 1856 schrieb er an Uechtritz (Bw. II
S. 235): „Ich stecke jetzt wieder tief in den Nibelungen, und
mein Vertrauen wächs't. Das Ganze gruppirt sich mir zu zwei
Stücken, deren jedes selbständig seyn und drei, freilich große,
Acte haben wird. Ausgeschieden kann absolut Nichts werden,
darin unterscheidet sich das Gedicht von den Homerischen; ich
muß mir daher Shakespearsche Freiheiten in Bezug auf Raum
und Zeit gestatten, die ich sonst immer als Majestäts=Regale
betrachtet und gemieden habe. Die schwerste Aufgabe war die
Brunhild, die in das Ganze, wie eine nur halb ausgeschriebene
Hieroglyphe hinein ragt; hier mußte ich auf eine Schöpfung
rechnen, und sie ist mir, zur Belohnung für meinen Muth, auch
zur rechten Zeit gekommen. Dabei erlebte ich einen kleinen
Triumph. In meinem Bilde flossen Walkyrie und Norne un=
trennbar zusammen, und das beängstigte mich, als sich nach dem
Rausch die Reflexion wieder einstellte; da fand ich zu meiner
Beruhigung in Grimms Deutscher Mythologie, daß man sich
Nornen und Walkyrien auch wirklich in den ältesten Zeiten als
vereinigt gedacht hat. Ich hoffe, in diesem Winter mit dem
ersten Stück: Kriemhild fertig zu werden und im Frühling doch
noch Zeit und Stimmung für mein Epos zu finden." Aber
schon am folgenden Tage mußte er Kuh mitteilen (Bw. II S. 116):
„Die Nibelungen stocken wieder, doch ist mir das eher lieb, als
es mich ängstigt; ich bin ihrer jetzt so gut, als gewiß, und kann
in solchen Pausen manches Einschlägige studiren." Am 28. Dezember
las er mit großer, aber betäubender Wirkung die beiden fertigen
Akte seiner Frau und dem aus Troppau eingetroffenen Kuh vor.
„Wie die Kinder", sagte dieser; „wie die ersten Menschen", jene.
„Das wäre etwas", fügte Hebbel hinzu (Tgb. II S. 435).
Damals waren also das jetzige Vorspiel und die ersten drei
Akte der jetzigen zweiten Abteilung vollendet, so daß Hebbel
mit Recht behaupten konnte, das Abgeschlossene enthalte „schon
etwas Zaubergold des versunkenen Horts" (Tgb. II S. 439).

Die eingetretene Pauſe in der Arbeit benußte Hebbel zur
Durchſicht ſeiner Gedichte für die bevorſtehende Geſamtausgabe,
es entſtanden ſogar neue Gedichte in Menge, ſo daß die lyriſche
Stimmung ihm die Rückkehr zum Drama erſchwerte; er wünſchte
ſie vom Halſe los zu werden, um zu den Nibelungen zurück=
zukehren (Bw. II S. 117). Das muß bald nach Neujahr 1857
geglückt ſein, denn am 18. Februar ſchloß er um halb ſechs
Uhr auf der Mariahilfer Hauptſtraße den dritten Akt der
Nibelungen=Tragödie und damit die erſte Abteilung, die nun
ſchon den Titel „Siegfrieds Tod" führte. Dieſer dritte Akt
umfaßte den vierten und fünften Akt der jeßigen zweiten Ab=
teilung.

Unmittelbar nach dieſer bedeutenden Leiſtung ſeßte er ſein
epiſches Gedicht fort, indem er am 23. Februar den fünften
Geſang begann, den er nach fünf Tagen fertig hatte; am 8. März
wurde der ſechſte, am 20. März 1857 der ſiebente und leßte
Geſang von „Mutter und Kind" geſchloſſen. Mit dem Ertrag
ſeiner diesmaligen Winterthätigkeit, mit der er den ganzen Kreis
der Kunſt produzierend durchwandern durfte, „was gewiß ſelten
vorkommt" (Bw. II S. 238), konnte Hebbel allerdings vollauf
zufrieden ſein; außer Lyrik, Epos und Drama waren ihm ſogar
einige wichtige Aufſäße geglückt. Dann ſeßte freilich die poetiſche
Stimmung wieder aus, und der Dichter ſuchte zuerſt auf einer
Reiſe, dann in Gmunden Erholung. Dabei kam er durch einen
Wahnſinnigen, der ihm beim Schwimmen in der Traun von
einer Brücke auf den Rücken ſprang, faſt ums Leben.

Im Herbſt 1857 erging es Hebbel wieder faſt ebenſo, wie
im vorigen und eigentlich, wie ſeit einem Viertel=Jahrhundert:
„Die ganze ſteife, proſaiſche Stimmung ſeßt ſich plößlich ohne
Vermittlung in ihr Gegentheil um, und der Sturm ſpült alle
die bunten Muſcheln wieder an den Strand, die ich ſchon völlig
vergeſſen hatte" (Bw. II S. 126). Zunächſt dichtete er mehrere
Balladen und ein neues Buch Epigramme, doch mußte er am

13. Dezember noch nicht, ob er auch in etwas Größeres hinein=
kommen, noch weniger, ob er seine Nibelungen endigen oder das
russische Stück ausführen werde, und so schwankte er noch zum
Schluß des Jahres (Tgb. II S. 450) zwischen der Fortsetzung
der Nibelungen und der Vollendung des Schillerschen Demetrius.
Aber die Nibelungen rührten sich nicht, ebensowenig wurde der
Demetrius in Angriff genommen, dafür der Operntext für Rubin=
stein binnen weniger Wochen verfaßt.

Der anregende Besuch in Weimar anläßlich der Aufführung
seiner „Genoveva" zeigte Hebbel, daß sein Demetrius willkommen
wäre und veranlaßte ihn, noch im August an die Ausführung
dieses Jugendplanes zu gehen; es gelangen ihm auch bis zu
Ende des Jahres 1858 zwei Akte. Die Nibelungen aber ruhten
tief in seiner Seele, und der mißglückte Versuch, den er am 31. Dezem=
ber machte, „Siegfrieds Tod" aufs Burgtheater zu bringen (Nach=
lese II S. 106), konnte ihn kaum zur Fortsetzung seines Werkes
locken. Denn Heinrich Laube wies zur Schmach seiner Einsicht
das Stück als unaufführbar zurück, weil er sich für einen Erfolg
nicht verbürgen konnte.

Ein Zufall führte Hebbel zu seinem Werke zurück. Um
den Unannehmlichkeiten eines Wohnungswechsels zu entgehen,
machte er im Herbst 1859 eine kleine Reise nach Weimar und
besuchte auf der Rückfahrt in Dresden seinen einstigen neapoli=
tanischen Gefährten Hermann Hettner. Des Abends kam das
Gespräch auf die Nibelungen und regte Hebbel so an, daß sich
ihm der zweite Teil, an den er seit zwei Jahren nicht mehr
gedacht hatte, urplötzlich wie ein Taschen=Perspektiv auseinander=
that und ihn nicht weilen ließ. Statt in Dresden zu bleiben,
wie er beabsichtigt hatte, eilte er nach Wien zurück, um nur so
bald als möglich an die Arbeit gehen zu können (Bw. II S. 387).
Noch im September begann er sein Stück und schloß am
26. Oktober 1859 abends den ersten Akt von „Kriemhilds
Rache". Jetzt sah er allerdings, daß es eine Trilogie geben

würde (Tgb. II S. 467), und da er am 13. November eine
Abschrift des vollendeten Stückes an Dingelstedt schickt, bezeichnet
er es (Bw. II S. 57) schon als „die ersten beiden Abtheilungen
meines Nibelungen=Trauerspiels, nämlich den „Gehörnten Sieg=
fried", wie der Prolog im Druck und auf den Theater=Zetteln
heißen soll, und „Siegfrieds Tod". Auch kann er melden, daß
bereits zwei Akte von „Kriemhilds Rache" fertig seien. An
Schillers hundertstem Geburtstag, dessen öffentlicher Feier er fern=
blieb, hatte er „eine Haupt=Scene am 2. Theil der Nibelungen
geschrieben, Siegfrieds Geburt behandelnd" (Tgb. II S. 468),
jene Partie, die er später im Interesse der Gesamtwirkung wieder
opferte (vgl. zu V. 3524ff.). Der zweite Akt wurde am 22. November
geschlossen (Tgb. II S. 469), der dritte am 17. Dezember. „Nie
arbeitete ich mehr in Einem Zuge", so schreibt Hebbel (Tgb. II
S. 474), „nie hat mich ein Werk aber auch so angegriffen, ich
habe Abends ordentlich Fieber".

Er hatte das Stück bis zu jenem Moment geführt, da sich
alles in Wolken zu hüllen beginnt; der Gegensatz zwischen Kriem=
hild und Hagen ist so scharf geworden, daß er in Thaten sich
äußern muß. Hagen und Volker halten die Nachtwache, Kriem=
hild selbst muß die Heunen an einem Angriff auf die Nibelungen
hindern. Nun wendet sich die Handlung immer mehr zu Grauen
und ergreifender Tragik und führt Kriemhild bis zum schrecklichen
Thun und noch schrecklicheren Leiden. Da erlebte Hebbel, was
er wohl niemals erwartet hatte: zwischen ihm und seinem Schüler
Emil Kuh kam es zu einem vollständigen Bruche. Noch am
2. Januar 1860 hatte er in einem Brief an Engländer (Bw. II
S. 182 f. fälschlich 1859 datiert) heiter den „Hofstaat" geschildert,
der ihn umgebe, wenige Tage darauf schied der getreueste An=
hänger, der langjährige Gefolgsmann auf Nimmerwiederkehr aus
der geistigen Tafelrunde. Das war ein entsetzlicher Schlag für
Hebbel; vierzehn Tage lang schlief er keine Nacht und war dem
Typhus nahe (Tgb. II S. 480), bis anfangs Februar währte

diese „furchtbar consequente Migraine“, deshalb konnte er auch
nichts thun. Er hatte das Gefühl vollständiger geistiger Mattig=
keit, die der körperlichen, auf eine unmäßige Blut=Entleerung
folgenden glich, wie ein Ei dem andern. Sonst stellte sie sich
immer erst ein, wenn er eine große Arbeit ganz abgeschlossen
hatte, diesmal unterbrach sie ihn darin, und er sagte sich wohl:
„Du wirst nächstens 47 Jahr alt!“ (Bw. II S. 501).

Am 7. März 1860 kam er aber trotzdem mit dem vierten
Akt zurecht (Tgb. II S. 481), und am 22. März 1860 konnte
er ins Tagebuch schreiben: „Eben, Abend 7 Uhr schreibe ich die
letzten Verse des fünften Acts von Kriemhilds Rache nieder.
Draußen tobt das erste Frühlings=Gewitter sich aus, der Donner
rollt und die blauen Blitze zucken durch das Fenster, vor dem
mein Schreibtisch steht. Beendet, wenn nicht vollendet. Die
Haupt=Scene fiel auf meinen Geburtstag, mir immer ein schönes
Zeichen für's ganze Jahr. October 1855 begann ich.“ (Tgb. II
S. 482). Erstreckten sich so freilich „Die Nibelungen“ auf einen
Zeitraum von nahezu fünf Jahren, so war doch auch dieses
Stück eigentlich in staunenswert kurzer Zeit gedichtet worden,
denn die Dichtung selbst beanspruchte trotz ihrem Umfang
(5450 Verse) und ihrer Bedeutung nicht viel über ein halbes
Jahr!

Dingelstedt wurde am 31. März 1860 in einem großen
Briefe die Meldung gemacht, daß das „Monstrum von Elf
Acten“ glücklich zustande gekommen sei. „Ob es mir gelungen
ist, die Basreliefs des alten Liedes von der Wand abzulösen,
ohne ihnen ihren Charakter zu nehmen, und ihnen genug, aber
nicht zu viel Eingeweide zu geben, muß sich nun zeigen. Mit
der größten Selbstaufopferung habe ich mich an diesem Haupt=
puncte der Aufgabe abgemüht und oft das beste Detail über
Bord geworfen, um den Alles bedingenden Grundlinien nicht zu
nah' zu treten. Dies Zeugniß kann ich mir geben, und es ist
keine Kleinigkeit, denn was man im Drama weg wirft, das ist

für immer verloren, da es eben nur an dieser und an keiner andern Stelle Werth und Bedeutung hat ... Ob man es mir aber dankt, daß ich auf alle Farben der Cultur Verzicht leiste ... ist abzuwarten ... Wenn ich nach Deinem Zeugniß im ersten Theil das Brautnacht=Mysterium discret genug behandelt habe, um gegen Anfechtungen der Prüderie gedeckt zu seyn, so habe ich im zweiten, wie ich glaube, das Grauenvolle und Ungeheuer= liche ebenfalls auf das Allgemein=Menschliche zurückgeführt, ohne den Kern anzutasten, und Kriemhild so hingestellt, daß das Mit= leid nie zurücktritt, wie sehr Furcht und Entsetzen sich auch steigern mögen" (Bw. II S. 59 f.). Hebbel fügt hinzu, daß der zweite Teil die Aufgabe der Schauspieler noch ge= steigert habe, denn statt des einen weggefallenen Siegfried seien drei neue Hauptcharaktere, Dietrich, Etzel und Rüdeger hinzu= getreten, deren jeder seinen Mann verlange. Es sei nämlich ein großer Fehler seiner Vorgänger, diese ungeheure Gruppe so nebenbei abzuthun, den gewaltigen Dietrich z. B. wie einen Strohmann hinzustellen, für den einige Kreidestriche genügten, und ihm doch zuletzt das Schwert des Schicksals anzuvertrauen. Er habe es umgekehrt gemacht und schmeichle sich, dadurch seinem elsten Akt nicht bloß an Rührung und Erschütterung, sondern auch an theatralischer Spannung über alles Frühere gehoben zu haben; freilich seien aber dadurch auch die Schwierigkeiten der Darstellung um ein Unendliches gestiegen.

Aber der kühne Theatermann Dingelstedt ließ sich durch Hebbels Warnungen und Proteste nicht abhalten, mit seinen bescheidenen Weimarer Kräften das zu versuchen, was Laube mit dem ausgezeichneten Ensemble der „Burg" nicht hatte wagen wollen. Am 31. Januar 1861 wurde in Weimar „Der ge= hörnte Siegfried" und „Siegfrieds Tod" zum erstenmal auf= geführt; der Dichter war anwesend und konnte sich von dem unzweifelhaften Erfolg überzeugen: „eine Aufmerksamkeit und Todtenstille, als ob nicht von der Vergangenheit, sondern von

der Zukunft die Rede wäre und eine fest zusammengehaltene
Stimmung" (Nachlese II S. 140). Auch früheren Gegnern,
wie dem geistvollen Hofrat Schöll, gewann Hebbel durch das
Stück vollste Bewunderung ab. Es war der Beweis erbracht
worden, daß es auf der „realen Bühne" selbst mit verhältnis=
mäßig schwachen Schauspielern festen Fuß fassen könne. Dingel=
stedt ging nun auch an die Inscenierung von „Kriemhilds Rache",
bei der ihn Hebbel durch unbarmherziges Streichen des Ent=
behrlichen redlich unterstützte (Bw. II S. 72). Frau Hebbel
sollte dabei in Weimar gastieren, was nur durch eine aller=
höchste Urlaubsbewilligung des Kaisers Franz Joseph sich ermög=
lichen ließ. Am 16. und 18. Mai 1861 wurde die Trilogie mit
dem vollständigsten Erfolg dargestellt (vgl. Bw. II S. 280).
Nun folgten andere Bühnen, sogar, freilich erst zwei Jahre
später, das Burgtheater, überall war der Eindruck dieses nationalen
Trauerspiels gleich mächtig und nachhaltig, und ist es bis heute
geblieben; Alter und Jugend werden ergriffen und hingerissen,
wenn die gewaltigen Nibelungen die Bühne beschreiten, und in
demselben Hamburg, von wo aus noch 1865 der Litterarhistoriker
Georg Reinhard Röpe in einem Programm „Über die drama=
tische Behandlung der Nibelungensage in Hebbels Nibelungen
und Geibels Brunhild" verkündigte, das Hebbelsche Drama sei
wegen des Widerstreits zwischen der Reckenhaftigkeit der Personen
und der normalen Körperlichkeit der Schauspieler eine unerlaubte
Zumutung an die Phantasie des Publikums, in demselben Ham=
burg konnte noch kürzlich eine Vorstellung für die Schulen mit
größter Wirkung veranstaltet werden.

Zum Druck brachte Hebbel die „Nibelungen" nicht sofort,
weil er keinen geeigneten Verleger hatte; aber am 22. Oktober
1861 verkaufte er das Manuskript in Hamburg an Julius
Campe, denn „nur in Campes Händen wird ein Buch lebendig"
(Nachlese II S. 176); der Druck begann Ende Januar 1862
bei Campes Neffen, A. Holzhausen, in Wien, am 29. Februar

war er bereits vollendet (Nachlese II S. 204 und 207). Im
November 1863 erhielt Hebbel den 1859 gestifteten Schiller=
preis, der alle drei Jahre für das beste während dieses Zeit=
raums aufgeführte Drama verliehen werden sollte; 1861 ward
der Preis nicht zuerkannt, es hatten nur Freytags „Fabier"
lobende Erwähnung erhalten; nun 1863 bekam Hebbel den
Preis, während die von früher übriggebliebene Summe Otto
Ludwig als Anerkennung zu teil wurde (vgl. Europa 1863 Sp. 726).
Damals lag Hebbel schon schwer krank darnieder, es war die
letzte große irdische Freude, die er erlebte. Einen Monat später
weilte er nicht mehr unter den Lebenden.

„Dolmetsch eines Höheren" nannte sich der Dichter in
einem Gespräche mit dem Großherzog Karl Alexander, dieser
aber erwiderte: „Sie verdolmetschen Sich Selbst", und Hofrat
Schöll fügte hinzu: „wenigstens giebt es keinen zweiten Dolmetsch,
wie Sie, in der Welt" (Nachlese II S. 143). In diesen Worten
ist wirklich die Stellung und Bedeutung der Hebbelschen
„Nibelungen" historisch und persönlich treffend ausgedrückt.
Hebbel machte mit vollstem Gelingen aus unserem Nationalepos
ein bedeutendes Drama und ein erhebendes Theaterstück, er ver=
pflanzte den ergreifendsten Stoff unserer deutschen Sage auf
jene Stätte, von der die unmittelbarste Wirkung auf unser
Publikum ausgeht; es gelang ihm aber nur, weil er eben
Friedrich Hebbel, dieses so einziggeartete Dichterindividuum war,
dem kein anderes in seiner Zeit und seit seiner Zeit glich. Wenn
wir eine befriedigende Darstellung des vielbehandelten Themas
besäßen, dann würde sich zeigen, wie jede Periode zufolge der
zufälligen Umstände zu einer anderen Dramatisierung der
Nibelungen geführt wurde und mit ihren historisch bedingten
Mitteln die Eroberung des Stoffes für die Bühne versuchte.
Natürlich kann eine Arbeit von solchem Umfange nicht beiläufig
aus Anlaß eines einzigen, wenn auch noch so bedeutenden Dramas
behandelt werden, auch würde dies von der eigentlichen Aufgabe

dieser Einleitung viel zu weit abführen, weil für Hebbel selbst
nur drei Vorgänger in Betracht kommen: Fouqué, Raupach und
Geibel; sie, eigentlich nur die beiden letztgenannten allein, hat
er bei seinen gelegentlichen Äußerungen im Auge, sie nennt er
z. B. im Briefe vom 15. Januar 1861, da er Dingelstedt
(Bw. II S. 68) den Unterschied zwischen seinen und früheren
Dramatisierungen darlegt. „Soweit ich urtheilen kann",
schreibt er, „haben es meine beiden Vorgänger Raupach und
Geibel in zwei Puncten versehen und darum die Wirkung ganz
oder zum Theil verfehlt. Einmal glaubten sie, sie dürften das
alte Gedicht zerstückeln und einzelne Glieder willkürlich ver=
arbeiten; das geht aber nicht, hier heißt es: Alles oder Nichts!
Dann hielten sie den Ton nicht einfach genug; man muß bei
einem solchen Stoff aber auf $^9/_{10}$ der Cultur Verzicht leisten
und mit dem Rest doch auskommen, ohne trocken zu werden.
Das ist die ganze Kunst, aber die Herren wollten mit ihrem
Ich nicht zurücktreten und nicht umsonst im 19ten Jahrhundert
geboren seyn. Daß ich mich selbst verläugnet habe, wird eine
gerechte Kritik früher oder später einräumen; ich wollte dem
Publicum bloß das große National=Epos ohne eigene Zuthat
dramatisch näher rücken."

Mit dieser Äußerung hat Hebbel die Grundlinien seiner
Dramatisierung gezogen und auf den Hauptvorzug seiner
„Nibelungen" hingedeutet, zugleich giebt er damit eine scharfe
Kritik seiner beiden nächsten Vorgänger. Schon in seinem
Litteraturbriefe vom 15. Mai 1858 (Illustrierte Zeitung 30
S. 319) war er anläßlich der Besprechung von Geibels „Brun=
hild" auch auf Fouqués echt poetisches und Raupachs unbestreit=
bares theatralisches Talent eingegangen. Er tadelte an Fouqués
Dichtung, wiewohl er ihre einzelnen charakteristischen Züge gern
anerkannte, jene gesuchte Erhabenheit, die ebenso einförmig als
unerträglich ist, und die Cirkulation des Blutes aufhebt, so daß
die Menschen erfroren umfallen, wie auf hohen Alpen. Fouqué

stelle Geschöpfe hin, die mit uns gar nicht mehr verwandt seien, weil sie wie die Bewohner des Mondes, wenn er deren hätte, ohne Luft und Wasser leben könnten.

Friedrich Baron de la Motte-Fouqué zeigt uns in den umfangreichen drei Teilen seines Dramas „Der Held des Nordens" (Berlin 1808, dann 1810 vgl. Kürschners Deutsche National- litteratur Bd. 146, 1) die ganze Freude des Romantikers an dem neuentdeckten Stoffe, den er sich erst durch das Studium der nordischen Sprachen aneignete. Er wandelt mit seiner Dramatisierung der nordischen, damals noch recht fremdartigen Sage die Wege der romantischen, aus Lyrik und Drama ge- mischten Gebilden und nimmt die Gestalten, wie sie ihm von der Sage geboten werden, ohne sie uns näher zu rücken. „Fouqué motiviert gar nicht, er stellt seine Helden wie mathe- matische Größen hin . . . rührt und erschüttert uns aber auch ebenso wenig", sagt Hebbel. Jene weiche zerfließende Weise, die mehr andeutet als ausführt, die immer wieder in dunkle „Runenlieder" voll unverständlicher Erhabenheit umschlägt und die Verschwommenheit offianisch steigert, war wohl geeignet, einzelnes stimmungsvoll herauszuheben, nicht aber, ein wirkliches Drama zu schaffen. Hebbel konnte bei Fouqué auch nicht einen Fingerzeig für die dramatische Bewältigung des Stoffes finden, wohl aber scheinen sich ein paar kleinere Züge seinem Gedächtnis eingeprägt und ihn bei seinen selbständigen Erfindungen angeregt zu haben. Wenn bei Fouqué (I S. 52) Sigurd nach der Tötung Faffners auftritt:

> Was ist mir denn begegnet? Bin ich Sigurd?
> Ich kenne mich nicht mehr, dieweil ringsum
> Der Vögel Zwitschern in verständ'gen Reden
> Mir kenntlich wird, als sei ich ihres Gleichen,

und dann ein Schwalbenpaar belauscht, so könnte das bei Hebbel V. 615 ff. nachklingen. Wenn Reigen, Faffners Bruder und Sigurds Waffenmeister, von Andwars Ring, der Krone des

Niflungenschatzes, (I S. 58) singt: „Der schafft mir neuen
Schatz“, so kehrt das bei Hebbel V. 4399 ff. wieder. Die
Stelle, in der Brynhildis (I S. 66 f.) ihre Gabe der Weis=
sagung hervorhebt, könnte den Anstoß zu Hebbels Erfindung
(I 2 V. 850 ff.) gegeben haben. Beim ersten Zusammentreffen
Sigurds mit Gunnar und Högne läßt Fouqué die künftigen
Schwäger in Streit geraten, der aber durch Spiele ausgetragen
wird. Högne wirft (I S. 98) einen Stein, Sigurd aber wirft
den seinen „zwei Drittheil weiter“; darin ließe sich der Keim
zu der schönen Scene Hebbels (Vorspiel 3) erblicken. Die
Schilderung Brynhildis', die Gunnar (I S. 158) giebt:

Festen starren Schlafs
Liegt sie noch immer fort . . .
Nun wie todt
Liegt vor mir das geliebte Bildniß.

wird in „Kriemhilds Rache“ (III 1) durch Werbels später weg=
gefallene Worte (V. 3814 ff.), die grause Scenerie des Schlangen=
turms (II S. 112 f.) vielleicht durch Rumolds Erzählung (V. 4139 ff.)
und die Scene (II S. 164), in der sich die Hunnen einer in des
andern Schwert werfen, da sie von den Flammen umzingelt sind,
durch Dietrichs Worte (V. 4575 ff.) wiedergespiegelt; das wären
die einzigen Züge, die man bei Hebbel allenfalls auf Fouqué
zurückzuführen vermöchte.

In Ernst Raupachs fünfaktiger Tragödie „Der Nibelungen=
hort“, zuerst 1828 aufgeführt und 1834 erschienen, sah Hebbel
ein „mit der gewohnten Geschicklichkeit des Verfassers auf den
Theater=Effect“ berechnetes Drama, das seinen Zweck bei gehöriger
Besetzung der Hauptrollen selten verfehlen werde. Zwar be=
hauptet Bendiner (Allgemeine Deutsche Biographie 27 S. 439),
Raupach habe damals schon als ein Vergessener gegolten, aber
Hebbel konnte noch am 8. Dezember 1850 mit Recht an Rötscher
schreiben (Bw. II S. 316), der „miserable Niblungenhort“ stehe,
was die Aufführung betrifft, jeder Neubearbeitung des Stoffes

im Wege, sah er doch, wie das geniale Spiel Christinens das
Stück auf der Bühne hielt, auch andere Stücke Raupachs, wer
denkt nicht an „Müller und sein Kind", sind bis heute nicht
von den Brettern verschwunden. Der „Nibelungenhort" wird
allerdings ganz merkwürdig verschieden beurteilt; während
Bendiner das Stück „vielleicht die schwächste unter den vielen
dramatischen Bearbeitungen der Sage" nennt, bezeichnet es
Goedeke (Grundriß III S. 543 f.) als eine neue selbständige
Gestalt und unter den Nibelungentragödien bis dahin als „die
beste und ein wirksames Theaterstück", jedenfalls „immer noch
besser, als das crude Puppenspiel Hebbels, das sich einer größeren
Gunst zu erfreuen gehabt hat".

Unzweifelhaft ist auch der „Nibelungenhort" ein Zeichen
seiner Zeit. Raupach, einseitiger Verstandsmensch und unstreitiger
Virtuose der Theatermache, steht allen seinen Stoffen kalt und
teilnahmslos gegenüber, er betrachtet sie nur als Gelegenheit zu
— Scenen. Darum läßt ihn das Ganze: Komposition, Gliederung,
überhaupt alles, was zum Kunstwerk gehört, gleichgültig, er sieht
nur darauf, das Einzelne, selbst auf Kosten der Charakteristik
und des Zusammenhangs, bühnenwirksam herauszuarbeiten. Man
möchte fast sagen, seine Stücke glichen den damaligen Opern und
brächten Bravourarien, zu denen herzlich matte Recitative hin=
überleiten müssen. Unmittelbar nebeneinander stehen gesucht
pathetische Tiraden und trocken kanzleimäßige Banalitäten. Und
wie die Sprache, zerfällt auch das Stück in kleine, widerspruchs=
volle Motive, die nur für Schauspielermätzchen oder Aktricen=
kunststücke den willkommenen Anlaß bieten. So zerzupft Raupach
auch die Nibelungen, holt nicht bloß aus dem Nibelungenliede,
sondern auch aus anderen Quellen Einzelheiten hervor, um sie
kaleidoskopisch aneinander zu reihen und, was er brauchen kann,
zu einem sehr ungleichmäßigen Brei zusammen zu rühren. Dar=
über geht das Ganze völlig in Brüche, ja, es wird vieles nur
angedeutet, weil die Konzentration in ein einziges Drama bloß

mit Verflüchtigung der Thatsachen gelingen konnte. Raupach
setzt Bekanntschaft mit dem Stoffe voraus und tupft bald hier,
bald dort ein Detail an; freilich legt er dann doppelten Nach=
druck darauf; „er bleibt stehen oder trippelt im Hahnenschritt
näher, wo er nicht schnell genug vorübereilen könnte, und zieht
Siebenmeilenstiefeln an, wo er verweilen sollte." Ganz fehlt
der Darstellung das Ahnungsvoll=Poetische, dessen bei Fouqué
manchmal zu viel wird. Mit Nüchternheit oder mit theatralischem
Raffinement werden die Motive des Liedes eingeführt; so giebt
sich Brunhild nach dem Verluste der drei Waffengänge noch
keineswegs besiegt, sondern sagt zu Günther:

> Doch einen Kampf noch mußt Du kämpfen.
> Sobald die Nacht des Himmels Licht verhängt,
> Wird auch bereit die Hochzeitskammer sehn.
> Nicht aber willig folgen werd' ich Dir.
> Mit starkem Arm mußt Du dahin mich tragen,
> Mit starkem Arme werd' ich widerstehn,
> Und nichts vermagst Du, bis Du diesen Gürtel —
> Betracht' ihn wohl, in ihm liegt meine Kraft —
> Bis Du den Gürtel mir geraubt; doch kannst Du
> Es nicht vollbringen, eh' die Mitternacht
> Den jungen Tag gebiert, verfällt Dein Haupt.

Schon vorher haben ihre Frauen auf dieses Kleinod „einen
purpurnen Gürtel mit silbernen Runen" bedeutsam hingewiesen.
Siegfried ist's, der mit einem widerlich=rohen

> Haha! nun giebt es einen lust'gen Kampf
> Mit einer schönen Maid bei dunkler Nacht.

den Vorschlag macht, er wolle der wilden Braut in der Tarn=
kappe den Gürtel rauben. Er thut es nicht bloß aus Verlangen
nach dem Lohn, Chriemhilds Hand, „ich thät' es auch der Kurz=
weil halber". Übrigens bricht er den Schwur des Schweigens
unwillkürlich sofort und verrät Hagen, daß er in der Tarnkappe
Brunhild besiegt habe. Dann erst warnt Hagen den König vor
dem Abenteuer und bezeichnet den Unterschied zwischen sich und

Siegfried: dieser liebe außer Günther noch etwas auf Erden, er liebe nur die Treue gegen den König.

Wie hier hat Raupach im ganzen Theaterstück willkürlich abgerissene Teile des alten Epos zu Flicken seines Bettlermantels verwendet und es möglich gemacht, in den ersten drei Akten die Handlung bis zum Tode Siegfrieds zu führen. Manche Roheiten stoßen ab, so, daß der „edle Held aus Niederland" seine Frau, wie im Lied, schlagen will und dann wieder geistreiche Reden mit ihr wechselt; manches wirkt unwahrscheinlich, z. B. die lange Trauerrede Volkers an der Leiche Siegfrieds, nachdem eben alle Helden die That Hagens gebilligt haben. Ute, Gernot und Giselher kommen nicht vor, die Nebenpersonen bleiben ganz schattenhaft, überdies wird durch die langen Zeiten, die zwischen den einzelnen Handlungsreihen verstreichen, der Verlauf des Ganzen noch abgerissener und das Zusammendrängen des Beibehaltenen noch peinlicher. Nebensächliches ist breit dargestellt, Wichtiges dafür nur flüchtig gestreift. Günther spricht in Island beim Anblick der Naturschätze wie ein Händler, und der Gegensatz zwischen Brunhild und Chriemhild ist die Folge des kleinlichen Neides auf den Luxus, den Chriemhild der Nibelungenhort gestattet. Brunhild ist älter und weniger schön, dabei aber Königin, ja schon vor ihrer Vermählung selbständige Königin, während Chriemhild noch keine Krone trägt. So wird allerdings alles modern menschlich, aber dafür auch kleinlich und niedrig. Durch das ganze Stück geht ein widerliches Keifen der einzelnen Personen unter einander, denn nicht bloß zwischen der Gruppe Siegfried-Chriemhild und der Gruppe Brunhild-Hagen, sondern auch zwischen Brunhild und Hagen, Gunther und Hagen nimmt der Zank und Streit kein Ende.

Im vierten Akt wirbt nicht Rüdiger, sondern Etzel selbst und leistet den Schwur der Rache mit vollem Bewußtsein, im fünften folgt dann am Rhein das Blutbad, wobei die tragische Episode Rüdigers ganz getilgt, dafür ein höchst theatralischer

Selbstmord Brunhilds, die sich mit ihrem Söhnchen in den Rhein stürzt, neu erfunden ist. Dietrich, selbst Etzel kommt gar nicht zur Geltung.

Aus dieser Darstellung konnte Hebbel also nur lernen, wie man es nicht machen dürfe, wenn nicht Größe und Erhabenheit des nationalen Stoffes verloren gehen solle. Wohl aber scheint er eine Zeit lang durch Raupach zu der Ansicht verführt worden zu sein, daß er mit fünf großen Akten ausreichen könnte (Bw. II S. 113), was er freilich bald als unmöglich aufgab. Die Betrachtung des „Nibelungenhortes" muß ihn überzeugt haben, nur mit Beibehaltung aller bedeutenden Personen des Epos lasse sich der Stoff auch dramatisch wirksam darstellen; geschah das aber, dann mußten sie/von einander abgehoben und in das richtige gegenseitige Verhältnis gesetzt werden. Denn gerade das war ein Hauptfehler Raupachs gewesen, daß seinem Drama die innere Einheit, die wirkliche, alles im Ebenmaß haltende Form mangelte.

Kommt man vom „Nibelungenhort" zu Geibels „Brunhild" (1857), dann fühlt man sich aus dem dumpfen Brodem der künstlichen Koulissenwelt in die sonnendurchwärmte Luft einer lieblichen Ideallandschaft versetzt. Hatte Raupach skrupellos genutzt, was ihm Theaterwirkung versprach, wenn es auch weiterhin nichts bedeutete, so wählte Geibel mit seinem zarten Gefühl nur das aus, was zur psychologischen Erläuterung seiner Personen dienen konnte. Sein Streben ging auch hier dahin, das Ganze in schönen Linien durchzuführen, und darum begnügte er sich, ein einziges Problem herauszugreifen und in freier Umwandlung durchzuführen. Etwa ein Menschenalter trennt seine Dramatisierung der Nibelungensage von Raupachs Versuch, und der Unterschied der Zeiten tritt klar hervor. War bei Raupach die Erbschaft der Aufklärung, der Romantik und der leeren Theatralik nicht zu verkennen, so finden wir bei Geibel das epigonenhafte Streben nach ausschließlichem Schönheitskultus,

einen wohlthuenden, aber nicht hinreichenden Zug nach dem
Klassizismus. Wir haben den Eindruck, daß ihm sein Stoff
wirklich am Herzen liegt, daß er sich in die Seele seiner Ge=
stalten hineinzuleben verstanden hat, daß er mit ihnen jubelt
und klagt, kämpft und leidet, aber mit der heimlichen halb=
unbewußten Freude über dies sein Vermögen, mit einer leichten
Koketterie und unwillkürlichen Pose. Bei Raupach vergessen wir
niemals den Macher, aber bei Geibel ebensowenig den Künstler.
Er schafft eine „Brunhild“, aber er schaltet frei und schranken=
los mit dem Stoff, denn ihm steht die Schönheit höher als die
Wahrheit. Zwar sprach er im Vortrag vom 9. Februar 1857
(vgl. Litzmann, Emanuel Geibel 1887 S. 193) von der doppelten
Anforderung „einerseits die überlieferten Heroengestalten durch
psychologische und ethische Vertiefung unserem Bewußtsein so
nahe zu bringen, daß sie ein menschliches Interesse in uns zu
erregen vermöchten, andererseits aber dennoch denselben von
ihrer ursprünglichen starren Größe so viel zu lassen, als die
ungeheuern, im Stoffe gegebenen Motive erforderten, um nicht
als unwahr und mit ihren Trägern im Widerspruch zu er=
scheinen“; aber er maß seinem ganzen Wesen nach der ersten
Anforderung höheren Wert bei und lebte der Überzeugung, „daß
die Voraussetzungen unserer Kultur und Bildung auch die Vor=
aussetzungen unserer Poesie sein müssen“. Er sucht also alles
zu vermeiden, was einer vergangenen Kultur= und Bildungsstufe
entspricht: nicht Heroen, sondern gewöhnliche Menschen führt er
vor, einen Siegfried ohne Hornhaut, ohne Tarnkappe und
Nibelungenhort, eine Brunhild ohne Walkyrjentum, er vermag
auch damit zurecht zu kommen, nur erinnert er sich zum Nach=
teil seines Werkes doch wieder an die zweite Forderung und
tilgt nicht alles Wunderbare. So behält er die drei Kampf=
spiele bei, die aber Siegfried nicht in der Tarnkappe, sondern
verkleidet in Gunthers Adlerhelm, „in Gunthers Bild verstellt“,
gewinnt, so tilgt er den nächtlichen Kampf nicht ganz und beläßt

wenigstens „der Doppelspange vom Gürtel“ ihre verhängnisvolle
Rolle. Und doch hätte schon 'die verschmähte Liebe Brunhilds
zu Siegfried als Motiv des ganzen Zwistes genügt. So lehrte
sein Versuch, daß nur alles oder nichts herüberzunehmen war,
daß man mit den Trägern eines ungeheueren Stoffes auch alle
Mittel einer vergangenen Kultur belassen müsse. Geibel trachtete,
was schon Röpe richtig betonte, nach einer Umbildung, wie sie
Goethe in seiner „Iphigenie“ vorgenommen hatte, nach einer
Verinnerlichung der Motive, allein er blieb auf halbem Wege
stehen und folgte jener Ästhetik, die im Drama ein genaues
Verhältnis zwischen Schuld und Strafe verlangte. Darum wird
für jede der beteiligten Hauptpersonen mit fast gerichtlicher
Schärfe ihr Maß von ethischer und moralischer Verschuldung
dargelegt, was aller schönen Einkleidung zum Trotz ernüchternd
wirkt.

Aber noch eines konnte Geibels „Brunhild“ mit ihrem
unerwarteten Schluß darthun, daß bei einem Herausgreifen einer
einzelnen Episode die gewaltige künstlerische Idee des deutschen
Nationalepos vollständig verschwinde. Wie dröhnend erklingt
nach dem Untergang des ganzen Geschlechts, das nur Dietrich
und Etzel betrauern können, das Schlußwort des Epos: dietze ist
der Nibelunge nôt, wie farblos bleibt Sigruns Prophezeiung
zu Ende des Geibelschen Dramas: „Das ist der Nibelungen
Noth und Untergang!“ Ein interessantes psychologisches Problem
bietet die „Brunhild“, ein Weltproblem aber liegt im National=
epos vor, und dieses dramatisch zu gestalten, fühlte sich Hebbel
berufen. An einem einzigen Punkte könnte man bei ihm einen
Einfluß Geibels annehmen, in der Erfindung Friggas, die ihr
Vorbild an Sigrun hat; aber wenn hier ein Anstoß zu Hebbels
Motiv vorliegt, dann brachte er es erst voll zur Geltung und
hob es weit über seinen Ursprung hinaus. Freilich müßte man
auch Gora in Grillparzers „Goldenem Vließ“ unter den Ahnen
Friggas nennen, ohne zu weiterem Resultate zu kommen.

Vielleicht haben Raupach und Geibel, die einzigen „Vor=
gänger", die für die süddeutsche Sagenform in Betracht kommen,
Hebbel in seiner Pietät für die Überlieferung bestärkt und ver=
anlaßt, nichts als der Dolmetsch eines Höheren sein zu wollen.
Damit stimmte das, was Friedrich Vischer ausgeführt hatte, im
Ganzen überein, und diesem „Vorgänger" fühlte sich Hebbel
verwandter, als den anderen. „Niemand hat auf dies Gedicht
größern Einfluß gehabt, wie Sie," mit diesen Worten überschickte
Hebbel dem Ästhetiker ein Exemplar seiner Trilogie (Bw. II
S. 493), und das ist nicht etwa eine Höflichkeitsphrase,
sondern entspricht durchaus der Wahrheit, denn sowol die ein=
leitenden Erwägungen Vischers, wie seine Skizze des Opernbuches
haben in Hebbels Drama Früchte getragen, und zwar so stark,
daß man einen großen Teil des Aufsatzes citieren müßte, um
nichts Wesentliches zu übergehen. Nur darf man nicht vergessen, daß
Vischer für Hebbel nicht mehr als der Wecker des tiefsten Schaffens
ist, daß er ihm höchstens willkommene Bestätigung bietet. Wenn
Vischer (S. 410) betont, daß er „mäßige Einmischung des
Wunderbaren" für einen Vorteil des Stoffes halte, und „die
Verkündigung des Untergangs aller Nibelungen aus dem Munde
der Meerweiber", die Tarnkappe, etwas Sagenhaftes bei Brun=
hild als die beizubehaltenden Motive nennt, so folgt ihm Hebbel,
geht aber noch einen Schritt weiter und läßt den Fluch, der auf
dem Nibelungenhorte liegt, die Hornhaut, sogar die Zwerge als
Hüter des Schatzes zu Recht bestehen. Er beachtet Vischers Winke
über die Unklarheit der Motivierung im Liede, vermag sich aber
nicht alles Vorgebrachte anzueignen und kann vor allem die
Bedenken gegen die Verwertung der Brautnacht und den Vor=
schlag, wie man trotzdem Siegfrieds Ausplaudern des Geheim=
nisses und den äußeren Anlaß des Königinnenzwistes retten könne,
als unzutreffend, ja kleinlich nicht berücksichtigen. Hebbel kann
dem zustimmen, was Vischer über die Notwendigkeit der „drama=
tischen Abbreviatur" besonders dem letzten Kampf gegenüber sagt,

(S. 414), aber von Vischers Erfindungen vermochte er auch nicht eine einzige zu nutzen. Vergleicht man nun gar Hebbels Drama mit dem ausführlichen Plan, den Vischer für seinen Operntext aufstellt, dann sieht man erst, wie groß der Abstand zwischen einem Traum und dem Leben ist, wie viel einem Plan zur wirklichen Gestalt fehlt. Man erkennt aber auch, daß Vischer trotz seinem tiefen Gefühl für Poesie, trotz seiner Verse und seiner dramatischen Versuche kein echter Dramatiker, kein Poet, sondern nur ein feinfühlender Dilettant war.

Es ist unthunlich, alle Übereinstimmungen zwischen Hebbels Drama und Vischers Plan aufzuzählen, weil sie eben auf eine gemeinsame Quelle zurückgehen, nur auf einen und den anderen Punkt sei hingewiesen. Vischer betont die Notwendigkeit, daß gezeigt werden müsse, wie Kriemhild keine rechtmäßige Strafe des Mörders erwirken kann, im Gegenteil aufs Neue von Hagen und zwar auf dem empfindlichen Punkt des Rechtsgefühls ver= letzt wird, ehe sie zum äußersten schreitet, und das macht sich Hebbel zu Nutze; auch der Wink (S. 422), daß Kriemhild um späterer Vorgänge willen ihrem Bruder Gunther verziehen haben müsse, ging nicht verloren, Hebbel erwähnt diese Versöhnung, hält sich aber treuer als Vischer ans Nibelungenlied. Dafür folgt er dem Rate Vischers, den Empfang der Nibelungen durch Kriemhild mit dem Auftritt „Wie sie der Schildwacht pflagen" zu vereinigen, während er andere Zusammenziehungen unmöglich bringen konnte, weil darunter die dramatische Wahrscheinlichkeit gelitten hätte. Den Vorschlag Vischers, das Gebäude, worin die Nibelungen kämpften, in den Hintergrund zu stellen und eine Treppe in zwei Armen zum Eingang führen zu lassen (S. 431), nahm Hebbel an; sonst ließ sich gerade vom Schlusse, den Vischer sehr frei gestaltet hatte, nichts verwenden. Ein tief= gehender Unterschied zeigt Hebbels Kraft recht sinnfällig. Vischer sagt (S. 419): „Das Annähen eines Kreuzes auf Siegfrieds Gewand, wozu Hagen die Chriemhilde unter trügerischem Vor=

wande beredet, muß . . . wegbleiben, weil der mythische Zug
von Siegfrieds Hornhaut, die sich bloß auf eine verwundbare
Stelle des Rückens nicht erstreckt, in der Oper offenbar keine
Stelle finden kann." Hebbel behält beides bei und gewinnt
dadurch eine bedeutsame Charakteristik Hagens. Da Siegfried
unverwundbar ist, kann man ihn nur morden, nicht mit ihm
kämpfen; Siegfried ist vom Drachen nicht zu trennen, und
Drachen schlägt man tot. Hagen wird also zum Mörder, nur
weil er den offenen Weg nicht wählen kann. Durch diese Erfindung erscheint er gehoben, zugleich aber bildet dann Kriemhilds
Vorgehen gegen ihn die genaue Entsprechung, und sie wieder-
holt zum Schluß (V. 5244 f.) Hagens Wort vom Drachen, den
man tötet.

Hat also Vischer auch großen Einfluß auf Hebbel genommen,
ausschlaggebend war doch nur der Einfluß des Nibelungenliedes.
Im Gang der Handlung, in der Auswahl der Personen, in der
Verwertung des Mythischen schloß sich Hebbel ihm treu an und
ergänzte es nur in wenigen Punkten durch die nordische Sage,
dort, wo es auf weiteres hindeutet, ohne darauf einzugehen.
Die Anschauung leitet ihn dabei ausschließlich. Nicht „zerstückelt"
sollte das alte Gedicht werden, sondern zusammengesetzt nach dem
herrlichen Plan, der ihm zu Grunde liegen mußte. Denn Hebbel
nahm in dem lebhaften Nibelungenstreite, der damals noch die
Germanistenwelt in zwei Parteien zerriß, entschieden Stellung
gegen Lachmanns Liedertheorie, indem er ohne wissenschaftliches
Rüstzeug, wohl aber mit dem ausgebildetsten Kunstgefühl die
Einheit des Werkes betonte und es auf einen bedeutenden Dichter
zurückführte. Seine Dramatisierung sollte sich auf der Linie
fortbewegen, die schon dieser Dichter vorgezeichnet hatte. In
Hebbels Äußerung über „einen vortrefflichen Vortrag von Bonitz
wider die Einheit des Homer" finden wir Näheres darüber
(Tgb. vom Februar 1860 II S. 480 f.); er greift die Beweise
an, die z. B. aus den Kategorieen von Zeit und Raum her-

genommen werden und darthun wollen, „daß an Einem Tage
und an Einem bestimmten Ort unmöglich so viel geschehen sein
könne, als der Dichter geschehen lasse". Dagegen wendet Hebbel
ein: „Sehr wohl, Ihr Herren, aber der erste Act der Kunst ist
eben die vollständige Negation der realen Welt, in dem Sinne
nämlich, daß sie sich von der' jetzt zufällig vorhandenen Er=
scheinungsreihe, worin das Universum hervor tritt, trennt und
auf den Urgrund, aus dem sich eine ganz andere Kette hervor=
spinnen kann, wie sie sich historisch nachweisbar daraus hervor=
gesponnen hat, zurückgeht". Ebenso verhält sich Hebbel dem
Nibelungenliede gegenüber: er geht auf den Urgrund zurück, ver=
setzt sich gleichsam in die Seele des alten Nibelungendichters und
sucht aus ihr heraus die dramatische Gestalt seines Werkes hervor=
vorzuspinnen, nicht mit dem Interesse des Antiquars, wohl aber .
von der Überzeugung geleitet, daß der Nibelungendichter „Drama=
tiker vom Wirbel bis zum Zeh" gewesen sei. Daß Hebbel übrigens
auch von einer ganz gesunden Auffassung in den besonderen wissen=
schaftlichen Fragen geleitet wurde, ergiebt die köstliche Ironie, mit
der er Pfeiffers Kürnberger=Theorie bespricht (Tgb. II S. 526).

Hebbel sah im Nibelungenliede bereits zwei Hilfsmittel der
nordischen Sagengestalt verschmäht: die doppelte Vermählung
Siegfrieds und den Trank der Vergessenheit, durch den Siegfried
für Kriemhild gewonnen wird. Dagegen sah er den Gestalten=
tausch zwischen Siegfried und Gunther durch die unsichtbar=
machende Tarnkappe vermieden. Nun hatte sich ihm eben erst
gezeigt, daß ein solches Symbol, der unsichtbarmachende Ring
des Gyges, ohne Schwierigkeit im Drama verwerten lasse, wenn
es nur nicht zum bestimmenden Faktor der Handlung wird;
weshalb hätte sich daher Hebbel die Tarnkappe, dieses unserem
Fühlen aus der nationalen Sage geläufige Symbol entgehen
lassen und wie Geibel eine andere Verkleidung dafür einführen
sollen? Es war ja wieder nur ein äußeres Zeichen jener über=
menschlichen Macht, die dem einzelnen verderblich werden kann.

Die Hünen- und Reckenhaftigkeit der einzelnen Helden war gleichfalls gegeben und durfte nicht fehlen; so viel Phantasie konnte dem modernen Publikum zugemutet werden, daß es einem Manne, noch dazu unter Hilfe einer zauberhaften, kraftverleihenden Nebelkappe, ungewöhnliche physische Leistungen glaube, nur die phantasielose Nüchternheit eines Röpe konnte daran Anstoß nehmen. Natürlich mußte mit diesem körperlichen Übermenschentum auch das ganze weitere Kulturniveau herübergenommen werden, durch das es bedingt ist. Schwierigkeiten bereitete Hebbel seinem Geständnisse nach Brunhild, die er dann glücklich in eine mystisch-mythische Beleuchtung rückte, aber wohlweislich nicht direkt, sondern indirekt durch die Erzählung Friggas, also durch das Mittel des subjektiven Glaubens. Es wird mit Geschick unentschieden gelassen, ob Brunhilds überirdische Abstammung nur eine Wahnidee der heidnischgesinnten Amme oder Thatsache sei. Die Vision Brunhilds vor ihrem Kampfe mit Gunther-Siegfried hebt die Gestalt der vermenschlichten Valkyrie im entscheidenden Augenblick als ungewöhnliche Erscheinung, ohne dadurch aus dem Rahmen des Dramas herauszufallen. Das Übernatürliche hat Anteil an dieser Jungfrau, die nicht nur durch ihre körperliche Kraft, auch durch ihre Sehergabe die Töchter der Menschen überragt. Sie sollte als die letzte eines absterbenden Geschlechtes erscheinen und zu einer Ergänzung Siegfrieds werden. Das wollte Hebbel dann durch die Nachricht von Siegfrieds Geburt im dritten Teil noch näher erklären, doch opferte er später die ganze Scene dem Zusammenhange. Siegfried erscheint darnach als das Riesenkind, das in einem geweihten Augenblicke gezeugt wird und das beste Mark aller Geschöpfe in sich saugt; so wie ein solcher Knabe empfangen ist, wird ihm die Braut geweckt, mit der er Wunderkinder zeugen soll, und das thun die toten Götter: sie dürfen ein Mägdlein, das denselben Augenblick verschied im Arm der Mutter, neu beleben und ihm vererben, was sie selbst besaßen. Vermählen sich diese beiden, dann kommt

ein anderes Geschlecht und bedroht die Menschheit mit dem Unter=
gang; diese regt sich dann aber umsomehr und stellt eine zweite
Braut, ein mit jedem Reiz geschmücktes Weib, der ersten ent=
gegen. Behält sie den Sieg, so ist die Welt gerettet und rollt
aufs neue tausend Jahre fort. Alle drei aber sind dem Tode
geweiht.

In dieser mysteriosen Vorstellung steckt die Idee, daß nach
großen Zeitläuften die Weltanschauung einen vollständigen Um=
schwung erlebt. Und einen solchen Zeitpunkt greift Hebbel her=
aus. Damit folgt er auch wieder einer Anregung des Nibelungen=
liedes, worüber er sich in Briefen an Uechtritz des näheren aus=
gesprochen hat, denn es berühren sich darin Heidentum und
Christentum so sehr, daß Hagen trotz einem wizze Krist noch
dem alten Heidentum angehört. Das hat Hebbel genutzt und
sein Drama in jene Periode verlegt, da sich die Idee des
Christentums gegen das absterbende Heidentum siegreich fühlbar
macht. Eine Welt geht zu Grunde, weil ihr die Größe der
sittlichen Auffassung fehlt, weil sich ihre Vertreter im starren Ver=
folgen der persönlichen Rache gegenseitig vernichten müssen und
selbst durch ihr erhabenstes ethisches Prinzip, die Treue, nur in
Schuld und Mord verwickelt werden. Eine neue Welt ersteht, die
aus dem Gedanken der persönlichen Sündhaftigkeit eine ganz
ungeahnte Kraft schöpft: durch Leiden Thun! Indem Hebbel
diesen Gegensatz am schärfsten in Dietrich und Hagen ausprägte,
gewann er eine sehr bedeutsame Rolle für jenen und konnte
wohl sagen, man werde sein Drama vielleicht zu christlich nennen
(Bw. II S. 247). Schon in diesem Punkte zeigt sich, wie Hebbel
in seiner Dramatisierung der Nibelungen Dolmetsch des alten
Dichters und zugleich sein eigener Dolmetsch ist. So sehr er
sich gegen unberechtigte Ansprüche von religiöser Seite auflehnte,
was seine Briefe an Uechtritz oder Luck lehren, und die Freiheit
seiner persönlichen Stellung in Glaubenssachen energisch ver=
teidigte, ebenso lebhaft hat ihn vom Anfang bis zum Schlusse

seines Lebens das religiöse Problem beschäftigt. Immer wieder fühlt man sich bei einer Betrachtung seiner Dramen auf diese Thatsache hingewiesen, erkennt aber zugleich, daß für Hebbel das religiöse mit dem sittlichen Probleme zusammenfällt. Schon bei der „Judith", der „Genoveva", bei „Herodes und Mariamne" mußte darauf hingewiesen werden, auch die anderen Dramen, „Maria Magdalene", „Agnes Bernauer", „Gyges und sein Ring" streifen wenigstens das religiöse Gebiet. Hebbel betrachtete nun auch die „Nibelungen" von diesem Standpunkt aus, weil er durch das alte Lied mit Notwendigkeit darauf geführt wurde. Während des Beginns seiner Arbeit an den Nibelungen schreibt er einmal im Tagebuch (23. März 1856 II S. 247): „Wenn das Christenthum sich auch nur als das zweckmäßigste und un= widerstehlichste Organisations= und Civilisations=Institut vor der Vernunft legitimirte, wäre es damit nicht genug legitimirt?" Darum stellt er dar, daß jene Welt zu Grunde geht, die von der Mahnung, „Gedenke dessen, der am Kreuz verdarb" (V. 2704) unberührt bleibt, aber eine neue sich erhebt: „Im Namen dessen, der am Kreuz erblich!" (V. 5456)

Nicht von einer vorgefaßten Idee ließ sich Hebbel leiten, er ist auch hier der Dolmetsch eines Höheren und konnte die Macht des Christentums kaum richtiger darstellen, als im Gegen= satz zum germanischen Heidentum. Auch vermeidet er es, diesen Gegensatz zu scharf in den Vordergrund zu rücken, doch betont er ihn an bedeutsamen Stellen und gewinnt dadurch eine welt= historische Perspektive; nun handelt es sich nicht mehr um einen einzelnen Fall, sondern um eine geschichtliche Notwendigkeit.

Dies wird aber auch für die Zeichnung der einzelnen Per= sonen des Dramas wichtig. Während sich z. B. Geibel alle nur erdenkliche Mühe giebt, die tragische Schuld der Einzelnen psychologisch darzulegen und so der landläufigen Theorie des Dramas zu genügen, ein Versuch, der ihm Hebbels grausamen Spott zuzog, hat Hebbel das verhängnisvolle Schicksal aus ihren

Naturen und ihrem Zusammenstoß hervorgehen lassen und auch
darin treuer als seine Vorgänger die Tradition gewahrt.   Nur
mit großer Spitzfindigkeit läßt sich bei ihm Verschuldung im
technischen Sinne des Wortes heraustifteln.   Dietrich sollte in
später gestrichenen Versen sagen:

> Ein Mord ist zwar ein Mord,
> Doch, däucht mir, spricht aus Hagens dunkler That
> Ein Haß, den die Natur vertreten muß! —

Nicht etwa, als hätte Hebbel es versäumt, seine Personen zu
motivieren, nein, er vermied nur zu motivieren, was sich nicht
motivieren läßt, sondern nimmt im Sinne seiner Rezension von
Geibels „Brunhild" „das Ungeheure, das auf Glauben rechnen
muß, weil es alles Maaß überschreitet" als gegeben hin; „die
Momente, wo die Recken zum Menschlichen zurückkehren und wo
der Dichter sie dem Gemüth näher zu führen vermag", ließ er
nicht unbenutzt.   Nur verfuhr er, wie das Nibelungenlied, an=
deutend.   So konnte es freilich geschehen, daß Kühne im
Charakter der Brunhild die Liebe zu Siegfried vermißte, während
nach Hebbels zutreffender Behauptung (Bw. II S. 290) die ganze
Brunhild bei ihm nur aus Liebe zu Siegfried besteht und es
gleich durch ihr erstes Wort beim Eintritt der Werber verrät;
überdies sagt Hagen noch ausdrücklich (B. 2161 f.): „Sie liegt in
seinem Bann, und dieser Haß hat seinen Grund in Liebe."
Hebbel berief sich mit Stolz auf seine Zurückhaltung und hatte
das Recht dazu, denn die „Nibelungen" erheischten eine große
Linienführung, mit der sich miniaturmäßige Technik nicht ver=
tragen hätte.   In seinem Epigramm rühmt er vom Nibelungen=
lied, es rede öfter durch Zeichen und Gebärden, als durch unser
geschmeidiges Wort und bediene sich auch dann noch des schlichtesten,
das es nur finde; hätte es nun nicht geheißen, das Ganze zer=
stören, wenn er in seiner Dramatisierung gleich Geibel den
Glanz des Goethischen „Tasso" darüber ausgebreitet hätte.   Auf
Siegfrieds „hölzerne" Liebeserklärung wies Hebbel selbst wieder=

holt in Briefen hin (Bw. II S. 59, 391) und bemerkte dabei,
es würde unleiblich und fehlerhaft sein, „wenn es nicht durch
den Styl des Ganzen bedingt wäre; aber es war ja eben das
Alpha und Omega der Aufgabe, die ungeheuren Gestalten mit
Eingeweide zu versehen, ohne ihnen die großartigen Umrisse zu
nehmen, und das konnte, wenn überall, nur durch eine herbe
und strenge Behandlung glücken". Hebbel verstand es, die
einzelnen Helden von einander abzuheben und ihnen trotz seiner
Schweigsamkeit Physiognomie zu leihen. Den trotzig herben
Hagen kennzeichnet er gleich mit den ersten Worten des Vorspiels
und schlägt darin den Grundton an, der dann das ganze Weitere
beherrscht; ebenso macht er es mit dem waldfrisch reckenhaften
Siegfried, der mit der ganzen Welt anbinden und kämpfen
möchte, dabei aber gutmütig, harmlos, ja kindlich ist. Hagen
und Siegfried erscheinen von Anfang an ihrem Wesen nach
ähnlich, nur in der Erscheinung verschieden: kampffreudig sind
beide, abenteuerlustig und kraftfroh, aber gerade dadurch kommen
sie sofort in Gegensatz, denn der eine ist sonnig, der andere
düster, jener nimmt das Leben in jugendlicher Laune als be=
glückendes Spiel, dieser in trotzigem Grimm als eine gewaltige
That. Und diese beiden Männer werden zusammengeführt. Hagen
muß sehen, daß ihn sein Gefühl nicht trog, daß er wirklich mit
Siegfried sich nicht messen kann (V. 90 ff.), er muß ihn unwill=
kürlich und doch widerwillig gelten lassen, empfindet es aber als
persönliche Kränkung, daß Siegfried von seinen Thaten eigentlich
so gar kein Aufhebens macht, so daß der Wert anderer Helden
herabgedrückt wird. Das ist deutlich in den Versen (4479 ff.)
des dritten Teils ausgesprochen, in denen Hagen seinen Gegen=
satz zu Siegfried erklärt; dieser hat die Ehren spielend gepflückt
und mit einem Blick, als wollte er sagen: ich mag sie nicht!
die Ehren, die sich Hagen und die Seinen Blut und Todes=
wunden kosten ließen. Aus diesem Gegensatz, der seinen Grund
doch nur in einer tiefen Ähnlichkeit hat, folgt das Weitere, und

eines immer aus dem andern. Bei Hebbel weiß Hagen vom
Beginn, daß Siegfried in der Nebelkappe für Gunther die Braut
bezwingen will und billigt es, doch ist er es, der Stillschweigen
fordert. Er verlangt von Siegfried auch noch die Bändigung
Brunhilds in der Nacht. Dann aber nach dem Streit der
Königinnen spricht auch er nicht von einer Schuld Siegfrieds,
nur vom Mangel an Witz, sich auszureden (B. 1905), von der
Unmöglichkeit, ohne Erröten zu lügen. Dafür zieht ihn alles
das, was ihn bei Siegfried abstößt, bei Brunhild an; sie ist das
einz'ge Heldenbild, dem er sich willig neigt (B. 1753), darum
spricht er als erster das Wort: „Der Mann muß sterben!"
Stärker als Gunther selbst leidet er unter der Schmach der
Königin und ruht nicht eher, als bis sie im Blut Siegfrieds
abgewaschen ist. So folgt eines aus dem anderen mit zwingen=
der Notwendigkeit: ist der Stein einmal im Rollen, kann ihn
nichts mehr aufhalten.

Einen anderen Gegensatz stellen Brunhild und Kriemhild
dar, und aus ihm ergiebt sich der Anstoß zur Katastrophe.
Beide lieben Siegfried, doch kommt es Brunhild erst allmählich
zum Bewußtsein. Der Heldenjungfrau hat der Held das schlichte
Mädchen vorgezogen, was jene zur Rache reizt. Brunhild, durch=
drungen von dem Gefühl ihrer Kraft, muß ihre Besiegung als
eine Heldenthat Gunthers ansehen, bedeutender als die Thaten
Siegfrieds, und darum Kriemhilds Stolz auf ihren Gatten ver=
lachen, wodurch sie das Verhängnis heraufbeschwört und sich
selbst den größten Schmerz zufügt. Alles das liegt schon im
Nibelungenliede verschlossen und brauchte von Hebbel nur sinn=
gemäß entwickelt zu werden.

Das Vorspiel und „Siegfrieds Tod" schließen sich also eng
an das Epos an, bieten aber doch ein par Erfindungen Hebbels,
in denen er seine ganze nachfühlende Genialität zeigt. Dazu
gehört das wunderbare Kampfspiel, das Frau Ute mit Kriem=
hild vom Fenster aus beobachtet; hier waltet eine so ursprüng=

liche Phantasie, wie in den besten Teilen des Nibelungenliedes,
es bietet Gelegenheit zu vortrefflichen Charakteristiken aller
Hauptpersonen. Der burschikose Übermut Siegfrieds, schon durch
sein erstes, von Uechtritz getadeltes Auftreten vorbereitet, zeigt
sich von seiner harmlosen Seite, birgt aber trotzdem den Keim
zu Zwistigkeiten. In der sich anschließenden Scene wird die
Vorgeschichte ungezwungen und späteres anknüpfend mit kurzen
Strichen gekennzeichnet und Siegfrieds Stellung zu Brunhild
durch die schlichten Worte „Brunhild rührte ... in aller ihrer
Schönheit nicht mein Herz, und wer da fühlt, daß er nicht
werben kann, der grüßt auch nicht" scharf beleuchtet. Gerade
der ganze Zusammenhang mit seiner etwas lauten Abenteurerlust
nimmt dem Plane der Werbung um Brunhild einen Teil des
Peinlichen und läßt sie nur wie ein weiteres, etwas gewagtes
Abenteuer erscheinen.

Der erste Akt von „Siegfrieds Tod" hebt mit der Scene
zwischen Frigga und Brunhild ahnungsvoll mysterios an, was
durch die Vision noch gesteigert wird, um dann in einem hellen
Fanfarenton bedeutsam auszuklingen. Der zweite beginnt mit
der köstlichen Werbescene Siegfrieds, die wohl zu den glänzendsten
Zuthaten Hebbels gehört; ebenso vortrefflich ist der Eintritt
Brunhilds in Worms mit der lieblichen Veilchenepisode, wobei
sich schon der dumpfgrollende Donner hören läßt und einzelne
Blitze in Friggas Worten aufleuchten. Die kurze Scene zwischen
Wulf und Truchs über den Fluch des Zaubergoldes leitet
stimmungsvoll zu dem Weiteren über; sie stoßen, noch wie
im Scherz, den Ruf aus, der bald zu blutigem Ernst führen
soll: „Hie Brunhild!" „Kriemhild hie!" Die Vorbereitung der
Hochzeitsnacht gelingt keusch und doch ihrer Bedeutung gemäß.
Noch einmal, wie zum Schluß des Vorspiels, die Warnung vor
einem Brechen des Schweigens. Alle Kunst wendet Hebbel auf,
um allmählich den Streit der Königinnen vorzubereiten und
psychologisch zu entfalten. Die Art, wie sich Siegfried unwill=

türlich immer mehr verwickelt und, ohne zu schwatzen, alles
verrät, ist musterhaft, und die Scene zwischen Siegfried und
Kriemhild bildet einen wirksamen Kontrast zu jener zwischen
Gunther und Brunhild. Der Streit selbst mit seiner zwingenden
Steigerung bildet den Höhepunkt und führt notwendig zur
Katastrophe. Bei ihr hat sich Hebbel weder die List mit
Lüdegast und Lüdeger, noch das Kreuz auf Siegfrieds Gewand
entgehen lassen, weil das Motive sind, die zur Motivierung des
letzten Teiles dienen und eine Parallele im Heunenlande finden.
Die Scene, in der vom Kaplan die christliche Lebensauffassung
entwickelt wird, steht an einer besonderen Stelle, wodurch vor
dem Ausgang ein neues Ideal gezeigt wird. Im fünften Akt
ist die Ermordung Siegfrieds ziemlich genau nach dem Epos
gestaltet, auch der erste Schmerz Kriemhilds. Nur legt Hebbel
schon hier sorgsam den folgenden Übergang Kriemhilds an. Die
Domscene mit ihrer Mischung von Heidentum und Christentum
schließt ab, weist aber auch auf das Kommende hin und scheidet
Kriemhild von den Ihren endgültig.

Wenn man diesen Teil mit Geibels Drama oder mit
Raupachs Theaterstück vergleicht, dann leuchtet ein, daß nach
Hettners Wort (Bw. II S. 388) wirklich einzig Hebbel imstande
war, die alten Recken wieder lebendig zu machen; für „Kriem=
hilds Rache“ war dann noch die Aufgabe zu bewältigen, daß
der tiefe tragische Konflikt, ohne die granitne Schlichtheit und
Gebundenheit der Charaktere zu beeinträchtigen, herauskomme.
Wie das erreicht wurde, verdient Beachtung, denn hier mußte
stärker dem Epos nachgeholfen werden. Hebbel geht aus von
einer Darstellung des Familienbildes im Hause der Burgunden
nach dem Tode Siegfrieds: Leid und Zwist, gegenseitiges Miß=
trauen und Verschlossenheit bei der Gruppe der Übelthäter; der
Fluch des sterbenden Siegfrieds hat sich erfüllt, und die, um
derentwillen alles geschehen ist, Brunhild, lebt ohne Anteil, geistig
tot weiter. Der Widerstreit zwischen Hagen und den anderen

wird durch die zweite Scene klar und ausführlich dargestellt,
weil darauf das ganze Stück ruht. Die Werbung Etzels giebt
den Anlaß, den Schleier von dem Familiengeheimnis zu ziehen,
sie wird auch für Kriemhild bestimmend. Diese läßt Hebbel in
schwer errungener Fassung erscheinen: von den Menschen hat sie
sich zurückgezogen und bei den Tieren Zuflucht gefunden; ihren
Sohn hat sie zu Siegmund an den Niederrhein geschickt, denn
sie erwartet von ihm nur, daß er den Mörder seines Vaters
töte, aber nichts für sich; selbst Rache zu nehmen, daran denkt
sie nicht. Erst die Nachricht von Hagens Befürchtungen regt sie
auf und zeigt ihr einen Weg, den sie bis dahin nicht für mög=
lich gehalten hätte. Noch einmal erhebt sie Klage gegen Hagen
Tronje, doch wieder verschließt ihr Gunther sein Ohr, da ent=
scheidet sie sich, den Markgrafen Rüdeger zu empfangen. Von
Etzel hat sie eine Vorstellung, die seinem früheren Wesen ent=
spricht, zuerst an Blut und Feuer, dann erst an einen Menschen
denkt sie bei seinem Namen; auch Rüdeger kennt sie als einen
Mann, der nach Abenteuern begierig ist. Wenn sich König Etzel
seine Braut aus einer „Mördergrube" holt und Markgraf
Rüdeger als Boten senden kann, um Siegfrieds Witwe zu
freien, dann glaubt sie von ihnen erwarten zu können, was
Hagen befürchtet; in diesem Sinn läßt sie Rüdeger den Schwur
leisten, der auch seinen Herrn verpflichtet: ihr keinen Dienst zu
versagen. Diese psychologische Entwickelung ist klar und die Vor=
bereitung des tragischen Konflikts, dem Herr Rüdeger entgegen
geht, nicht minder, doch setzte Hebbel später die Worte (V. 3277):
„Sie kennen meinen Preis, ich bin's gewiß!" hinzu, um das
Verständnis zu fördern. Nachdem sich Kriemhild den Dienst
Rüdegers gesichert hat, reicht sie ihm als Stellvertreter Etzels
die Hand zur Verlobung, von Gunther erhält sie sein könig=
liches Wort, daß er sie besuchen werde. Sieben Jahre lang
zögert er, dieses Wort einzulösen, so daß ihn Kriemhild durch
die Einladung zur Sonnwendfeier daran mahnen läßt. Die

Burgunden ziehen donauabwärts ins Heunenland, nehmen aber
ihren „ganzen Staat“ mit; auch Hagen bleibt nicht zurück, denn
trotz ihrer Ahnung wollen sie den Schein der Furcht nicht auf
sich laden. Kriemhild ließ Hagen nicht mit einladen, aber sie
kannte ihn und wußte, daß er kommen werde. Sie will Rache,
hofft aber noch immer, ihren Bruder Gunther zum Gericht an
Hagen bestimmen zu können; zwar trifft sie ihre Vorbereitung,
um „mit List“ zu erreichen, was ihr etwa durch Klage nicht
gelingen sollte, doch hat sie in erster Linie die Meinung, im
Heunenlande werde König Gunther frei und könne sich entschließen,
Hagen dem Burgundschen Henker zu überliefern, dann brauche
sie die heun'schen Rächer nicht. Werbel giebt ihr eine Schilderung
dessen, was er in Worms gesehen und gehört hat, daß Brunhild
am Grabe Siegfrieds haust, von welcher geweihten Stätte sie
durch Kriemhild vertrieben werden soll, daß Ute vor der Reise
einen prophetischen Traum hatte, in dem sie alle Vögel tot
vom Himmel fallen, die Kinder sie wie Blätter im Herbst zu=
sammenscharren sah. Deshalb schickt sie ihrer Tochter statt jeder
anderen Botschaft nur eine Locke: sie ist schneeweiß. Kriemhild
betrachtet die Locke und sagt:

> Ich kann Dich wohl versteh'n! Doch fürchte Nichts!
> Mir ist's nur um den Geier, Deine Falken
> Sind sicher bis auf ihre letzte Feder,
> Es wäre denn — Doch nein, sie hassen sich!

Der Eindruck von dem Familienstreit ist ihr geblieben, des=
halb glaubt sie, Gunther brauche nur dem Einflusse Hagens
entzogen zu werden, dann müsse er Gericht über ihn halten; auf
Hagen, nur auf Hagen hat sie es abgesehen. Von Etzel
erhält sie Vollmacht, das Fest zu richten, wie es ihr gefällt,
darum glaubt sie, ohne ihn auszureichen; er brauche ihr nicht
zu helfen, es ist schon genug, wenn er sie nicht hindert.

    Schon bei der Begrüßung kommt es zu einem Wortwechsel
zwischen Kriemhild und Hagen, doch beherrscht sich die Königin

noch, brauſt aber auf, da Hagen ſich weigert die Waffen ab=
zulegen; nun weiß ſie, daß jemand die Burgunden warnte, und
hört mit ſtaunender Entrüſtung, Dietrich ſei es geweſen.
So treten die Burgunden unter dem Zeichen des Blutes ein.
Bald erkennt Kriemhild, daß es mit Liſt nicht geht, denn Hagen
wacht; da will ſie es verſuchen, die Heunen dadurch zur That
aufzuſtacheln, daß ſich Hagen ſelbſt zum Mord an Siegfried
bekennt, den Nibelungenhort hat ſie ihnen ſchon vorher zum
Preis beſtimmt. In der Nachtſcene, die grandios mit Volkers
Viſion vom Schatz anhebt, gelingt es freilich nicht, die Heunen
zum Handeln zu reizen. Aber die Könige werden geweckt, und
nochmals, zum letzten Mal fordert Kriemhild Gericht: die
Burgunden ſollen im Ring zuſammentreten, nach Recht und
Pflicht entſcheiden und den Spruch vollziehen. Gunther weigert
ſich wieder und liefert Hagen auch nicht aus. Es bleibt nur
Gewalt, doch zuerſt fragt Kriemhild noch um, beſchwört Giſelher
und Gerenot, die keinen Teil an dem Mord haben, von Hagen
zurückzutreten, vergebens. Sie halten ihm Treue, und das kann
Kriemhild nicht verſtehen, denn ſie haben die Treue gebrochen,
als es höchſte Tugend war, nicht einen Finger breit von ihr zu
wanken, nun, da es Schande iſt, wollen ſie treu ſein. Der
Klägerin hält Hagen ihren Teil an der Schuld vor und mahnt
ſie, zu büßen; ſie aber hat gebüßt, denn ſie iſt Etzels Gemahlin,
die Mutter ſeines Sohnes geworden und will jetzt Erſatz für
ihre Leiden. Die Treue hat ſie gebrochen, aber nur aus Treue;
das will ſie zeigen und müßte ſie hundert Brüder niederhauen,
um ſich den Weg zu Hagens Haupt zu bahnen. Hagen wollte
ſie treffen, aber ihre Brüder ſtellen ſich zum Schutz vor ihn
und haften mit. Kriemhild iſt empört über ihre Brüder, die
aber auch nicht anders vorgehen können, denn ſie ſind that=
ſächlich ſeine Mitſchuldigen; ſie haben ſeine That nicht gehindert,
weil ſie trotz ihrem Abſcheu vor dem Morde Siegfrieds ſeinen
Tod für notwendig hielten. Mögen ſie dem Mörder auch kein

mildes Wort mehr gönnen: wenn es sich um die Folgen seiner
That handelt, dann müssen sie für ihn einstehen, soll nicht ewige
Schmach auf ihr Haupt fallen. Um Kriemhilds und ihre Haltung
zu erklären und das folgende Vorgehen Etzels vorzubereiten,
schob Hebbel auf Dingelstedts Rat (Bw. II S. 78) die Scene
(IV 7) zwischen Dietrich und Etzel ein.

Die Entscheidung erfolgt aber nicht sofort, denn Kriemhild
liebt ihren Bruder Giselher und versucht, ihn zu retten, freilich
geht Rüdeger nicht darauf ein, den Zauber zu verschicken, der
sie bannt. Aber selbst, da Volker den geputzten Heunen durch=
bohrt, um die Entscheidung zu beschleunigen, hindert Etzel den
Ausbruch des Zwistes, denn er wahrt das Gastrecht, obwohl
er Kriemhilds Sache führen will. So lange die Burgunden
unter seinem Dache weilen und die Pflichten des Gastes erfüllen,
sind sie sicher; wenn sie geschieden sind, dann wird er sie im
Kampf bestehen und furchtbare Rache nehmen. Damit ist aber
Kriemhild nicht gedient: offener Heldenkampf, vielleicht gar Sieg
für die Schlächterei im dunklen Wald, das wäre Lohn statt
Strafe. Mord um Mord will sie, und Etzel soll dazu ge=
zwungen werden. Das erreicht sie, da Hagen das Söhnlein
Etzels tötet; nun ist auch Etzel selbst gestochen und setzt die
Burgunden aus dem Frieden in den Unfrieden, um seinen Sohn
und sein Weib an ihnen zu rächen. Kriemhild aber opfert ihren
Sohn, weil sie ihn nicht liebt, er sie vielmehr an ihren schwersten
Schritt erinnert, an ihre zweite Hochzeitsnacht. Trotzdem läßt
Hebbel ihr Muttergefühl hervorbrechen; zuerst ruft sie aller=
dings nur: „Das Kind!", setzt aber sofort hinzu: „Mein Kind!"
(V. 4956); so erregt sie wohl Furcht, aber auch Mitleid.

Immer größer wird das Leid; die Heunen und die Burgunden
fallen, Iring und Thüring, Irnfried und Blödel, aber Hagen
lebt! Ist Kriemhild auch ein Unhold, sie ward es durch ihre
Feinde: sie haben ihr die Gedanken umgefärbt, sie sind die
Teufel, die sich in ihr nur spiegeln. Immer weiter muß sie

gehen, wenn nicht alle bisherigen Opfer umsonst gebracht sein
sollen. Um zu zeigen, wie Kriemhild zum äußersten getrieben
wird, dient die tragische Episode Rüdegers, deren Breite wohl
mit Unrecht getadelt wurde. Sie giebt nicht nur ein Vorspiel
der grausen Notwendigkeit, daß sich tötet, was sich liebt, sie
stellt noch einmal das Bild der leidenden Kriemhild (V. 5190 ff.)
vor uns hin, ehe wir sie tiefer in Blut versinken und vor unseren
Augen erstarren sehen. Sie will auch jetzt nur das Leben des
einen, allen anderen steht die Thür offen; aber Giselher selbst,
den sie bis zuletzt liebt, verwirft diesen Ausweg und steigert
dadurch Kriemhilds Zorn ins Ungemessene; denn selbst Giselher
schwieg, da es gegolten hätte, Siegfried zu schützen, und Hagen
bleibt er treu. Kriemhild vermochte damals ihre Seele nicht
zu retten, da sie mit Etzel in das zweite Ehbett stieg, und
klammerte sich mit ihren Gedanken an Rüdegers Eid, wie Judith
an das Schwert des Holofernes, Sühnung von der Zukunft für
die Schmach der Gegenwart erwartend. Das Verhängnis schreitet
weiter, da nun Rüdeger in den Kampf zieht! Immer wortkarger
wird Kriemhild, und nach Giselhers Fall ruft sie: „Nun wohl,
so ist es aus." Bis zum Schluß steigert sich das Grauen,
und doch können wir der armen gequälten Frau unsern Anteil
nicht versagen, sondern empfinden zuletzt ihren Tod als Er-
lösung. Sie leidet innerlich, während die Nibelungen doch nur
äußere Kämpfe bestehen müssen und Kampf ihr Lebenselement
nennen können.

Festgefügt ist die Kette der psychologischen Entwickelung,
ohne daß Hebbel zu kleinen Mitteln hätte greifen müssen.
Kriemhild wird mit Notwendigkeit zur furchtbaren Rächerin, die
nicht einmal vor dem einzig geliebten Bruder Halt macht; sie
bleibt in den großen Maßen des Epos, ohne dadurch abstoßend
und unverständlich zu werden. Aber auch die anderen Personen
hat Hebbel in demselben Maßstab gezeichnet und durch manches
erfundene Detail wunderbar charakterisiert. Ich verweise nur

auf Hagens tiefergreifende Worte (B. 5419 f.), durch die er sich
zum Stuhl des erschöpften Gunther anbietet.   Stärker, als in
„Siegfrieds Tod“ wird Hagens elbischer Charakter betont, und
sein Heidentum tritt aus der christlichen Verkleidung immer
schärfer hervor. Dadurch bildet er einen Gegensatz zu Dietrich,
der trotz seiner übermenschlichen Kraft freiwillig die Dienstbarkeit
auf sich nimmt, um sich als Christ im Gehorsam zu üben;
zugleich aber steht er im Kontrast zu dem Heiden Etzel, für den
nach einer Zeit unbarmherziger Kämpfe die Einkehr in sich selbst
und die Pietät gegenüber dem Bestehenden gekommen ist, die
ihm sittlichen Halt gewährt. Alles aber wird zusammengehalten
durch jene welthistorische Auffassung, die sich in den später ge=
strichenen Versen Dietrichs ausspricht:

> Es ist, als ob die Welt,
> In ihrem tiefsten Grunde aufgewühlt,
> Die Form verändert. Das Vergangene
> Ringt aus dem Grabe, und das Künftige
> Drängt zur Geburt, das Gegenwärt'ge aber
> Setzt sich zur Wehre.

Durch diesen universalhistorischen Zug hebt sich die Familien=
trägödie, „diese dunkle blutige Fabel, die recht gern aus einer
Hofgeschichte hervorgegangen sein kann,“ zu typischer Be=
deutung und erhält zwingende innere Notwendigkeit. Hierin
erwies sich Hebbel als ein Dolmetsch, wie es keinen anderen gab.

Die Nibelungen.

Ein deutsches Trauerspiel in drei Abtheilungen.

1862.

Hebbel, Werke IV.

Meiner Frau,

Chriſtine Henriette,

geb. Engehauſen.

Ich war an einem schönen Maientag,
Ein halber Knabe noch, in einem Garten
Und fand auf einem Tisch ein altes Buch.
Ich schlug es auf, und wie der Höllenzwang,
Der, einmal angefangen, wär' es auch
Von einem Kindermund, nach Teufelsrecht, .
Trotz Furcht und Grau'n, geendigt werden muß,
So hielt dies Buch mich fest. Ich nahm es weg
Und schlich mich in die heimlichste der Lauben
Und las das Lied von Siegfried und Kriemhild.
Mir war, als säß' ich selbst am Zauberborn,
Von dem es spricht: die grauen Nixen gossen
Mir alle irb'schen Schauer durch das Herz,
Indeß die jungen Vögel über mir
Sich lebenstrunken in den Zweigen wiegten
Und sangen von der Herrlichkeit der Welt.
Erst spät am Abend trug ich starr und stumm
Das Buch zurück, und viele Jahre floh'n
An mir vorüber, eh' ich's wieder sah.
Doch unvergeßlich blieben die Gestalten
Mir eingeprägt, und unauslöschlich war
Der stille Wunsch, sie einmal nachzubilden,
Und wär's auch nur in Wasser oder Sand.
Auch griff ich oft mit halb beherztem Finger,
Wenn etwas And'res mir gelungen schien,
Nach meinem Stift, doch nimmer fing ich an.
Da trat ich einmal in den Musentempel,
Wo sich die bleichen Dichter=Schatten röthen,

Wie des Odysseus Schaar, von fremdem Blut.
Ein Flüstern ging durch's Haus, und heil'ges Schweigen 30
Entstand sogleich, wie sich der Vorhang hob,
Denn Du erschienst als Rächerin Kriemhild.
Es war kein Sohn Apolls, der Dir die Worte
Geliehen hatte, dennoch trafen sie,
Als wären's Pfeile aus dem gold'nen Köcher, 35
Der hell erklang, als Typhon blutend fiel.
Ein lauter Jubel scholl durch alle Räume,
Wie Du, die fürchterlichste Qual im Herzen,
Und grause Schwüre auf den blassen Lippen,
Dich schmücktest für die zweite Hochzeits=Nacht; 40
Das letzte Eis zerschmolz in jeder Seele
Und schoß als glüh'nde Thräne durch die Augen,
Ich aber schwieg und danke Dir erst heut'.
Denn diesen Abend ward mein Jugendtraum
Lebendig, alle Nibelungen traten 45
An mich heran, als wär' ihr Grab gesprengt,
Und Hagen Tronje sprach das erste Wort.
D'rum nimm es hin, das Bild, das Du beseelt,
Denn Dir gehört's, und wenn es dauern kann,
So sei's allein zu Deinem Ruhm und lege 50
Ein Zeugniß ab von Dir und Deiner Kunst!

Erste Abtheilung.

Der gehörnte Siegfried.

———

Vorspiel in einem Act.

Perſonen:

König Gunther.

Hagen Tronje.

Dankwart, deſſen Bruder.

5 Volker, der Spielmann.

Giſelher,⎫
Gerenot,⎭ Brüder des Königs.

Rumolt, der Küchenmeiſter.

Siegfried.

10 Ute, die Wittwe König Dankwarts.

Kriemhild, ihre Tochter.

Recken. Volk.

(Burgund, Worms am Rhein. König Gunthers Burg. Große Halle. Früher Morgen. Gunther, Giselher, Gerenot, Dankwart, der Spielmann Volker und andere Recken sind versammelt.)

Erste Scene.

Hagen von Tronje (tritt ein).

Hagen.

Nun, keine Jagd?

Gunther.

Es ist ja heil'ger Tag!

Hagen.

Daß den Kaplan der Satan selber hole,
Von dem er schwatzt.

Gunther.

Ei, Hagen, mäß'ge Dich.

Hagen.

Was giebt's denn heut'? Geboren ist er längst!
Das war — laßt seh'n! — Ja, ja, zur Zeit der Flocken!
Sein Fest verdarb uns eine Bärenhatz.

Giselher.

Wen meint der Ohm?

Hagen.

Gekreuzigt ist er auch,
Gestorben und begraben. — Oder nicht?

Gerenot.

Er spricht vom Heiland.

Hagen.

Ist's denn noch nicht aus? —   60
Wer hält mit mir? Ich eff' kein Fleisch zur Nacht,
Das nicht bis Mittag in der Haut noch steckt,
Auch trink' ich keinen Wein, als aus dem Horn,
Das ich dem Auerstier erst nehmen muß!

Gunther.

So wirst Du Fische kauen müssen, Freund,   65
Am Ostermorgen geh'n wir nicht zur Jagd.

Hagen.

Was thun wir denn? Wo ist der heil'ge Mann?
Was ist erlaubt? Ich hör' die Vögel pfeifen,
Da darf der Mensch sich doch wohl fiedeln laffen?
(zu Volker)
So fiedle, bis die letzte Saite reißt!   70

Volker.

Ich fiedle nicht, so lang' die Sonne scheint,
Die luft'ge Arbeit spar' ich für die Nacht.

Hagen.

Ja, Du bezögst auch dann noch Dir die Geige
Gern mit des Feindes Darm und strichest sie
Mit einem seiner Knochen.

Volker.

Würdest Du   75
Vielleicht auf die Bedingung Musicant?

Hagen.

Ich kenne Dich, mein Volker. Ist's nicht so?
Du redest nur, wenn Du nicht fiedeln darfst,
Und fiedelst nur, wenn Du nicht schlagen kannst.

Volker.

80 Mag sein, Kumpan.

Gunther.

Erzähl' uns was, der Tag
Wird sonst zu lang. Du weißt so Mancherlei
Von starken Recken und von stolzen Frau'n.

Hagen.

Nur von Lebend'gen, wenn es Dir beliebt,
Daß man sich sagen darf: die krieg' ich noch,
85 Den vor mein Schwert und die in meinen Arm

Volker.

Ich will Dir von Lebendigen erzählen,
Und der Gedanke soll Dir doch vergeh'n.
Ich kenn' den Recken, den Du nimmer forderst,
Und auch das Weib, um das Du nimmer wirbst.

Hagen.

90 Wie! Auch das Weib? Den Recken laß' ich gelten,
Doch auch das Weib? Du meinst den Schlangentödter,
Den Balmungschwinger, den gehörnten Siegfried,
Der, als er einmal Schweiß vergossen hatte,
Durch's Bad sich deckte vor dem zweiten Mal —
95 Allein das Weib?

Volker.

Ich sag' Dir Nichts von ihr!
Du könntest auszieh'n, um sie heim zu führen,
Und kämst gewiß nicht mit der Braut nach Haus.

Der Schlangentödter selbst wird sich besinnen,
Ob er als Freier bei Brunhilden klopft.

Hagen.

Nun, was Herr Siegfried wagt, das wag' ich auch.   *100*
Nur gegen ihn erheb' ich nicht die Klinge:
Das wär' ja auch, wie gegen Erz und Stein.
Glaubt's oder zweifelt, wie es Euch gefällt:
Ich hätt' mich nicht in Schlangenblut gebadet,
Darf denn noch fechten, wer nicht fallen kann?   *105*

Giselher (zu Volker).

Schon hört' ich tausend Zungen von ihm plappern,
Doch, wie die Vögel durch einander zwitschern,
Es gab kein Lied. Sprich Du einmal von ihm!

Gunther.

Vom Weibe erst. Was ist das für ein Weib?

Volker.

Im tiefen Norden, wo die Nacht nicht endet,   *110*
Und wo das Licht, bei dem man Bernstein fischt
Und Robben schlägt, nicht von der Sonne kommt,
Nein, von der Feuerkugel aus dem Sumpf —
(Man hört in der Ferne blasen.)

Hagen.

Trompeten!

Gunther.

Nun?

Volker.

Dort wuchs ein Fürstenkind
Von wunderbarer Schönheit auf, so einzig,   *115*
Als hätte die Natur von Anbeginn

Haushälterisch auf sie gespart und Jeder
Den höchsten Reiz des Weibes vorenthalten,
Um ihr den vollen Zauber zu verleih'n.

130 Du weißt von Runen, die geheimnißvoll
Bei dunkler Nacht von unbekannten Händen
In manche Bäume eingegraben sind:
Wer sie erblickt, der kann nicht wieder fort,
Er sinnt und sinnt, was sie bedeuten sollen,

125 Und sinnt's nicht aus, das Schwert entgleitet ihm,
Sein Haar wird grau, er stirbt und sinnt noch immer:
Solch eine Rune steht ihr im Gesicht!

Gunther.

Wie, Volker? Dieses Weib ist auf der Welt,
Und ich vernehm's erst jetzt?

Volker.

Vernimm noch mehr!

130 So ist's. Bei Eis und Schnee, zur Augenweide
Von Hai und Wallfisch, unter einem Himmel,
Der sie nicht einmal recht beleuchten kann,
Wenn nicht ein Berg aus unterirb'schen Schlünden
Zuweilen seine rothen Blitze schickt,

135 Ist aller Jungfrau'n herrlichste erblüht.
Doch ist das öde Land, das sie gebar,
Auf seinen einz'gen Schatz auch eifersüchtig
Und hütet sie mit solcher neid'schen Angst,
Als würd' es in demselben Augenblick

140 Vom Meere, das es rings umbrauf't, verschlungen,
Wo sie dem Mann in's Brautbett folgt. Sie wohnt
In einer Flammenburg, den Weg zu ihr
Bewacht das tückische Geschlecht der Zwerge,
Der rasch umklammernd quetschend Würgenden,

Die hören auf den wilden Alberich,   145
Und überdieß ist sie begabt mit Kräften,
Vor denen selbst ein Held zu Schanden wird.

Gunther.

Wie das?

Volker.

    Wer um sie wirbt, der wirbt zugleich
Um seinen Tod, denn führt er sie nicht heim,
So kehrt er gar nicht wieder heim, und ist   150
Es schon so schwer, nur zu ihr zu gelangen,
So ist es noch viel schwerer, ihr zu steh'n.
Bald kommt auf jedes Glied an ihrem Leibe
Ein Freier, den die kalte Erde deckt,
Denn Mancher schon zog kühn zu ihr hinab,   155
Doch nicht ein Einziger kam noch zurück!

Gunther.

Nun, das beweis't, sie ist für mich bestimmt!
Hei! Meine lange Brautwahl hat ein Ende,
Brunhilde wird die Königin Burgunds!
        (Man hört die Trompeten ganz nahe.)
Was giebt's?

Hagen (tritt an's Fenster).

    Das ist der Held aus Niederland.   160

Gunther.

Du kennst ihn?

Hagen.

    Schau' nur hin! Wer zöge wohl
So trotzig bei uns ein, wenn er's nicht wäre,
Und hätte doch nur Zwölfe im Gefolg'!

Gunther (tritt gleichfalls an's Fenster).

Ich glaub' es selbst! Doch sprich, was führt ihn her?

Hagen.

165 Ich weiß nicht, was ihn reizt! Er kommt wohl nicht,
Um sich vor Dir zu bücken, und er hat
Zu Haus doch Alles, was man wünschen kann.

Giselher.

Ein edler Degen!

Gunther.

Wie empfängt man ihn?

Hagen.

Du dankst ihm, rath' ich, wie er Dich begrüßt.

Giselher.

170 Ich gehe ihm entgegen!

Gerenot.

So auch ich!

Hagen.

Wer's thut, der wird sich nicht erniedrigen!
Denn, daß er's Euch nicht selbst zu melden braucht:
Er steckt nicht bloß in seiner Haut von Horn
Und hat die Balmung=Klinge an der Seite,
175 Er ist auch Herr des Nibelungenhorts
Und trägt die Nebelkappe Alberichs,
Und alles das, ich muß es redlich sagen,
Durch seine Kraft und Nichts durch Hinterlist,
D'rum geh' ich mit.

Gunther.

Wir kommen schon zu spät.

Zweite Scene.

Siegfried (tritt mit seinen zwölf Recken ein).

Ich grüß' Dich, König Gunther von Burgund! — 180
Du staunst, daß Du den Siegfried bei Dir siehst?
Er kommt, mit Dir zu kämpfen um Dein Reich!

Gunther.

Hier kämpft man nicht um das, was man schon hat!

Siegfried.

Um das denn, was d'ran fehlt! Ich hab' ein Reich,
So groß, wie Dein's, und wenn Du mich besiegst, 185
So bist Du Herr darin. Was willst Du mehr?
Du greifst noch nicht zu Deinem Schwert? Ich hörte
Ja doch, daß hier die Tapfersten der Recken
Versammelt seien, kühn genug, mit Thor
Zu kämpfen um den Donner, wenn sie ihn 190
In irgend einem Eichenhaine träfen,
Und stolz genug, die Beute zu verschmäh'n.
Ist das nicht wahr? Wie? Oder zweifelst Du
An meinem Pfande, glaubst Du, daß ich's Dir
Nicht geben kann, weil noch mein Vater lebt? 195
Herr Sigmund steigt von seinem Thron herunter,
Sobald ich wiederkehre, und er wünscht
Sich sehnlich diesen Augenblick herbei,
Denn selbst der Scepter wird dem Greis zu schwer.
Und jeden Helden, der Dir dienen mag, 200
Wäg' ich Dir auf mit dreien, jedes Dorf
Mit einer Stadt, und für ein Stück vom Rhein
Biet' ich den ganzen Dir! So komm und zieh!

Dankwart.

Wer spricht mit einem König so?

Siegfried.

Ein König!
205 Spricht doch ein Degen so mit einem Degen!
Wer kann und mag besitzen, wenn er nicht
Bewiesen hat, daß er mit Recht besitzt?
Und wer erstickt das Murren um sich her,
Bevor er den Gewaltigsten, der lebt,
210 Zu Boden warf, und ihn mit Füßen trat?
Bist Du das nicht? So sag' mir, wen Du fürchtest,
Und gleich zur Stunde zieh' ich wieder ab
Und forb're den, statt Deiner, vor mein Schwert!
Du nennst ihn nicht und greifst auch nicht zur Wehr?
215 Ich brenne, mich zu messen mit dem Recken,
Der mir mein Gut verdoppelt oder nimmt:
Wär' dies Gefühl Dir fremd? Das glaub' ich nicht,
Wenn ich auch nur auf Deine Diener blicke:
So stolze Männer würden Dir nicht folgen,
220 Empfändest Du nicht ganz so, wie ich selbst.

Dankwart.

Du bist gewiß auf's Kämpfen so versessen,
Seit Du des Lindwurms Schuppen=Panzer trägst?
Nicht Jedermann betrog den Tod, wie Du,
Er findet eine off'ne Thür bei uns.

Siegfried.

225 Wohl auch bei mir! Hab' Dank, du alte Linde,
Daß du ein Blatt auf mich herunterwarfst,
Als ich mich badete im Blut des Drachen,
Hab' Dank, o Wind, daß du sie schütteltest!
Nun hab' ich doch die Antwort für den Spötter,
230 Der seine Feigheit hinter Hohn versteckt.

Hagen.

Herr Siegfried, Hagen Tronje nennt man mich,
Und dieser ist mein Bruder!

Volker (macht einen Geigenstrich).

Siegfried.

Hagen Tronje,
Ich grüße Dich! Doch wenn Dich das verdreußt,
Was ich hier sprach, so brauchst Du's nur zu sagen,
Ich setze gern den Königssohn bei Seite   235
Und stehe Dir, als wärst Du Gunther selbst.

Gunther.

Kein Wort mehr, Hagen, eh' Dein König sprach.

Siegfried.

Und wenn Du fürchtest, daß Dein gutes Schwert
An meiner harten Haut zerspringen könnte,
So biete ich's Dir anders, komm herab   240
Mit in den Hof, dort liegt ein Felsenblock,
Der ganz so schwer für mich ist, wie für Dich:
Wir werfen und erproben so die Kraft.

Gunther.

Du bist willkommen, Held aus Niederland,
Und was Dir hier gefällt, Du magst Dir's nehmen,   245
Nur trink mit uns, eh' Du's von dannen trägst.

Siegfried.

Sprichst Du so mild mit mir? Da könnt' ich bitten:
Schick' mich sogleich zurück zu meinem Vater,
Er ist der Einz'ge, der mich zücht'gen darf.
Doch, laß mich's, wie die kleinen Kinder machen,   250

Die auch nicht gleich von ihrer Unart lassen:
Kommt, werft mit mir, so trinke ich mit Euch!

Gunther.

So sei's, Herr Siegfried.

Siegfried (zu Dankwart).

         Und was Euch betrifft,
Nicht wahr, ich kniff Euch in den dritten Arm,
255   Es that nicht weh', ich weiß, Ihr habt ihn nicht!

(zu Allen)

Als ich hier einritt, packte mich ein Grauen,
Wie ich's noch nicht empfand, so lang' ich lebe,
Mich fröstelte, als würd's auf einmal Winter,
Und meine Mutter kam mir in den Sinn,
260   Die nie zu weinen pflegte, wenn ich zog,
Und dies Mal weinte, als ob alles Wasser
Der Welt den Weg durch ihre Augen nahm.
Das machte mir den Kopf so wirr und kraus,
Ich wollte gar vom Pferde nicht herunter —
265   Jetzt bringt Ihr mich so bald nicht mehr hinauf.

(Alle ab)

Dritte Scene.

U t e und K r i e m h i l d (treten auf).

Ute.

Der Falk ist Dein Gemahl!

Kriemhild.

         Nicht weiter, Mutter,
Wenn Du den Traum nicht anders deuten kannst.
Ich hörte stets, daß Liebe kurze Lust
Und langes Leid zu bringen pflegt, ich seh's

Ja auch an Dir und werde nimmer lieben,   270
O nimmer, nimmer!

Ute.

Kind, was sagst Du da?
Wohl bringt die Liebe uns zuletzt auch Leid,
Denn Eines muß ja vor dem Andern sterben,
Und wie das schmerzt, das magst Du seh'n an mir.
Doch all' die bitt'ren Thränen, die ich weine,   275
Sind durch den ersten Kuß voraus bezahlt,
Den ich von Deinem Vater einst empfing.
Auch hat er, eh' er schied, für Trost gesorgt,
Denn wenn ich stolz auf tapf're Söhne bin,
Und wenn ich Dich jetzt an den Busen drücke,   280
So kann's doch nur gescheh'n, weil ich geliebt
D'rum laß Dich nicht durch einen Reim erschrecken:
Ich hatte lange Lust und kurzes Leid.

Kriemhild.

Viel besser, nie besitzen, als verlieren!

Ute.

Und was verlierst Du nicht auf dieser Welt!   285
Sogar Dich selbst. Bleibst Du denn, was Du bist?
Schau' mich nur an! So sehr Du lächeln magst:
Ich war vordem, wie Du, und glaube mir,
Du wirst dereinst, wie ich. Was willst Du halten,
Wenn Du Dich selbst nicht einmal halten kannst?   290
D'rum nimm's, wie's kommt, und greife, wie wir Alle,
Nach dem, was Dir gefällt, obgleich der Tod
Es Dir zu Staub zerbläs't, sobald er will:
Die Hand, mit der Du's packst, zerstäubt ja auch.

Kriemhild (tritt zum Fenster).

Wie mir's um's Herz ist, Mutter, könnt' ich schwören —   295
(Sie schaut hinaus und bricht ab.)

Ute.

Was brichst Du ab? Du wirst ja feuerroth?
Was hat Dich so verwirrt?

Kriemhild (tritt zurück).

        Seit wann ist's Brauch
An unser'm Hof, daß wir's nicht mehr erfahren,
Wenn fremde Gäste eingezogen sind?
300 Wird diese stolze Burg zu Worms am Rhein.
Der Schäferhütte gleich, in der sich Jeder
Bei Nacht und Tag verkriechen kann, der will?

Ute.

Warum so hitzig?

Kriemhild.

        Ei, ich wollte eben
Im Hofe nach den jungen Bären schau'n,
305 Die so possirlich durch einander kugeln,
Und wie ich ohne Arg den Laden öffne,
Da stiert mir plump ein Recke in's Gesicht.

Ute.

Und dieser Recke machte Dir's unmöglich,
Den Schwur zu endigen, den Du begannst?
        (Sie tritt gleichfalls zum Fenster.)
310 Ei freilich, wer ihn sieht, wie er da steht,
Der überlegt sich's, ob er weiter schwört.

Kriemhild.

Was kümmern mich die Gäste meines Bruders,
Wenn ich nur weiß, wie ich sie meiden kann.

Ute.

Nun, dies Mal freut's mich, daß Dir bloß der Zorn
315 Die Wangen färbt, denn dieser junge Held,

Der zwischen Dich und Deine Bären trat,
Ist längst vermählt und hat schon einen Sohn.

Kriemhild.

Du kennst ihn?

Ute.

Ganz gewiß!

Kriemhild.

Wie heißt er denn?

Ute.

Ich weiß es nicht! Jetzt aber kenn' ich Dich,   820
Du bist ja bleich geworden, wie der Tod! —
Und wahrlich, wenn Du diesen Falken fängst,
So hast Du Nichts vom Adler zu besorgen,
Er nimmt's mit Jedem auf, ich bürge Dir!

Kriemhild.

Dir hab' ich meinen letzten Traum erzählt!

Ute.

Nicht so, Kriemhild! Ich spotte Deiner nicht.   825
Wir sehen oft im Traum den Finger Gottes,
Und wenn wir noch im Wachen ängstlich zittern,
Wie Du es thust, so sah'n wir ihn gewiß.
Nur sollen wir den Wink auch recht versteh'n,
Den er uns giebt, und nicht in uns'rer Furcht   830
Unmögliches geloben. Hüte Du
Den Falken, der Dir zugeflogen kommt,
Damit kein tück'scher Adler ihn zerreißt,
Doch denke nicht daran, ihn zu verscheuchen,
Du scheuchst mit ihm die Luft des Lebens fort.   835
Denn über eines edlen Recken Liebe

Geht Nichts auf dieser Welt, wenn Du es gleich
Noch unter Deinem Mädchenkranz nicht fühlst,
Und wär' Dir auch kein Besserer bescheert,
340 Als dieser da, ich wies' ihn nicht zurück.

(Sie schaut aus dem Fenster.)

Kriemhild.

Er wirbt wohl nicht, so brauch' ich's nicht zu thun.

Ute (lacht).

Ei, so weit spring' ich noch, so alt ich bin.

Kriemhild.

Was giebt's da brunten, Mutter, daß Du lachst?

Ute.

Sie werfen in die Wette, wie es scheint,
345 Und Giselher, Dein Bruder, warf zuerst.
Nun, nun, er ist der Jüngste. Aber schau';
Jetzt kommt der fremde Recke. Ach, mein Sohn,
Wo wirst Du bleiben? Sieh, nun tritt er an,
Nun holt er aus, nun — Ha, der Stein wird fliegen,
350 Als würde er zum Vogel — Komm doch her
Und stell' Dich hinter mich, Du siehst es nicht
Zum zweiten Mal, es gilt das Aeußerste,
Er will's mit einem Wurf zu Ende bringen!
Jetzt — Hab' ich Augen oder hab' ich keine?
355 Nicht weiter?

Kriemhild (nähert sich).

Hast Du ihn zu früh' gelobt?

Ute.

Das ist ja nur Ein Schuh!

Kriemhild (tritt hinter Ute).

     Noch immer mehr,
Als wär' es nur Ein Zoll.

Ute.

     Um Einen Schuh
Dies Kind zu überwerfen —

Kriemhild.

      Ist nicht viel!
Besonders, wenn man sich dabei noch spreizt.

Ute.

Und wie er keucht!

Kriemhild.

     Für einen solchen Riesen   850
Possirlich g'nug! Wär' ich's, verdient' ich Mitleid,
Denn für ein Mädchen wär' es schon ein Stück.

Ute.

Nun macht sich unser Gerenot an's Werk.
Es steht ihm gut, nicht wahr? Er hat von Allen
Die meiste Aehnlichkeit mit seinem Vater,   855
Nur muthig zu, mein Sohn! — Das ist ein Wurf!

Kriemhild.

Der Bär sogar ist überrascht, er hat
Sich's nicht erwartet und wird plötzlich flink.

Ute.

Zieh Du auf Abenteuer, wann Du willst! —
Doch Giselher bleibt hier.

Kriemhild.

     Wie geht's denn fort? —   870
Nein, mache mir nicht Platz, ich seh's schon so.

Ute.

Jetzt kommt der Recke wieder! Doch er strengt
Sich nicht mehr an, er scheint sich im Voraus
Des Sieges zu begeben. Wie man sich
875 Doch irren kann! — Was thut er aber da?
Er dreht sich um — er kehrt dem Ziel den Rücken,
Anstatt der Augen zu — er wirft den Stein
Hoch über Kopf und Achsel weg — Ja wohl,
Man kann sich irren! Gerenot ist auch
880 Besiegt, wie Giselher.

Kriemhild.

Es macht zwar wieder
Nur Einen Schuh! Doch dies Mal keucht er nicht.

Ute.

Es sind doch gute Kinder, die ich habe.
Treuherzig reicht ihm Gerenot die Hand,
Ein And'rer würde nach der Klinge greifen,
885 Denn solch ein Uebermuth ist gar nicht fein.

Kriemhild.

Man sieht's ja wohl, daß er's nicht übel meint.

Ute.

Herr Volker legt die Geige still bei Seite,
Die er so höhnisch strich!

Kriemhild.

Der Eine Schuh
Stört ihn in seiner Lust. Die Reihe wäre
890 Am Marschall jetzt, wenn's langsam, wie bei Treppen,
Hinauf geh'n soll, doch König Gunther drängt
Herrn Dankwart ungestüm zurück, er will
Sich selbst versuchen.

Ute.

Und er thut's mit Glück.
Zweimal so weit, als Gerenot.

Kriemhild.

Und dennoch
Nicht weit genug. Du siehst, der Recke folgte   395
Sogleich, und wieder fehlt der Eine Schuh.

Ute.

Der König lacht. Ei nun, so lach' ich auch! —
Ich sah's ja längst, daß dieß der Falke ist,
An dem Dein Traum sich nicht erfüllen kann;
Doch hat er jetzt die volle Kraft gebraucht.   400

Kriemhild.

Nun tritt der Tronjer an.

Ute.

Dem schwärt's im Herzen,
So fröhlich er auch thut! — Er packt den Stein,
Als wollt' er ihn zermalmen. Wie der fliegt!
Bis an die Wand! Nun, weiter kann er nicht.
Das ist ein Wurf, den Keiner übertrifft,   405
Selbst für den Einen Schuh ist nicht mehr Platz.

Kriemhild.

Der Recke holt sich doch den Stein noch wieder.

Ute.

Wozu nur? — Großer Gott, was giebt es jetzt?
Bricht über unser'm Haupt die Burg zusammen?
Das dröhnt!   410

Kriemhild.

Bis in den Thurm hinauf. Die Dohlen
Und Fledermäuse fahren aus den Nestern —

Ute.

Sie fliegen blind in's Licht hinein!

Kriemhild.

Die Wand
Hat einen Riß.

Ute.

Unmöglich.

Kriemhild.

Warte nur,
Bis sich der Staub verzieht. Groß, wie ein Fenster!
115 Da ging der Wurf hindurch.

Ute.

Jetzt seh' ich's auch.

Kriemhild.

Der Stein flog in den Rhein.

Ute.

Wer sollt' es glauben!
Und doch ist's wahr, das Wasser selbst bezeugt's,
Es spritzt ja himmelhoch empor.

Kriemhild.

Das ist
Noch etwas über Einen Schuh.

Ute.

Dafür
120 Wischt er sich auch einmal die Stirn.
Gott Lob! Sonst käm' der Tronjer um vor Wuth!

Ja auch an Dir und werde nimmer lieben,   270
O nimmer, nimmer!

Ute.

     Kind, was sagst Du da?
Wohl bringt die Liebe uns zuletzt auch Leid,
Denn Eines muß ja vor dem Andern sterben,
Und wie das schmerzt, das magst Du seh'n an mir.
Doch all' die bitt'ren Thränen, die ich weine,   275
Sind durch den ersten Kuß voraus bezahlt,
Den ich von Deinem Vater einst empfing.
Auch hat er, eh' er schied, für Trost gesorgt,
Denn wenn ich stolz auf tapf're Söhne bin,
Und wenn ich Dich jetzt an den Busen drücke,   280
So kann's doch nur gescheh'n, weil ich geliebt
D'rum laß Dich nicht durch einen Reim erschrecken:
Ich hatte lange Lust und kurzes Leib.

Kriemhild.

Viel besser, nie besitzen, als verlieren!

Ute.

Und was verlierst Du nicht auf dieser Welt!   285
Sogar Dich selbst. Bleibst Du denn, was Du bist?
Schau' mich nur an! So sehr Du lächeln magst:
Ich war vordem, wie Du, und glaube mir,
Du wirst dereinst, wie ich. Was willst Du halten,
Wenn Du Dich selbst nicht einmal halten kannst?   290
D'rum nimm's, wie's kommt, und greife, wie wir Alle,
Nach dem, was Dir gefällt, obgleich der Tod
Es Dir zu Staub zerbläs't, sobald er will:
Die Hand, mit der Du's packst, zerstäubt ja auch.

Kriemhild (tritt zum Fenster).

Wie mir's um's Herz ist, Mutter, könnt' ich schwören —   295
(Sie schaut hinaus und bricht ab.)

Ute.

Was brichst Du ab? Du wirst ja feuerroth?
Was hat Dich so verwirrt?

Kriemhild (tritt zurück).

Seit wann ist's Brauch
An unser'm Hof, daß wir's nicht mehr erfahren,
Wenn fremde Gäste eingezogen sind?
300 Wird diese stolze Burg zu Worms am Rhein
Der Schäferhütte gleich, in der sich Jeder
Bei Nacht und Tag verkriechen kann, der will?

Ute.

Warum so hitzig?

Kriemhild.

Ei, ich wollte eben
Im Hofe nach den jungen Bären schau'n,
305 Die so possirlich durch einander kugeln,
Und wie ich ohne Arg den Laden öffne,
Da stiert mir plump ein Recke in's Gesicht.

Ute.

Und dieser Recke machte Dir's unmöglich,
Den Schwur zu endigen, den Du begannst?
(Sie tritt gleichfalls zum Fenster.)
310 Ei freilich, wer ihn sieht, wie er da steht,
Der überlegt sich's, ob er weiter schwört.

Kriemhild.

Was kümmern mich die Gäste meines Bruders,
Wenn ich nur weiß, wie ich sie meiden kann.

Ute.

Nun, dies Mal freut's mich, daß Dir bloß der Zorn
315 Die Wangen färbt, denn dieser junge Held,

Der zwischen Dich und Deine Bären trat,
Ist längst vermählt und hat schon einen Sohn.

Kriemhild.

Du kennst ihn?

Ute.

Ganz gewiß!

Kriemhild.

Wie heißt er denn?

Ute.

Ich weiß es nicht! Jetzt aber kenn' ich Dich,
Du bist ja bleich geworden, wie der Tod! —   820
Und wahrlich, wenn Du diesen Falken fängst,
So hast Du Nichts vom Adler zu besorgen,
Er nimmt's mit Jedem auf, ich bürge Dir!

Kriemhild.

Dir hab' ich meinen letzten Traum erzählt!

Ute.

Nicht so, Kriemhild! Ich spotte Deiner nicht.   825
Wir sehen oft im Traum den Finger Gottes,
Und wenn wir noch im Wachen ängstlich zittern,
Wie Du es thust, so sah'n wir ihn gewiß.
Nur sollen wir den Wink auch recht versteh'n,
Den er uns giebt, und nicht in uns'rer Furcht   830
Unmögliches geloben. Hüte Du
Den Falken, der Dir zugeflogen kommt,
Damit kein tück'scher Adler ihn zerreißt,
Doch denke nicht daran, ihn zu verscheuchen,
Du scheuchst mit ihm die Luft des Lebens fort.   835
Denn über eines edlen Recken Liebe

Geht Nichts auf dieser Welt, wenn Du es gleich
Noch unter Deinem Mädchenkranz nicht fühlst,
Und wär' Dir auch kein Besserer bescheert,
340 Als dieser da, ich wies' ihn nicht zurück.

(Sie schaut aus dem Fenster.)

Kriemhild.

Er wirbt wohl nicht, so brauch' ich's nicht zu thun.

Ute (lacht).

Ei, so weit spring' ich noch, so alt ich bin.

Kriemhild.

Was giebt's da drunten, Mutter, daß Du lachst?

Ute.

Sie werfen in die Wette, wie es scheint,
345 Und Giselher, Dein Bruder, warf zuerst.
Nun, nun, er ist der Jüngste. Aber schau';
Jetzt kommt der fremde Recke. Ach, mein Sohn,
Wo wirst Du bleiben? Sieh, nun tritt er an,
Nun holt er aus, nun — Ha, der Stein wird fliegen,
350 Als würde er zum Vogel — Komm doch her
Und stell' Dich hinter mich, Du siehst es nicht
Zum zweiten Mal, es gilt das Aeußerste,
Er will's mit einem Wurf zu Ende bringen!
Jetzt — Hab' ich Augen oder hab' ich keine?
355 Nicht weiter?

Kriemhild (nähert sich).

Hast Du ihn zu früh' gelobt?

Ute.

Das ist ja nur Ein Schuh!

Kriemhild (tritt hinter Ute).

         Noch immer mehr,
Als wär' es nur Ein Zoll.

Ute.

         Um Einen Schuh
Dies Kind zu überwerfen —

Kriemhild.

         Ist nicht viel!
Besonders, wenn man sich dabei noch spreizt.

Ute.

Und wie er keucht!

Kriemhild.

         Für einen solchen Riesen   850
Possirlich g'nug! Wär' ich's, verdient' ich Mitleid,
Denn für ein Mädchen wär' es schon ein Stück.

Ute.

Nun macht sich unser Gerenot an's Werk.
Es steht ihm gut, nicht wahr? Er hat von Allen
Die meiste Aehnlichkeit mit seinem Vater,   855
Nur muthig zu, mein Sohn! — Das ist ein Wurf!

Kriemhild.

Der Bär sogar ist überrascht, er hat
Sich's nicht erwartet und wird plötzlich flink.

Ute.

Zieh Du auf Abenteuer, wann Du willst! —
Doch Giselher bleibt hier.

Kriemhild.

         Wie geht's denn fort? —   870
Nein, mache mir nicht Platz, ich seh's schon so.

Ute.

Jetzt kommt der Recke wieder! Doch er strengt
Sich nicht mehr an, er scheint sich im Voraus
Des Sieges zu begeben. Wie man sich
375 Doch irren kann! — Was thut er aber da?
Er dreht sich um — er kehrt dem Ziel den Rücken,
Anstatt der Augen zu — er wirft den Stein
Hoch über Kopf und Achsel weg — Ja wohl,
Man kann sich irren! Gerenot ist auch
380 Besiegt, wie Giselher.

Kriemhild.

Es macht zwar wieder
Nur Einen Schuh! Doch dies Mal keucht er nicht.

Ute.

Es sind doch gute Kinder, die ich habe.
Treuherzig reicht ihm Gerenot die Hand,
Ein And'rer würde nach der Klinge greifen,
385 Denn solch ein Uebermuth ist gar nicht fein.

Kriemhild.

Man sieht's ja wohl, daß er's nicht übel meint.

Ute.

Herr Volker legt die Geige still bei Seite,
Die er so höhnisch strich!

Kriemhild.

Der Eine Schuh
Stört ihn in seiner Lust. Die Reihe wäre
390 Am Marschall jetzt, wenn's langsam, wie bei Treppen,
Hinauf geh'n soll, doch König Gunther drängt
Herrn Dankwart ungestüm zurück, er will
Sich selbst versuchen.

Dort gleich den ersten Tag bei einer Höhle
Zwei junge Recken, die sich grimmig stritten.   540
Es waren Brüder, König Niblungs Söhne,
Die ihren Vater kaum begraben hatten —
Erschlagen auch, wie ich nachher vernahm —
Und schon um's Erbe zankten. Ganze Haufen
Von Edelsteinen lagen aufgethürmt   545
Um sie herum, dazwischen alte Kronen,
Seltsam gewund'ne Hörner und vor Allem
Der Balmung, aus der Höhle aber blitzte
Das rothe Gold hervor. Als ich erschien,
Verlangten sie mit wildem Ungestüm,   550
Daß ich den Schatz als Fremder theilen sollte,
Und gern gewährt' ich's, um den Mord zu hindern,
Mit dem sie sich bedrohten, doch umsonst.
Denn, als ich fertig war, fand Jeder sich
Verkürzt, und tobte, und ich warf die Hälften   555
Auf ihr Begehren wieder durch einander
Und theilte abermals. Da wurden sie
Noch zorniger und brangen, während ich
Gebückt auf meinen Knieen lag und still
Auf einen Ausgleich sann, in toller Wuth   560
Mit rasch gezog'nen Degen auf mich ein.
Ich, um der Rasenden mich zu erwehren,
Griff zu dem Balmung neben mir, weil ich
Die eig'ne Klinge nicht mehr ziehen konnte,
Und eh' ich's dachte, hatten alle Beide,   565
Wie Eber, welche blind auf's Eisen laufen,
Sich selbst gespießt, obgleich ich liegen blieb
Und ihrer schonte, und so ward ich Erbe
Des ganzen Hortes.

Hagen.
Blutig und doch redlich!

Siegfried.

570 Nun wollt' ich in die Höhle geh'n! Wie staunt' ich,
Als ich den Eingang nicht mehr fand. Ein Wall,
So schien's, war plötzlich aus dem Schooß der Erde
Hervorgestiegen, und ich stach hinein,
Um mir den Weg zu bahnen. Doch, da kam
575 Statt Wassers Blut, es zuckte, und ich glaubte,
Ein Wurm sei in dem Wall versteckt. Ich irrte,
Der ganze Wall war nur ein einz'ger Wurm,
Der, tausend Jahre in der Felskluft schlafend,
Mit Gras und Moos bewachsen war, und eher
580 Dem zack'gen Rücken einer Hügelkette,
Als einem Thiere glich, das Odem hat.

Hagen.

Das war der Drache!

Siegfried.

                    Ja, ich schlug ihn todt,
Indem ich ihn bestieg, eh' er sich bäumte,
Und ihm von hinten her, den Nacken reitend,
585 Das blaue Haupt zerschmetterte. Es war
Vielleicht das schwerste Stück, das ich vollbrachte,
Und ohne Balmung wär's mir nicht geglückt.
Dann hieb ich mich durch seinen Riesenleib,
Durch all das Fleisch und die gewalt'gen Knochen,
590 Wie durch ein felsigtes Gebirg, allmälig
Bis an die Höhle durch. Doch hatte ich
Sie kaum betreten, als ich mich umklammert
Von starken Armen fühlte, die mein Auge
Nicht sah, und die mir dennoch fast die Rippen
595 Zusammen drückten, ganz, als ob die Luft
Es selber thäte! Es war Alberich,
Der wilde Zwerg, und niemals war ich wohl

Dem Tod so nah', als in dem grausen Kampf
Mit diesem Ungethüm.   Doch endlich wurde
Er sichtbar, und nun war's um ihn gescheh'n.   600
Denn, ohne es zu wissen, hatt' ich ihm,
Derweil ich mit ihm rang, die Nebelkappe
Vom Kopf gerissen, und mit seiner Hülle
Verlor er auch die Kraft und stürzte hin.
Nun wollt' ich ihn zertreten, wie ein Thier,   605
Da lös'te er, schon unter meinen Fersen
Mit seinem Hals, sich rasch durch ein Geheimniß,
Das ich nicht ahnte, er entdeckte mir
Den Zauber, der im Blut des Drachen steckte,
So lange es noch rauchte, und ich ließ   610
Ihn eilig frei und nahm mein rothes Bad.

Gunther.

So hast Du Dir an einem einz'gen Tage
Den Balmung und den Hort, die Nebelkappe
Und Deine Haut von Horn erkämpft?

Siegfried.

                                         So ist's!
Ja, auch die Vögelsprache! Als ein Tropfe   615
Des Zauberbluts mir auf die Lippen sprang,
Verstand ich gleich das Zwitschern über mir,
Und hätt' ich nicht zu rasch ihn abgewischt,
So würd' ich auch, was hüpft und springt, versteh'n.
Denkt Euch: auf einmal flüstert es im Baum,   620
Denn eine alte Linde deckte Alles,
Dann kichert's, lacht und höhnt, so daß ich Menschen
Zu hören glaube, die, im Laub versteckt,
Mein Thun verspotten. Wie ich um mich schaue,
Erblick' ich Nichts, als Vögel, Krähen, Dohlen   625
Und Eulen, die sich streiten. Brunhild wird

Genannt, auch ich. Ein Knäuel dunkler Reden
Hinüber und herüber. Ein's nur klar,
Daß noch ein Abentheuer meiner harrt.
630 Die Luft erwacht. Die Dohle fliegt voran,
Die Eule folgt. Bald sperrt ein Flammensee
Den Weg und eine Burg, wie glühendes
Metall in bläulich=grünem Schimmer leuchtend,
Taucht drüben auf. Ich halte an. Da ruft
635 Die Dohle: Zieh den Balmung aus der Scheide
Und schwing ihn drei Mal um das Haupt! Ich thu's,
Und schneller, wie ein Licht, erlischt der See.
Nun wird's lebendig in der Burg, Gestalten
Erscheinen auf der Zinne, Schleier flattern,
640 Und eine stolze Jungfrau späht herab.
Da kreischt die Eule auf: Das ist die Braut!
Nun mit der Nebelkappe fort! Ich hatte
Sie bloß zur Probe aufgesetzt und wußte
Nicht einmal, daß ich sie noch trug. Doch jetzt
645 Hielt ich sie mit den Händen fest, weil ich
Die kecken Vögel darnach haschen sah.
Denn Brunhild rührte, wie sie droben stand,
In aller ihrer Schönheit nicht mein Herz,
Und wer da fühlt, daß er nicht werben kann,
650 Der grüßt auch nicht.

Volker.

Das ist ein edles Wort.

Siegfried.

So schied ich ungeseh'n und kenne doch
Die Burg und ihr Geheimniß, wie den Weg.

Gunther.

So führ' mich, Held!

Volker.

Nein, König, bleib daheim,
Es endet schlecht.

Siegfried.

Du meinst, ich kann nicht halten,
Was ich versprach?

Volker.

O doch, ich meine nur,
Daß falsche Künste sich für uns nicht ziemen!

Gunther.

Mit andern geht's ja nicht.

Volker.

So stehst Du ab.

Gerenot.

Das rath' ich auch.

Hagen.

Ei nun! Warum?

Gunther.

Mir scheint's
So wenig schimpflich, als in's Schiff zu steigen,
Wenn man das fremde Ufer nicht durch Schwimmen
Erreichen kann, und statt der Faust den Degen
Zu brauchen.

Siegfried.

Nimm es so, und schlage ein!

Gunther.

Wohlan! Für Brunhild gebe ich Dir Kriemhild,
Und unf're Hochzeit feiern wir zugleich!

Hagen (legt den Finger auf den Mund, sieht Siegfried an und schlägt an's Schwert).

Siegfried.

665 Bin ich ein Weib?   In Ewigkeit kein Wort!
Ich stelle mich, wenn Ihr zum Kampfe eilt,
Als hätt' ich was an uns'rem Schiff zu richten
Und geh' zum Strand hinunter, daß sie's sieht,
Doch in der Nebelkappe kehr' ich wieder
670 Und kneif' Dich in den Arm und steh' Dir bei!

(Alle ab)

Zweite Abtheilung.

Siegfrieds Tod.

Ein Trauerspiel in fünf Acten.

Personen:

König Gunther.
Hagen Tronje.
Dankwart.
5 Volker.
Giselher.
Gerenot.
Wulf,
Truchs, } Recken.
10 Rumolt.
Siegfried.
Ute.
Kriemhild.
Brunhild, Königin von Isenland.
15 Frigga, ihre Amme.
Ein Kaplan.
Ein Kämmerer.

Recken. Volk. Mägde. Zwerge.

Erster Act.

(Isenland, Brunhilds Burg. Früher Morgen.)

Erste Scene.

Brunhild und Frigga (kommen von entgegengesetzten Seiten).

Brunhild.

Woher so früh'? Dir trieft das Haar von Thau,
Und Dein Gewand ist blutbesprengt.

Frigga.

                    Ich habe
Den alten Göttern, eh' der Mond zerbrach,
Ein Opfer dargebracht.

Brunhild.

            Den alten Göttern!
675 Jetzt herrscht das Kreuz, und Thor und Odin sitzen
Als Teufel in der Hölle.

Frigga.

           Fürchtest Du
Sie darum weniger? Sie können uns
Noch immer fluchen, wenn auch nicht mehr segnen,
Und willig schlacht' ich ihnen ihren Bock.
680 O, thätest Du es auch! Du hättest Grund,
Wie keine Zweite.

Brunhild.

Ich?

Frigga.

Ein ander Mal!
Längst sollt' ich Dir erzählen. Heute ist
Die Stunde endlich da.

Brunhild.

Ich glaubte schon,
Sie werde erst mit Deinem Tode kommen,
D'rum drängt' ich Dich nicht mehr.

Frigga.

So merke auf! 685

Urplötzlich trat aus unserm Feuerberg
Ein Greis hervor, und reichte mir ein Kind,
Sammt einer Runentafel.

Brunhild.

In der Nacht?

Frigga.

Wie weißt Du's?

Brunhild.

Manches hast Du schon im Schlaf
Verrathen, denn Du sprichst, wenn Dir der Mond 690
In's Antlitz scheint.

Frigga.

Und Du behorchst mich? — Wohl —
Um Mitternacht! Wir wachten bei der Leiche
Der Königin. Sein Haar war weiß, wie Schnee,
Und länger, als ich's je bei einem Weibe

595 Gesehen habe, wie ein weiter Mantel
Umwallt' es ihn, und hinten schleppt' es nach.

Brunhild.

Der Geist des Bergs!

Frigga.

Ich weiß es nicht. Er sprach
Kein einz'ges Wort. Das Mägdlein aber streckte
Die Händchen nach der gold'nen Krone aus,
700 Die auf dem Haupt der Todten funkelte,
Und, wunderbar, sie paßte.

Brunhild.

Wie! Dem Kinde?

Frigga.

Dem Kinde! Ja! Sie war ihm nicht zu weit
Und ward ihm später nie zu eng!

Brunhild.

Wie meine!

Frigga.

Wie Deine, ja! Und wunderbarer noch:
705 Das Mägdlein war dem Kinde, das der Todten
Im Arme lag, und das sogleich verschwand,
Als wär' es nie gewesen, an Gestalt
So ähnlich, ja so gleich, daß es sich nur
Durch's Athmen unterschied von ihm, es schien,
710 Als hätte die Natur denselben Leib
Für Einen Zweck zwei Mal geschaffen und
Das Blut bloß umgegossen.

Brunhild.

Hatte denn
Die Königin ein Kind im Arm?

Frigga.

                    Sie war
An der Geburt gestorben und mit ihr
Zugleich die Frucht.

Brunhild.

                    Das sagtest Du noch nicht.   715

Frigga.

So hab' ich's nur vergessen. Sicher brach
Ihr Herz aus Gram, daß sie es dem Gemahl
Nicht zeigen konnte. Viele Jahre hatte
Er sich umsonst dies holde Glück gewünscht,
Und einen Monat früher, als es kam,   720
Ereilte ihn ein jäher Tod.

Brunhild.

                    Nur weiter!

Frigga.

Wir sah'n uns nach dem Greise um. Er war
Verschwunden, und der Berg, der, mitten durch
Gespalten, wie ein Apfel, durch das Fenster
Uns angegähnt, ging langsam wieder zu.   725

Brunhild.

Und kam der Greis nicht wieder?

Frigga.

                    Höre nur!
Wir ließen uns're Frau am nächsten Morgen
Zur Gruft bestatten, und der Priester wollte
Zugleich das Mägdlein taufen. Doch sein Arm
Ward lahm, bevor er mit dem heil'gen Naß   730
Die Stirn ihr netzen konnte, und er hat
Ihn niemals mehr gehoben.

Brunhild.

Niemals mehr!

Frigga.

Nun, er war alt, und wir erschraken nicht,
Wir riefen einen Andern. Dem gelang's,
735 Sie zu besprengen, doch er wurde stumm,
Als er sie segnen wollte, und ihm kehrte
Die Sprache niemals mehr zurück.

Brunhild.

Der Dritte?

Frigga.

Der fand sich lange nicht! Wir mußten Einen
Aus weiter Ferne rufen, der von Allem
740 Nichts wußte. Der vollbrachte dann das Werk,
Doch als er kaum zu Ende war, so fiel
Er um, und niemals stand er wieder auf!

Brunhild.

Das Mägdlein aber?

Frigga.

Wuchs und wurde stark,
Und seine kind'schen Spiele dienten uns
745 Als Zeichen unf'res Lassens oder Thuns
Und trogen nie, wie's uns die Runentafel
Voraus verkündigt hatte.

Brunhild.

Frigga! Frigga!

Frigga.

Ja! Ja! Du bist es selbst! Erkennst Du's endlich?
Nicht in der Kammer, wo die Todten stäuben,

Im Hekla, wo die alten Götter hausen,　　　　750
Und unter Nornen und Valkyrien
Such' Dir die Mutter, wenn Du eine hast! —
O, hätte nie ein Tropfen heil'gen Wassers
Die Stirne Dir benetzt! Dann müßten wir
Wohl mehr!

Brunhild.

Was murmelst Du?

Frigga.

Wie ging es zu,　　　　755
Daß wir uns diesen Morgen, statt im Bett,
Unausgekleidet auf den Stühlen fanden,
Die Zähne klappernd und die Lippen blau?

Brunhild.

Wir müssen plötzlich eingeschlafen sein.

Frigga.

Ist das uns schon begegnet?

Brunhild.

Nie zuvor.　　　　760

Frigga.

Nun denn! Der Greis war hier und wollte reden!
Mir ist sogar, als hätt' ich ihn geseh'n,
Wie er Dich rüttelte und mich bedrohte,
Dir aber ward durch einen dicken Schlaf
Das Ohr verstopft, weil Du nicht hören solltest,　　　　765
Was Dir beschieden ist, wenn Du beharrst,
D'rum bring ein Opfer dar und mach' Dich frei.
O, hätte ich dem Priester nicht gehorcht,
Als er mich drängte! Doch ich hatte noch

770 Die Tafel nicht entziffert. Thu es, Kind,
Denn die Gefahr ist nah'.

Brunhild.

Gefahr?

Frigga.

Gefahr!
Du weißt, der Flammensee ist längst erloschen,
Der Deine Burg umgab.

Brunhild.

Und dennoch blieb
Der Recke mit der Balmungklinge aus,
775 Der hoch zu Rosse ihn durchreiten sollte,
Nachdem er Fafners blut'gen Hort erstritt.

Frigga.

Ich las wohl falsch. Doch dieses zweite Zeichen
Kann mich nicht täuschen, denn ich weiß es lange,
Daß Deiner in der Stunde der Entscheidung
780 Die Offenbarung harrt. So opf're, Kind!
Vielleicht steh'n alle Götter unsichtbar
Um Dich herum und werden Dir erscheinen,
Sobald der erste Tropfen Blutes rinnt.

Brunhild.

Ich fürchte Nichts.
(Man hört Trompeten.)

Frigga.
Trompeten!

Brunhild.
Hörst Du sie
785 Zum ersten Mal?

Frigga.

Zum ersten Mal mit Angst.
Die Zeit des Distelköpfens ist vorüber,
Und eh'rne Häupter steigen vor Dir auf.

Brunhild.

Heran! Heran! Damit ich Dieser zeige,
Daß ich noch immer siegen kann! Als hier
Der See noch flammte, eilt' ich Euch entgegen,   790
Und freundlich, wie ein Hund vor seinem Herrn
Bei Seite springt, entwich das treue Feuer
Vor mir und theilte sich nach links und rechts:
Jetzt ist die Straße frei, doch nicht der Gruß.

(Sie besteigt während dem ihren Thron.)

Nun stoßt die Pforten auf und laßt sie ein!   795
Wer auch erscheinen mag: sein Kopf ist mein!

Zweite Scene.

(Es geschieht; Siegfried, Gunther, Hagen und Volker treten ein.)

Brunhild.

Wer ist's, der heute sterben will?

(zu Siegfried)

Bist Du's?

Siegfried.

Ich will nicht sterben, und ich will nicht werben,
Auch thust Du mir zu viel der Ehre an,
Mich vor dem König Gunther zu begrüßen,   800
Ich bin hier nur sein Führer.

Brunhild (wendet sich gegen Gunther).

Also Du?

Und weißt Du, was es gilt?

Gunther.

Wohl weiß ich das!

Siegfried.

Der Ruf von Deiner Schönheit drang gar weit,
Doch weiter noch der Ruf von Deiner Strenge,
805 Und wer Dir immer auch in's Auge schaut,
Er wird es nicht im höchsten Rausch vergessen,
Daß Dir der dunkle Tod zur Seite steht.

Brunhild.

So ist's! Wer hier nicht siegt, der stirbt sogleich,
Und seine Diener mit. Du lächelst d'rob?
810 Sei nicht zu stolz! Trittst Du auch vor mich hin,
Als könntest Du den vollsten Becher Weins
Dir unverschüttet über'm Haupte halten
Und mich dabei betrachten, wie ein Bild:
Ich schwöre Dir's, Du fällst so gut, wie er.

(zu Gunther)

815 Dir aber rath' ich, wenn Du hören kannst:
Laß Dir von meinen Mägden doch die Recken
Erst nennen, die von meiner Hand schon fielen,
Vielleicht ist Mancher d'runter, der sich einst
Mit Dir gemessen hat, vielleicht gar Einer,
820 Der Dich besiegt zu seinen Füßen sah!

Hagen.

Der König Gunther ward noch nie besiegt.

Siegfried.

Hoch ragt sein Schloß zu Worms am Rhein empor,
Reich ist sein Land an Zierden aller Art,
Doch höher ragt er selbst noch vor den Recken,
825 Und reicher auch an Ehren ist sein Haupt.

Hagen.

Die Hand her, Niederland!   Das war ein Wort!

Volker.

Und wär's Dir denn so schwer, dies öde Land
Und seine wüste Meeres-Einsamkeit
Freiwillig zu verlassen und dem König
Aus Höll' und Nacht zu folgen in die Welt?   830
Es ist ja gar kein Land, das noch zur Erde
Gehört, es ist ein preisgegeb'nes Riff,
Das die Lebend'gen längst entsetzt verließen,
Und wenn Du's liebst, so kannst Du es nur lieben,
Weil Du als Letzte d'rauf geboren bist!   835
Dies Stürmen in den Lüften, dies Getose
Der Wellen, dies Gekeuch des Feuerbergs,
Vor Allem aber dieses rothe Licht,
Das von der Himmels-Wölbung niederrieselt,
Als strömt' es ab von einem Opfertisch,   840
Ist fürchterlich und paßt nur für den Teufel:
Man trinkt ja Blut, indem man Athem holt!

Brunhild.

Was weißt denn Du von meiner Einsamkeit?
Noch hab' ich Nichts aus Eurer Welt vermißt,
Und käme das dereinst, so holt' ich's mir,   845
Verlaßt Euch d'rauf, und braucht' es nicht geschenkt!

Siegfried.

Sagt' ich's Euch nicht voraus?   Zum Kampf!   Zum Kampf!
Du mußt sie mit Gewalt von hinnen führen!
Ist es nur erst gescheh'n, so dankt sie's Dir.

Brunhild.

Meinst Du?   Du kannst Dich täuschen.   Wißt Ihr denn,   850
Was ich Euch opfern soll?   Ihr wißt es nicht,

Und Keiner hat's gewußt. Vernehmt's zuvor,
Und fragt Euch, wie ich es vertheid'gen werde!
Wohl steht die Zeit hier still, wir kennen nicht
855 Den Frühling, nicht den Sommer, noch den Herbst,
Das Jahr verändert niemals sein Gesicht,
Und wir sind unveränderlich mit ihm.
Doch, wenn auch Nichts von Allem hier gedeiht,
Was Euch entgegen wächs't im Stral der Sonne,
860 So reift dafür in uns'rer Nacht, was Ihr
Mit nichten säen oder pflanzen könnt.
Noch freu' ich mich des Kampfs, noch jauchze ich,
Den übermüth'gen Feind zu überwinden,
Der mir die Freiheit rauben will, noch ist
865 Die Jugend, ist das schwellende Gefühl
Des Lebens mir genug, und eh' mich dieses
Verlassen kann, hat mich das Schicksal schon,
Mit Wundergaben unsichtbar mich segnend,
Zu seiner Hohenpriesterin geweiht.

Frigga.

870 Wie wird ihr? War's genug an meinem Opfer?

Brunhild.

Die Erde wird sich plötzlich vor mir öffnen
Und mir enthüllen, was sie birgt im Kern,
Die Sterne droben werd' ich klingen hören
Und ihre himmlische Musik versteh'n,
875 Und noch ein drittes Glück wird mir zu Theil,
Ein drittes, das sich gar nicht fassen läßt!

Frigga.

Du bist's, Odin! Du hast ihr Aug' entsiegelt,
Weil Dir zur Nacht ihr Ohr verschlossen war,
Nun sieht sie selbst, was ihr die Norne spinnt!

Brunhild (hoch aufgerichtet mit starren Augen).

Einst kommt der Morgen, wo ich, statt den Bären   880
Zu jagen, oder auch die eingefror'ne
Seeschlange zu erlösen aus der Haft,
Damit sie den Planeten nicht zerpeitsche,
Die Burg schon früh' verlasse. Muthig tummle
Ich meinen Rappen, fröhlich trägt er mich,   885
Auf einmal halt' ich ein. Der Boden vor mir
Hat sich in Luft verwandelt! Schaudernd reiß' ich
Das Roß herum. Auch hinter mir. Er ist
Durchsichtig. Farb'ge Wolken unter mir,
Wie über mir. Die Mägde plaudern fort.   890
Ich rufe: Seid Ihr blind, daß Ihr Nichts seht?
Wir schweben ja im Abgrund! Sie erstaunen,
Sie schütteln ihre Häupter still, sie drängen
Sich dicht um mich herum. Doch Frigga flüstert:
Kam Deine Stunde auch? Da merk' ich's erst!   895
Der Erdball wurde zum Kristall für mich,
Und was Gewölk mir schien, war das Geflecht
Der Gold= und Silberadern, die ihn leuchtend
Durchkreuzen bis zum Grund.

Frigga.

            Triumph! Triumph!

Brunhild.

Ein Abend folgt. Nicht gleich. Vielleicht erst spät.   900
Wir sitzen hier beisammen. Plötzlich fallen
Die Mägde um, wie todt, das letzte Wort
Zerbricht in ihrem Mund, mich aber treibt's
Zum Thurm hinauf, denn über mir erklingt's,
Und jeder Stern hat seinen eig'nen Ton.   905
Erst ist es bloß Musik für mich, doch wenn
Der Morgen graut, so murml' ich, wie im Schlaf:

Der König stirbt vor Nacht noch, und sein Sohn,
Kann nicht geboren werden, er erstickt
910 Im Mutterleib! Ich höre erst von Andern,
Daß ich's gesagt, und ahne selber nicht,
Woher ich's weiß. Bald aber wird's mir klar,
Und bald verbreitet sich's von Pol zu Pol.
Dann zieh'n sie noch, wie jetzt, zu mir heran,
915 Doch nicht mit Schwertern, um mit mir zu kämpfen,
Nein, demuthvoll, mit abgelegten Kronen,
Um meine Träume zu behorchen und
Mein Stammeln auszudeuten, denn mein Auge
Durchdringt die Zukunft, und in Händen halt' ich
920 Den Schlüssel zu den Schätzen dieser Welt.
So thron' ich schicksallos, doch schicksalkundig,
Hoch über Allen und vergesse ganz,
Daß mir noch mehr verheißen ist. Es rollen
Jahrhunderte dahin, Jahrtausende,
925 Ich spür' es nicht! Doch endlich frag' ich mich:
Wo bleibt der Tod? Da geben meine Locken
Mir Antwort durch den Spiegel, sie sind schwarz
Und ungebleicht geblieben, und ich rufe:
Dieß ist das Dritte, daß der Tod nicht kommt!
(Sie sinkt zurück, die Mägde fangen sie auf.)

Frigga.

930 Was zag' ich noch? Und wär's der Balmung-Schwinger:
Jetzt hätte sie den Schild auch gegen ihn!
Er fällt, wenn sie ihn liebt und doch bekämpft,
Und sie wird kämpfen, nun sie dieses weiß.

Brunhild.
(richtet sich hoch wieder auf).

Ich sprach! Was war's?

Frigga.

Nimm Deinen Bogen, Kind,
Dein Pfeil wird heute fliegen, wie noch nie,   835
Das Andere nachher!

Brunhild (zu den Recken).

So kommt!

Siegfried (zu Brunhild).

Du schwörst,
Uns gleich zu folgen, wenn Du unterliegst?

Brunhild (lacht).

Ich schwör's!

Siegfried.

So macht! Ich richt' indeß das Schiff!

Brunhild (zu Frigga im Abgehen).

Du gehst in den Trophäensaal und schlägst
Dort einen neuen Nagel ein!

(zu den Recken)

Wohlan!   840

(Alle ab)

Zweiter Act.

(Worms. Schloßhof.)

Erste Scene.

Rumolt und Giselher (einander begegnend).

Giselher.

Nun, Rumolt, soll ein Baum noch stehen bleiben?
Du führst ja Wochen lang schon Wälder ein

Und rüstest Dich so grimmig auf die Hochzeit,
Als kämen Mensch und Zwerg und Alf zugleich.

Rumolt.

945 Ich mache mich darauf gefaßt, und fänd' ich
Den Kessel irgendwo nicht recht gefüllt,
So steckt' ich flugs den säum'gen Koch hinein
Und rührte mit dem Küchenjungen um.

Giselher.

So bist Du denn des Ausgangs schon gewiß?

Rumolt.

950 Ich bin's, weil Siegfried wirbt. Wer unterwegs
Zwei Königssöhne fängt und uns sie schickt,
Als ob es aufgescheuchte Hasen wären,
Der nimmt's wohl auch mit Teufelsweibern auf.

Giselher.

Da hast Du Recht. Wir haben gute Pfänder
955 An diesem Lüdegast und Lüdeger!
Mit einem Heer gedachten sie zu kommen,
Wie nie Burgund ein gleiches noch gesehn,
Und als Gefang'ne stellten sie sich ein,
Die nicht einmal des Hüters mehr bedurften:
960 Koch' zu, Gesell, an Gästen fehlt's Dir nicht!
                (Gerenot kommt.)
Da ist der Jäger!

Gerenot.

          Aber nicht mit Wild!
Ich war auf uns'rem Thurm und sah den Rhein
Mit Schiffen, wie bedeckt.

Rumolt.

Das ist die Braut!

Da laß' ich gleich zur Stunde Alles schlagen,
Was brummt und brüllt und blökt und grunzt im Hof,   965
Damit sie's in der Ferne schon vernimmt,
Wie sie empfangen werden soll!

(Es wird geblasen.)

Gerenot.

Zu spät!

Zweite Scene.

Siegfried (tritt mit Gefolge auf).

Da bin ich wieder!

Giselher.

Ohne meinen Bruder?

Siegfried.

Sei ruhig! Als sein Bote steh' ich hier! —
Doch nicht, um Dir die Meldung auszurichten!   970
Sie geht an Deine Mutter, und ich hoffe,
Daß ich auch Deine Schwester sehen darf.

Giselher.

Das sollst Du, Degen, denn wir schulden Dir
Den Dank noch für die beiden Dänenprinzen.

Siegfried.

Ich wollte jetzt, ich hätt' sie nicht geschickt.   975

Giselher.

Warum? Du konntest uns nicht besser zeigen,
Was wir an Deinem Arm gewonnen haben,
Denn wahrlich, schlechte Männer waren's nicht.

Siegfried.

Mag sein! Doch hätte ich das nicht gethan,
980　So hätt' vielleicht ein Vogel das Gerücht
Verbreitet, daß sie mich erschlagen hätten,
Dann fragt' ich nun: wie nahm Kriemhild es auf?

Giselher.

Sie nützen Dir auch so genug bei uns!
Daß man sich die Metalle und das Erz
985　Durch tücht'ge Schläge zur Trompete rundet,
Das hab' ich längst gewußt, von Menschen war's
Mir aber unbekannt, und diese Beiden
Beweisen, was ein Schmied, wie Du, vermag.
Sie lobten Dich — wenn Du's vernommen hättest,
990　Du wärst noch heute roth! Und das nicht bloß
Aus Klugheit, die den Feind wohl öfter preis't,
Weil sie die Schmach der eig'nen Niederlage
Dadurch vergoldet, nein, aus wahrer Lust.
Doch hörst Du das am besten von Kriemhild,
995　Die gar nicht müde ward, sie auszufragen:
Da kommt sie her.

Dritte Scene.
Ute und Kriemhild (treten auf).

Siegfried.

Ich bitte Dich!

Giselher.

Was ist?

Siegfried.

Nie wünscht' ich meinen Vater noch herbei,
Daß er mir sage, wie ich kämpfen solle,

Doch meine Mutter könnt' ich heute brauchen,
Um sie zu fragen, wie man reden muß.   1000

Giselher.

Gieb mir die Hand, wenn Du so blöde bist.
Man nennt mich hier das Kind. So mag man sehen,
Wie dieses Kind den Löwen führt!
(Er führt Siegfried den Frauen zu.)
Der Held
Aus Niederland!

Siegfried.

Erschreckt nicht, edle Frauen,
Daß ich's allein bin.

Ute.

Tapf'rer Siegfried, nein!   1005
Das thun wir nicht, Du bist der Recke nicht,
Der übrig bleibt, wenn alle Andern fallen,
Damit das Unglück einen Boten hat.
Du meldest mir die neue Tochter an
Und Kriemhild ihre Schwester.

Siegfried.

Königin,   1010
So ist's!

Giselher.

So ist's! Nichts weiter? Und auch das
Noch schwer heraus gebracht? Mißgönnst Du sie
Dem König, meinem Bruder, oder hast Du,
Es ist bis jetzt kein Beispiel zwar bekannt,
Im Kampf die Zunge Dir verstaucht? Doch nein,   1015
Du brauchtest sie vorhin ja flink genug,
Als Du mir von Brunhildens braunen Augen
Und schwarzem Haar erzähltest.

Siegfried.

             Glaubt es nicht!

Giselher.

Er hebt, um es mit Nachdruck abzuläugnen,
1020   Noch drei von seinen Fingern auf, und schwört
Zu Blau und Blond.

Ute.

             Dieß ist ein arger Schalk,
Der zwischen Birk' und Haselstaude steht:
Der Ruthe seiner Mutter längst entwachsen,
Hat er des Vaters Gerte nie gespürt
1025   Und ist so übermüthig, wie ein Füllen,
Das Nichts vom Zaum und von der Peitsche weiß.
Vergieb ihm, oder zücht'ge ihn!

Siegfried.

             Das mögte
Gefährlich sein! Ein wildes Füllen zäumen
Ist schwer, und Mancher hinkt beschämt davon,
1030   Bevor er es besteigen kann!

Ute.

             So geht
Er wieder ohne Strafe aus!

Giselher.

             Zum Dank
Will ich Dir was verrathen.

Kriemhild.

             Giselher!

Giselher.

Haſt Du was zu verbergen? Fürchte Nichts!
Ich kenne Dein Geheimniß nicht und blaſe
Von Deinen Kohlen keine Aſche ab.   1035

Ute.

Was iſt es denn?

Giselher.

        Jetzt hab' ich's ſelbſt vergeſſen!
Wenn eine Schweſter plötzlich ſo erröthet,
So denkt man doch als Bruder d'rüber nach
Und fragt ſich nach dem Grund. Ei nun, gleich viel
Mir fällt's wohl noch vor'm Sterben wieder ein,   1040
Und dann erfährt er's gleich.

Siegfried.

        Du magſt wohl ſpotten,
Denn ich vergeſſe meinen Auftrag ganz,
Und eh' ich Euch noch in die Sonntagskleider
Getrieben habe, hört Ihr die Trompeten,
Und Gunther zieht mit ſeiner Braut hier ein!   1045

Giselher.

Siehſt Du den Küchenmeiſter denn nicht rennen?
Dem hat Dein Kommen ſchon genug geſagt!
Doch helf' ich ihm!

        (Er geht zu Rumolt.)

Kriemhild.

        So edlem Boten dürfen
Wir keine Gabe bieten!

Siegfried.

        Doch! O doch!

Kriemhild
(nestelt an einer Spange und läßt dabei ihr Tuch fallen).

Siegfried (hascht nach dem Tuch).

1050 Und diese sei's!

Kriemhild.

Die ziemt nicht Dir, noch mir!

Siegfried.

Kleinodien sind mir, was den Andern Staub,
Aus Gold und Silber kann ich Häuser bau'n,
Doch fehlt mir solch ein Tuch.

Kriemhild.

          So nimm es hin.
Ich hab' es selbst gewirkt.

Siegfried.

          Und giebst Du's gern'?

Kriemhild.

1055 Mein edler Siegfried, ja, ich geb' es gern'!

Ute.

Doch nun erlaubt — es wird auch Zeit für uns!
(ab mit Kriemhild)

Vierte Scene.

Siegfried.

So steht ein Roland da, wie ich hier stand!
Mich wundert's, daß kein Spatz in meinem Haar
Genistet hat.

Fünfte Scene.

Der Kaplan (tritt heran).

Verzeiht mir, edler Recke,
Ist Brunhild denn getauft?

Siegfried.

Sie ist getauft!   1060

Kaplan.

So ist's ein christlich Land, aus dem sie kommt?

Siegfried.

Man ehrt das Kreuz.

Kaplan (tritt wieder zurück).

Man ehrt's wohl so, wie hier,
Wo man sich's neben einer Wodans-Eiche
Gefallen läßt, weil man nicht wissen kann,
Ob ihm kein Zauber inne wohnt, so wie   1065
Der frömmste Christ ein Götzenbild noch immer
Nicht leicht zerschlägt, weil sich ein letzter Rest
Der alten Furcht noch leise in ihm regt,
Wenn er es glotzen sieht.

Sechste Scene.

(Fanfaren, Brunhild, Frigga, Gunther, Hagen, Volker.
Gefolge. Kriemhild und Ute aus der Burg ihnen entgegen.)

Gunther.

Da ist die Burg,
Und meine Mutter naht mit meiner Schwester,   1070
Dich zu begrüßen.

Volker
(zu Brunhild, während die Frauen sich entgegen schreiten).

Sind die kein Gewinn?

Hagen.

Siegfried, ein Wort mit Dir! Dein Rath war schlecht.

Siegfried.

Mein Rath war schlecht? Ist sie nicht überwunden?
Steht sie nicht da?

Hagen.

Was ist damit erreicht?

Siegfried.

1075 Ich denke, Alles.

Hagen.

Nichts! Wer ihr den Kuß
Nicht rauben kann, der wird sie nimmermehr
Bewältigen, und Gunther kann es nicht.

Siegfried.

Hat er's versucht?

Hagen.

Würd' ich denn sonst wohl reden?
Vorher! Im Angesicht der Burg. Sie sträubte
1080 Sich Anfangs, wie es einer Magd geziemt,
Und wie sich uns're Mütter sträuben mogten,
Doch, als sie merkte, daß ein Daumendruck
Genügte, um den Freier fort zu schnellen,
Da ward sie toll, und als er doch nicht wich,
1085 Ergriff sie ihn und hielt ihn, uns und ihm
Zur ew'gen Schmach, mit vorgestrecktem Arm
Weit in den Rhein hinaus.

Siegfried.

Ein Teufelsweib!

Hagen.

Was schiltst Du? Hilf!

Siegfried.

Ich denke, wenn der Priester
Sie erst verband —

Hagen.

Wär' nur die Alte nicht,
Die Magd, die sie begleitet. Diese späht   1090
Und fragt den ganzen Tag und sitzt bei ihr,
Wie ihr Verstand von Siebzig oder Achtzig!
Die fürcht' ich mehr, als sie!

Ute (zu Kriemhild und Brunhild).

So liebt Euch denn
Und laßt den Ring, den Eure Arme jetzt
Im ersten Herzensdrang geschlossen haben,   1095
Allmälig sich zu einem Kreis erweitern,
In dem Ihr Euch mit gleichem Schritt und Tritt
Und gleicher Lust um einen Punct bewegt.
Ihr werdet's besser haben, als ich selbst,
Denn, was ich meinem Herrn nicht sagen durfte,   1100
Das mußt' ich ganz verschlucken, und so konnt' ich
Zum Wenigsten nicht klagen über ihn.

Kriemhild.

Wir wollen Schwestern werden.

Brunhild.

Euretwegen
Mag Euer Sohn und Bruder noch vor Nacht
Das Zeichen, das zu seiner Magd mich stempelt,   1105
Mir auf die Lippen drücken, denn ich bin
Noch ungebrannt, wie ein zu junger Baum,
Auch hielt' ich mir, wenn Ihr sie nicht versüßtet,
Die Schmach, die mich bedroht, wohl ewig fern.

Ute.

1110 Du sprichst von Schmach?

Brunhild.

Vergebt mir dieses Wort,
Doch sprech' ich, wie ich fühle. Ich bin fremd
In Eurer Welt, und wie die meine Euch
Erschrecken würde, wenn Ihr sie beträtet,
So ängstigt mich die Eurige. Mir däucht,
1115 Ich hätt' hier nicht geboren werden können
Und soll hier leben! — Ist der Himmel immer
So blau?

Kriemhild.

Nicht immer. Doch die meiste Zeit.

Brunhild.

Wir kennen gar kein Blau, als das des Auges,
Und das nur im Verein mit rothem Haar
1120 Und einem Milchgesicht! Und ist es immer
So still hier in der Luft?

Kriemhild.

Zuweilen steigen
Auch Wetter auf, dann wird's bei Tage Nacht,
Und Blitz und Donner rasen.

Brunhild.

Käme das
Nur heute noch! Mir wär's, wie Heimathsgruß.
1125 Ich kann mich nicht an so viel Licht gewöhnen,
Es thut mir weh', mir ist's, als ging ich nackt,
Als wäre kein Gewand hier dicht genug! —
Das sind wohl Blumen? Roth und gelb und grün!

Kriemhild.

Du sahst sie nie und kennst die Farben doch?

Brunhild.

Wir haben Edelsteine aller Art,   1130
Nur weiße nicht und schwarze, aber weiß
Ist meine eig'ne Hand und schwarz mein Haar.

Kriemhild.

So weißt Du Nichts vom Duft!
              (Sie pflückt ihr ein Veilchen.)

Brunhild.

                    O der ist schön!
Und diese kleine Blume haucht ihn aus,
Die einz'ge, die mein Auge nicht bemerkte?   1135
Der mögt' ich einen süßen Namen geben,
Doch hat sie wohl schon einen.

Kriemhild.

                    Keine ist
Demüthiger, als sie, und keine hätte
Dein Fuß so leicht zertreten, denn sie scheint
Sich fast zu schämen, mehr zu sein, als Gras,   1140
So tief versteckt sie sich, und dennoch schmeichelt
Sie Dir die ersten sanften Worte ab.
Sei sie Dir denn ein Zeichen, daß sich Manches
Vor Deinem Blick hier noch verbergen mag,
Was Dich beglücken wird.

Brunhild.

                    Ich hoff's und glaub's! —   114
Doch thut's auch noth! Du weißt nicht, was es heißt,
Ein Weib zu sein und doch in jedem Kampf
Den Mann zu überwinden, und die Kraft,

Die ihn verläßt, aus dem verströmten Blut,
1150 Das Dir entgegen dampft, durch's bloße Athmen
In Dich zu trinken! Immer stärker Dich
Zu fühlen, immer muthiger, und endlich,
Wenn Du des Siegs gewisser bist, als je —
(in plötzlicher Wendung)
Frigga, ich frag' Dich noch einmal! Was war's,
1155 Was sah und sprach ich vor dem letzten Kampf?

Frigga.
Du scheinst im Geist dies Land geseh'n zu haben.

Brunhild.
Dies Land!

Frigga.
Und warst entzückt.

Brunhild.
          Ich war entzückt! —
Doch Deine Augen flammten.

Frigga.
          Weil ich Dich
So glücklich sah.

Brunhild.
          Und diese Recken schienen
1160 Mir weiß, wie Schnee.

Frigga.
Sie waren's schon vorher.

Brunhild.
Warum verhehltest Du's mir denn so lange?

Frigga.

Es ward mir selbst erst diese Stunde klar,
Wo ich vergleichen kann.

Brunhild.

Wenn ich entzückt
Gewesen bin, als ich dies Land erblickte,
So muß ich's wieder werden.

Frigga.

Zweifle nicht.   1165

Brunhild.

Es kommt mir doch so vor, als hätte ich
Von Sternen und Metallen —

Frigga.

Auch, ja wohl!
Du sprachst, die Sterne funkelten hier heller,
Doch Gold und Silber wären dafür blind.

Brunhild.

Ei so!

Frigga (zu Hagen).

Nicht wahr?

Hagen.

Ich hab' nicht d'rauf gehört.   1170

Brunhild.

Ich bitt' Euch Alle, nehmt mich für ein Kind,
Ich werde schneller wachsen, wie ein and'res,
Doch bin ich jetzt nicht mehr.
                    (zu Frigga)
            Das also war's?

Frigga.

Das war's!

Brunhild.

So ift's ja gut! So ift's ja gut! —

Ute (zu dem heran getretenen Gunther).

1175 Mein Sohn, wenn sie zu herb ift gegen Dich,
Laß ihr nur Zeit! Bei dem Geschrei der Krähen
Und Raben, das sie hörte, konnte sich
· Ihr Herz nicht öffnen, doch es wird gescheh'n
Bei Lerchenruf und Nachtigallenschlag.

Hagen.

1180 So spricht der Spielmann, wenn er's Fieber hat
Und junge Hunde streichelt. Sei's darum.
Der Jungfrau gönne Zeit, sich zu besinnen,
Die Fürstin aber halte gleich beim Wort.
Sie ist die Deine durch das Recht der Waffen,
1185 So greife zu!
                              (ruft)
          Kaplan!
          (schreitet voran)

Gunther.

Ich folg' Dir gern'!

Siegfried.

Halt, Gunther, halt, was haft Du mir gelobt?

Gunther.

Kriemhild, darf ich den Gatten für Dich wählen?

Kriemhild.

Mein Herr und Bruder, füg' es, wie Du magft!

Gunther (zu Ute).

Ich habe keinen Widerspruch zu fürchten?

Ute.

Du bist der König, ich bin Magd, wie sie!   1190

Gunther.

So bitt' ich Dich inmitten meiner Sippen:
Lös' einen Eid für mich und sie, und reiche
Dem edlen Siegfried Deine Hand.

Siegfried.

             Ich kann
Nicht reden, wie ich mögte, wenn ich Dir
In's Antlitz sehe, und von meinem Stottern   1195
Hast Du vorhin wohl schon genug gehabt,
D'rum frag' ich Dich, wie jeder Jäger fragt,
Nur, daß ich nicht dabei vom Hut die Federn
Herunter blase: Jungfrau, willst Du mich?
Doch, daß Dich nicht d.e Einfalt selbst besteche,   1200
Und Du nicht völlig unberathen seist,
So laß Dir noch vor Ja und Nein vermelden,
Wie meine Mutter mich zu schelten pflegt.
Sie sagt, ich sei zwar stark genug, die Welt
Mir zu erobern, aber viel zu dumm,   1205
Den kleinsten Maulwurfshügel zu behaupten,
Und wenn ich nicht die Augen selbst verlöre,
So läg's allein an der Unmöglichkeit.
Ach magst Du ihr das Eine willig glauben,
Das And're aber werd' ich widerlegen,   1210
Denn wenn ich Dich nur erst erobert habe,
So soll man seh'n, wie ich behaupten kann!
Nun denn, noch einmal: Kriemhild, willst Du mich?

Kriemhild.

Du lächelst, Mutter! O, ich habe nicht

1215 Vergessen, was ich träumte, und der Schauder
Ist nicht entfloh'n, er warnt mich mehr, als je,
Doch eben darum sag' ich muthig: Ja!

Brunhild (tritt zwischen Kriemhild und Siegfried).
Kriemhild!

Kriemhild.

Was willst Du?

Brunhild.

Mich als Schwester Dir

Beweisen!

Kriemhild.

Jetzt? Worin?

Brunhild (zu Siegfried).

Wie darfst Du's wagen,

1220 Die Hand nach ihr, nach einer Königstochter,
Nur auszustrecken, da Du doch Vasall
Und Dienstmann bist!

Siegfried.

Wie?

Brunhild.

Kamst Du nicht als Führer

Und gingst als Bote?

(zu Gunther)

Und wie kannst Du's dulden

Und unterstützen, daß er's thut?

Gunther.

Er ist

1225 Der Erste aller Recken!

Brunhild.

Dafür weis' ihm
Den ersten Platz an Deinem Throne an.

Gunther.

Er ist an Schätzen reicher, als ich selbst!

Brunhild.

Pfui! Giebt ihm das ein Recht auf Deine Schwester?

Gunther.

Er hat mir tausend Feinde schon erschlagen.

Brunhild.

Der Held, der mich besiegte, dankt ihm das?   1930

Gunther.

Er ist ein König, wie ich selbst.

Brunhild.

Und stellte
Doch zu den Knechten sich?

Gunther.

Dies Räthsel will ich
Dir lösen, wenn Du mein geworden bist!

Brunhild.

Nie werd' ich's, eh' ich Dein Geheimniß weiß.

Ute.

So willst Du mich durchaus nicht Mutter nennen?   1935
Verschieb es nicht zu lange, ich bin alt,
Auch trug ich manches Leid!

Brunhild.

Ich folge ihm
Zur Kirche, wie ich schwur, und werde Dir
Mit Freuden Tochter, aber ihm nicht Weib.

Hagen (zu Frigga).

1840   Beschwicht'ge sie!

Frigga.

Was braucht es mein dazu?
Wenn er sie einmal überwunden hat,
So wird's ihm auch das zweite Mal gelingen,
Doch ist's ein Recht der Magd, daß sie sich sträubt.

Siegfried (Kriemhild bei der Hand fassend).

Daß ich mich gleich als König hier erweise,
1845   So schenk' ich Dir den Nibelungenhort.
Und nun zu meinem Recht und Deiner Pflicht.
(Er küßt sie.)

Hagen.

Zum Dom!

Frigga.

Hat er den Nibelungenhort?

Hagen.

Du hörst. Trompeten!

Frigga.

Auch die Balmung=Klinge?

Hagen.

Warum nicht? Holla, blas't die Hochzeit ein!
(Rauschende Musik. Alle ab)

Siebente Scene.

(Halle. Truchs und Wulf treten auf. Zwerge tragen Schätze über
die Bühne.)

Truchs.

Ich steh' zu Kriemhild.

Wulf.

        So? Zu Brunhild ich.   1950

Truchs.

Warum, wenn's Dir beliebt?

Wulf.

         Wie brächteft Du
Dein Lanzenspiel zusammen, wenn wir Alle
Dieselbe Farbe hielten?

Truchs.

       Diesen Grund
Muß ich Dir gelten lassen, aber sonst
Wär's Tollheit.

Wulf.

       Ho! Das sag' nur nicht zu laut,   1955
Denn Viele giebt's, die zu der Fremden schwören.

Truchs.

Es ist ein Unterschied, wie Tag und Nacht.

Wulf.

Wer läugnet das? Doch Mancher liebt die Nacht!
(zeigt auf die Zwerge)
Was schleppen die?

Truchs.

      Ich denk', es ist der Hort,
Denn Siegfried hat ihn von den Nibelungen,   1960

Als er sie zum Geleit hieher entbot,
Gleich mit herauf gebracht, und wie ich höre,
Ist er zum Witthum für Kriemhild bestimmt.

Wulf.

Unholde, diese Zwerge! Hohl im Rücken!
1865   Kehr' Einen um, so liegt ein Backtrog da.

Truchs.

Sie hausen auch ja mit dem Wurm=Geschlecht
Im Bauch der Erde und in Berges=Höhlen,
Und sind des Maulwurfs Vettern.

Wulf.

           Aber stark!

Truchs.

Und klug! Der braucht nach der Alraunen=Wurzel
1870   Nicht mehr zu späh'n, der die zu Freunden hat.

Wulf (zeigt auf die Schätze).
Wer das besitzt, braucht alle Beide nicht.

Truchs.

Ich mögt' es kaum. Es ist ein altes Wort,
Daß Zaubergold noch durstiger nach Blut,
Als ausgedörrter Schwamm nach Wasser ist;
1875   Auch führen diese Nibelungen=Recken
Gar wunderliche Reden.

Wulf.

           Von dem Raben!
Was war es doch? Ich hab's nur halb gehört.

Truchs.

Ein Rabe hat sich auf das Gold gesetzt,
Als man's zum Schiff hinunter trug, und so

Gekrächzt, daß Siegfried, weil er ihn verstand,   1280
Sich erst die Ohren zugehalten und
Gepfiffen, dann nach ihm mit Edelsteinen
Geworfen, und zuletzt, weil er nicht wich,
Sogar den Speer geschleudert haben soll!

Wulf.

Das will was heißen! Denn er ist im Grunde   1285
So sanft, als tapfer.

(Es wird geblasen.)

Horch, das gilt auch uns!
Sie sammeln sich.   Hie Brunhild!

Truchs.

Kriemhild hie!

(ab.   Andere Recken, die sich inzwischen gesammelt haben, schließen sich an und
wiederholen den Ruf.   Es wird nach und nach dunkel.)

Achte Scene.

Hagen und Siegfried (treten auf).

Siegfried.

Was willst Du, Hagen? Warum winkst Du mich
Hinweg von dem Bankett? Ich werde nie
So wieder sitzen, wie ich heute sitze,   1290
So gönn mir doch den Tag, ich hab's ja wohl
Um Euch verdient.

Hagen.

Es giebt noch mehr zu thun.

Siegfried.

Verschiebt's auf Morgen! Die Minute gilt
Mir heut' ein Jahr, ich kann die Worte zählen,

1295 Die ich mit meiner Braut gesprochen habe,
So laßt mir doch den Abend für mein Weib.

Hagen.

Verliebte und Berauschte störte ich
Noch niemals ohne Noth. Es hilft Dir Nichts,
Daß Du Dich sträubst, Du mußt. Was Brunhild sprach,
1300 Haft Du gehört, und wie sie Hochzeit hält,
Siehst Du ja wohl, sie sitzt bei Tisch und weint.

Siegfried.

Kann ich es ändern?

Hagen.

Daß sie halten wird,
Was sie gelobte, ist nicht zweifelhaft,
Und daß die Schande unauslöschlich wäre,
1305 Noch weniger! Dieß leuchtet Dir doch ein?

Siegfried.

Was folgt daraus?

Hagen.

Daß Du sie bänd'gen mußt!
(Gunther tritt herzu.)

Siegfried.

Ich?

Hagen.

Hör' mich an! Der König geht mit ihr
In's Schlafgemach. Du folgst ihm in der Kappe.
Er fordert, eh' sie sich das Tüch noch lüftet,
1130 Mit Ungestüm den Kuß. Sie weigert ihn.
Er ringt mit ihr. Sie lacht und triumphirt.
Er löscht, als wär's von ungefähr, das Licht
Und ruft: So weit der Spaß und nun der Ernst,

6*

Ich thät' es selbst und wäre stolz darauf,
Doch Zauberkünste haben's angefangen,
Und Zauberkünste müssen's nun auch enden:
So thu's denn! Soll ich knie'n?

Siegfried.

Ich thu's nicht gern! 1365
Wer hätt' sich das gedacht! Und dennoch lag's
So nah'! O, drei Mal heilige Natur!
Mich widert's, wie noch nie in meinem Leben,
Doch was Du sagst, hat Grund, und also sei's.

Gunther.

Ich gebe meiner Mutter einen Wink — 1370

Hagen.

Nein! Nein! Kein Weib! Wir steh'n allhier zu Dreien
Und haben, hoff' ich, keine einz'ge Zunge,
Der Vierte in uns'rem Bunde sei der Tod!

(Alle ab)

Dritter Act.

(Morgen. Schloßhof. An der einen Seite der Dom.)

Erste Scene.

Rumolt und Dankwart (treten gerüstet auf).

Rumolt.

Drei Todte!

Dankwart.

Nun, für gestern war's genug,
Es war ja nur ein Vorspiel! Heute wird's 1375
Wohl anders kommen.

Rumolt.

Diese Nibelungen
Sind mit den Todtenhemden gleich verseh'n,
Ein Jeder führt es bei sich, wie sein Schwert.

Dankwart.

Man hat im Norden wunderliche Bräuche,
1880 Denn, wie die Berge wilder werden, wie
Die munt'ren Eichen düstern Tannen weichen,
So wird der Mensch auch finst'rer, bis er endlich
Sich ganz verliert, und nur das Thier noch haus't!
Erst kommt ein Volk, das nicht mehr singen kann,
1885 An dieses gränzt ein and'res, das nicht lacht,
Dann folgt ein stummes, und so geht es fort.

Zweite Scene.
(Musik. Großer Zug. Wulf und Truchs unter den Recken.)

Rumolt (indem er sich mit Dankwart anschließt).
Wird Hagen jetzt zufrieden sein?

Dankwart.

Ich denk's!
Das ist ein Aufgebot, wie für den Krieg!
Doch hat er recht, denn diese Königin
1890 Braucht and're Morgenlieder, als die Lerche
Sie hören läßt, die in der Linde pfeift!
(gehen vorüber)

Dritte Scene.
Siegfried (erscheint mit Kriemhild).

Kriemhild (auf ihr Gewand deutend).
Nun? Dankst Du's mir?

Siegfried.

Ich weiß nicht, was Du meinst

Kriemhild.

Sieh mich nur an!

Siegfried.

Ich dank' Dir, daß Du bist,
Daß Du so lächelst, daß Du blaue Augen
Und keine schwarze haft —

Kriemhild.

Du lobst den Herrn   1391
In seiner Magd! Du Thor, hab' ich mich selbst
Geschaffen, und die Augen, die Du rühmst,
Mir ausgesucht?

Siegfried.

Die Liebe, dünkt mich, könnte
So seltsam träumen! Ja, an einem Morgen,
Wo Alles mailich funkelte, wie heut',   1400
Haft Du die beiden hellsten Tropfen Thaus,
Die an den beiden blau'sten Glocken hingen,
Dir weg gehascht, und trägst seitdem den Himmel
Zwiefach im Antlitz.

Kriemhild.

Lieber dank's mir doch,
Daß ich als Kind so klug gefallen bin,   1405
Denn diese Augen waren arg bedroht,
Als ich mir hier die Schläfe zeichnete.

Siegfried.

Laß mich die Narbe küssen!

Kriemhild.

Hitz'ger Arzt,
Verschwende Deinen Balsam nicht, die Wunde
1410 Ist längst geheilt! Nein, weiter!

Siegfried.

                    Nun, so danke
Ich Deinem Mund —

Kriemhild.

Mit Worten?

Siegfried (will sie umarmen).

                    Darf ich so?

Kriemhild (weicht zurück).

Glaubst Du, ich forb're auf?

Siegfried.

                    Mit Worten denn
Für Worte! Nein, für Süßeres, als Worte,
Für Dein Gelispel holder Heimlichkeiten,
1415 Dem Ohr so köstlich, wie Dein Kuß der Lippe,
Und für die Heimlichkeiten selbst, für's Lauschen
Am Fenster, als wir in die Wette warfen,
O, hätte ich's geahnt! und für Dein Höhnen
Und Spotten —

Kriemhild.

                    Um mit Ehren zu verweilen,
1420 Nicht wahr, so legst Du's aus? Wie boshaft, Freund!
Das sagt' ich Dir im Dunkeln! Willst Du seh'n,
Ob ich erröthe, wenn Du's jetzt bei Tage
Mir wiederholst? Mein Blut ist gar zu dumm,
Es steigt und fällt zu rasch, und meine Mutter

Vergleicht mich oft mit einem Rosenstock, 　　　　　*1425*
Der Roth und Weiß auf Einem Stengel trägt.
Sonst hätt'st Du Nichts von alledem erfahren,
Doch fühlt' ich's wohl, wie meine Wangen brannten,
Als mich mein Bruder gestern Morgen neckte,
Da mußt' ich Dir die Missethat gesteh'n! 　　　　　*1430*

Siegfried.

Daß der den besten Hirsch noch heute träfe!

Kriemhild.

Und ihn verfehlte! Ja! Das wünsch' ich auch. —
Du bist wohl Einer, wie mein Ohm, der Tronjer,
Der einen neuen Rock, den man ihm stickt
Und heimlich vor sein Bette legt, nur dann 　　　　　*1435*
Bemerkt, wenn er zu eng gerieth?

Siegfried.
　　　　　· Warum?

Kriemhild.

Du siehst nur das, was Gott und die Natur
An mir gethan, mein eigenes Verdienst
Entgeht Dir, das beginnt erst bei den Kleidern,
Und nicht einmal der Gürtel fällt Dir auf. 　　　　　*1440*

Siegfried.

Nun, der ist bunt! Doch lieber mög' ich noch
Den Regenbogen um den Leib Dir winden,
Mir däucht, der paßt zu Dir und Du zu ihm.

Kriemhild.

Bring mir ihn nur zur Nacht, so wechsle ich,
Doch wirf ihn nicht so hin, wie diesen andern, 　　　　　*1445*
Ich hätte Dein Geschenk fast überseh'n!

Siegfried.

Was redeſt Du?

Kriemhild.

      Wenn nicht die Steine wären,
So läge er wohl jetzt noch unter'm Tiſch,
Doch Feuer kann ſich freilich nicht verſtecken.

Siegfried.

1450   Der wär' von mir?

Kriemhild.

Gewiß!

Siegfried.

      Kriemhild, Du träumſt!

Kriemhild.

Ich fand ihn in der Kammer.

Siegfried.

      Deine Mutter
Wird ihn verloren haben!

Kriemhild.

      Meine Muttter!
O nein, ich kenne ihren Schmuck! Ich dachte,
Er ſtamme aus dem Nibelungenhort,
1455   Und legt' ihn eilig an, Dich zu erfreu'n!

Siegfried.

Das dank' ich Dir, allein ich kenn' ihn nicht!

Kriemhild (nimmt den Gürtel ab).

Dann mach' der gold'nen Borte wieder Platz,
Die du bedeckſt! Ich war ſchon ganz geſchmückt
Und ſchnallte ihn nur über, um die Mutter

Und Dich zugleich zu ehren, denn die Borte   1460
Ist von der Mutter!

Siegfried.

Das ist wunderlich! —
Du fand'st ihn an der Erde?

Kriemhild.

Ja!

Siegfried.

Zerknüllt?

Kriemhild.

Siehst Du, daß Du ihn kennst! Der zweite Spaß
Gelang Dir, wie der erste, und ich habe
Zwiefache Müh'!

     (Sie will den Gürtel wieder umschnallen.)

Siegfried.

Um Gottes Willen, nein!   1465

Kriemhild.

Ist das Dein Ernst?

Siegfried (für sich).

Sie suchte mir die Hände
Zu binden.

Kriemhild.

Lachst Du nicht?

Siegfried (für sich).

Da ward ich wüthend
Und brauchte meine Kraft.

Kriemhild.

Noch immer nicht?

Siegfried (für sich).

Ich riß ihr Etwas weg!

Kriemhild.

Bald werd' ich's glauben.

Siegfried (für sich).

1470 Das pfropft' ich, weil sie wieder darnach griff,
Mir in den Busen, und — — Gieb her, gieb her,
Kein Brunnen ist so tief, den zu verbergen,
Ein Stein daran, und in den Rhein hinab!

Kriemhild.

Siegfried!

Siegfried.

Er ist mir dann entfallen! — Gieb!

Kriemhild.

1475 Wie kam er denn in Deine Hand?

Siegfried.

Dieß ist
Ein furchtbar unglückseliges Geheimniß,
Verlange keinen Theil daran.

Kriemhild.

Du haft
Mir doch ein größ'res anvertraut, ich kenne
Die Stelle, wo der Tod Dich treffen kann.

Siegfried.

1480 Das hüte ich allein!

Kriemhild.

Das and're hüten
Wohl Zwei!

Siegfried (für sich).

Verflucht! Ich eilte mich zu sehr!

Kriemhild (bedeckt sich das Gesicht).

Du schwurst mir Etwas! Warum that'st Du das?
Ich hatt' es nicht verlangt.

Siegfried.

Bei meinem Leben,
Ich habe nie ein Weib erkannt!

Kriemhild (hält den Gürtel in die Höhe).

Siegfried.

Ich wurde
Damit gebunden!

Kriemhild.

Wenn's ein Löwe sagte,   1485
Es wäre glaublicher!

Siegfried.

Und doch ist's wahr!

Kriemhild.

Dieß schmerzt! Ein Mann, wie Du, kann keinen Fehler
Begeh'n, der ihn, wie schlimm er immer sei,
Nicht doch noch besser kleidet, als die Lüge,
Womit er ihn bedecken will!
(Gunther und Brunhild treten auf.)

Siegfried.

Weg, weg!   1490
Man kommt!

Kriemhild.

Wer kommt? Brunhild? Kennt die den Gürtel?

Siegfried.

Verbirg ihn doch!

Kriemhild.

Nein, nein, ich zeige ihn!

Siegfried.

Verstecke ihn, so sollst Du Alles wissen.

Kriemhild (indem sie den Gürtel verbirgt).

Sie kennt ihn also wirklich?

Siegfried.

Hör' mich an!
(Beide folgen dem Zuge.)

Vierte Scene.

Brunhild.

1495   War das nicht Kriemhild?

Gunther.

Ja.

Brunhild.

Wie lange bleibt
Sie noch am Rhein?

Gunther.

Sie wird wohl nächstens zieh'n,
Denn Siegfried muß zu Haus.

Brunhild.

Ich geb' ihm Urlaub
Und schenke ihm den Abschied oben'rein.

Gunther.

Ist er Dir so verhaßt?

Brunhild.

      Ich kann's nicht seh'n,
Daß Deine edle Schwester sich erniedrigt.   1500

Gunther.

Sie thut, wie Du.

Brunhild.

      Nein, nein, Du bist ein Mann!
Und dieser Name, der mir sonst so feindlich
Erklang, erfüllt mich jetzt mit Stolz und Lust!
Ja, Gunther, ich bin wunderbar verwandelt:
Du siehst's ja wohl? Ich könnte Dich was fragen   1505
Und thu' es nicht!

Gunther.

      Du bist mein edles Weib!

Brunhild.

Ich hör' mich gern so nennen, und es kommt
Mir jetzt so seltsam vor, daß ich das Roß
Getummelt und den Speer geworfen habe,
Als säh' ich Dich den Bratenwender dreh'n!   1510
Ich mag die Waffen nicht mehr seh'n, auch ist
Mein eig'ner Schild mir jetzt zu schwer, ich wollte
Ihn auf die Seite stellen, und ich mußte
Die Magd um Beistand rufen! Ja, ich mögte
Jetzt lieber lauschen, wie die Spinnen weben,   1515
Und wie die Vögel ihre Nester bau'n,
Als Dich begleiten!

Gunther.

      Dies Mal muß es sein!

Brunhild.

Ich weiß, warum. Vergieb mir! Großmuth war's,
Was ich für Ohnmacht hielt. Du wolltest mich
1590 Nur nicht beschämen, als ich auf dem Schiff
So unhold trotzte! Davon wohnte Nichts
In meiner Brust, und darum ist die Kraft,
Die sich in einer Laune der Natur
Zu mir verirrte, heimgekehrt zu Dir!

Gunther.

1595 Versöhne Dich, da Du so milde bist,
Denn auch mit Siegfried!

Brunhild.

        Diesen nenne nicht!

Gunther.

Doch hast Du keinen Grund, ihm gram zu sein.

Brunhild.

Ich hab' auch keinen! Wenn ein König sich
So weit erniedrigt, Führerdienst zu leisten
1580 Und Boten abzulösen, ist es zwar
So wunderlich, als ließe sich der Mensch
Für's Pferd den Sattel auf den Rücken schnallen
Und bellte oder jagte für den Hund,
Allein, wenn's ihm gefällt, was kümmert's mich!

Gunther.

1585 So war es nicht.

Brunhild.

        Auch wird's nur um so lust'ger,
Wenn er dabei so hoch an Haupt und Gliedern
Hervorragt vor den Andern, daß man glaubt,

Er sammle sich von allen Königen
Der Welt die Kronen ein, um eine einz'ge
Daraus zu schmieden und die Majestät   1540
Zum ersten Mal im vollen Glanz zu zeigen,
Denn, das ist wahr, so lange auf der Erde
Noch mehr, als eine, glänzt, ist keine rund,
Und statt des Sonnenringes trägst auch Du
Nur einen blassen Halbmond auf der Stirn!   1545

Gunther.

Siehst Du, daß Du ihn schon mit andern Augen
Betrachtet hast?

Brunhild.

       Ich habe ihn vor Dir
Begrüßt! Das räche! Ford're — tödte ihn!

Gunther.

Brunhild! Er ist der Gatte meiner Schwester,
Und sein Blut ist das meinige.

Brunhild.

          So kämpfe   1550
Mit ihm und wirf ihn nieder in den Staub
Und zeige mir, wie herrlich Du erscheinst,
Wenn er der Schemel Deiner Füße ist.

Gunther.

Auch das ist hier nicht Brauch.

Brunhild.

          Ich laff' nicht ab,
Ich muß es einmal seh'n. Du hast den Kern,   1555
Das Wesen, er den Schein und die Gestalt!
Zerblase diesen Zauber, der die Blicke

Der Thoren an ihn fesselt. Wenn Kriemhild
Die Augen, die sie jetzt an seiner Seite
1560   Doch fast zu kühn erhebt, auch senken muß,
So schadet's ja wohl nicht, ich aber werde,
Dich noch ganz anders lieben, wenn Du's thust.

Gunther.

Auch er ist stark!

Brunhild.

Ob er den Lindwurm schlug
Und Alberich bezwang: das Alles reicht
1565   Noch nicht von fern' an Dich. In Dir und mir
Hat Mann und Weib für alle Ewigkeit
Den letzten Kampf um's Vorrecht ausgekämpft.
Du bist der Sieger, und ich ford're Nichts,
Als daß Du Dich nun selbst mit all den Ehren,
1570   Wornach ich geizte, schmücken sollst. Du bist
Der Stärkste auf der Welt, d'rum peitsche ihn
Zu meiner Lust aus seiner gold'nen Wolke
Heraus, damit er nackt und bloß erscheint,
Dann leb' er hundert Jahre oder mehr.

(Beide ab)

Fünfte Scene.

Frigga und Ute (kommen).

Ute.

1575   Nun, Brunhild blickt schon heute fröhlicher,
Wie gestern.

Frigga.

Königin, sie ist es auch.

Ute.

Ich hab's mir wohl gedacht.

7*

Frigga.

Ich nicht!   Ich nicht!
Ihr Sinn ist so verwandelt, daß ich nicht
Erstaunen würde, wenn sich auch ihr Wesen
Verwandelte, und wenn sie blonde Locken   1880
Bekäme, statt der schwarzen, die so lange
Mir unter'm gold'nen Kamme knisterten.

Ute.

Das ist Dir doch nicht leid?

Frigga.

Mich wundert's nur,
Und hättest Du dies Heldenbild erzogen,
Wie ich, und wüßtest Alles, was ich weiß,   1885
So würdest Du Dich wundern, wie ich selbst.

Ute (indem sie wieder in die Burg geht).

Thu nur das Deinige!

Frigga.

Ich that schon mehr,
Als Ihr Euch träumen laßt!   Daß dieß so kam,
Begreif' ich nicht, doch wenn sie glücklich ist,
So bin ich still und werde sie gewiß   1890
Nicht mahnen an die Zeit, die sie vergaß!

Sechste Scene.

Kriemhild und Brunhild (kommen Hand in Hand, es sammeln sich
viele Recken und Volk).

Kriemhild.

Nun, ist's nicht besser, Kämpfe anzusehen,
Als selbst zu kämpfen?

Brunhild.

Haft Du Beides schon
Versucht, daß Du vergleichen kannst?

Kriemhild.

Ich mögt' es
1595   Auch nimmermehr.

Brunhild.

So spiele nicht so kühn
Die Richterin! — Ich meine das nicht schlimm,
Du kannst mir Deine Hand noch immer lassen,
Auch mag's so sein, nur, dächt' ich, diese Luft
Wär' mir allein bestimmt.

Kriemhild.

Wie meinst Du das?

Brunhild.

1600   Es kann doch Keine jubeln, die den Gatten
Erliegen sieht!

Kriemhild.

Gewiß nicht!

Brunhild.

Noch sich täuschen,
Wenn er nur darum fest im Bügel bleibt,
Weil ihn sein Herr verschonte.

Kriemhild.

Auch wohl kaum!

Brunhild.

Nun denn!

Kriemhild.

Davor bin ich doch wohl geschützt?
Du lächelst?

Brunhild.

Weil Du gar zu sicher bist. 1605

Kriemhild.

Ich darf es sein!

Brunhild.

Zur Probe kommt's wohl nicht,
Und auch ein Traum ist süß. Schlaf zu, schlaf zu,
Ich wecke Dich nicht auf!

Kriemhild.

Wie redest Du!
Mein edler Gatte ist nur viel zu mild,
Um den Verwaltern seiner Königreiche 1610
So weh' zu thun, sonst hätt' er seinen Degen
Schon längst zu einem Zepter umgeschmiedet
Und über die ganze Erde ausgestreckt.
Denn alle Lande sind ihm unterthan,
Und sollte ein's es läugnen, bät' ich mir's 1615
Sogleich von ihm zum Blumengarten aus.

Brunhild.

Kriemhild, was wäre da der meinige?

Kriemhild.

Er ist mein Bruder und erhält den Stempel,
Wie schwer er immer sei, man wiegt ihn nicht.

Brunhild.

Nein, denn er selbst ist das Gewicht der Welt, 1620
Und wie das Gold der Dinge Preis bestimmt,

So Er den Werth der Recken und der Helden!
Du mußt nicht widersprechen, liebes Kind,
Ich will dafür geduldig auf Dich hören,
1625 Wenn Du mir zeigst, wie man die Nadel braucht.

Kriemhild.

Brunhild!

Brunhild.

         Ich sagt' es wahrlich nicht im Hohn,
Ich mögt' es können, und es ist mir nicht
So angeboren, wie das Lanzenwerfen,
Für welches ich des Meisters nicht bedurfte,
1630 So wenig, wie für's Gehen oder Steh'n.

Kriemhild.

Wir können gleich beginnen, wenn Du willst,
Und da Du doch am liebsten Wunden machst,
So fangen wir beim Sticken an, ich habe
Ein Muster bei mir!

         (Sie will den Gürtel hervorziehen.)

         Nein, ich irre mich!

Brunhild.

1635 Du blickst nicht mehr, wie sonst, auf Deine Schwester,
Auch ist es gar nicht freundlich, mir die Hand,
Die ich so liebreich faßte, zu entzieh'n,
Bevor ich selbst sie lasse, uns're Sitte
Zum Wenigsten verlangt des Gegentheil.
1640 Kannst Du es nicht verwinden, daß das Zepter,
Von dem Du träumst, in Deines Bruders Hand
Gegeben ist? Du solltest doch als Schwester
Dich trösten, denn der Ruhm des Bruders ist
Zur Hälfte Dein, auch, dächt' ich, müßtest Du
1645 Vor allen Andern mir die Ehre gönnen,

Die Dir nun einmal doch nicht werden konnte,
Denn Keine hätt' dafür bezahlt, wie ich!

Kriemhild.

Ich seh', wie alle Unnatur sich rächt:
Du haft der Liebe widerstrebt, wie Keine,
Nun macht sie Dich zur Strafe doppelt blind.   1650

Brunhild.

Du sprichst von Dir und nicht von mir! Es ist
Kein Grund zum Streit. Das weiß die ganze Welt!
Eh' ich geboren wurde, war's bestimmt,
Daß nur der Stärkste mich besiegen solle —

Kriemhild.

Ich glaub's ja gern'.

Brunhild.

Und doch?

Kriemhild (lacht).

Brunhild.

So bist Du toll!   1655
Ist Deine Angst so groß, daß wir zu streng
Mit den Vasallen sind? Besorge Nichts!
Ich lege keinen Blumengarten an,
Und auch den Vortritt werde ich nur einmal
Verlangen, wenn Du nicht zu störrig bist,   1660
Nur heut', nur hier am Dom, und niemals mehr.

Kriemhild.

Ich hätte Dir ihn wahrlich nicht versagt,
Doch da es meines Gatten Ehre gilt,
So weich' ich keinen Schritt.

Brunhild.

Er wird es Dir

1665 Schon selbst gebieten.

Kriemhild.

Wagst Du's, ihn zu schmäh'n?

Brunhild.

Er trat bei mir zurück vor Deinem Bruder,
Wie ein Vasall vor seinem Herrn, und wehrte
Dem Gruß, den ich ihm bot. Das fand ich auch
Natürlich, als ich ihn — er nannte sich
1670 Ja selber so — für einen Dienstmann hielt,
Nun aber kommt's mir anders vor.

Kriemhild.

Und wie?

Brunhild.

Ich sah den Wolf wohl so vor einem Bären
Bei Seite schleichen, oder auch den Bären
Vor einem Auerstier. Er ist Vasall,
1675 Wenn er auch nicht geschworen hat.

Kriemhild.

Nicht weiter!

Brunhild.

Du willst mir droh'n? Vergiß Dich nicht, mein Kind!
Ich bin bei Sinnen! Bleibe Du es auch!
Es mußte doch ein Grund vorhanden sein.

Kriemhild.

Es war ein Grund! Und schaudern würdest Du,
1680 Wenn Du ihn ahntest.

Brunhild.

Schaudern!

Kriemhild.

Schaudern! Ja!
Doch fürchte Nichts! Ich liebe Dich auch jetzt
Noch viel zu sehr und kann Dich nie so hassen,
Um Dir den Grund zu nennen. Wäre mir's
Gescheh'n, ich grübe mir mit eig'nen Händen
In dieser Stunde noch das Grab! Nein, nein!   1685
Nicht ich will das elendeste Geschöpf,
Das auf der ganzen Erde athmet, machen,
Sei stolz und frech, ich bin aus Mitleid stumm!

Brunhild.

Du prahlst, Kriemhild, und ich verachte Dich!

Kriemhild.

Das Kebsweib meines Gatten mich verachten!   1690

Brunhild.

Legt sie in Ketten! Bindet sie! Sie ras't!

Kriemhild (zieht den Gürtel hervor).

Kennst Du den Gürtel?

Brunhild.

Wohl! Es ist der meine,
Und da ich ihn in fremden Händen sehe,
So muß er mir bei Nacht gestohlen sein!

Kriemhild.

Gestohlen! Dennoch gab ihn mir kein Dieb!   1695

Brunhild.

Wer sonst?

Kriemhild.

Der Mann, der Dich bewältigt hat!
Doch nicht mein Bruder!

Brunhild.

Kriemhild!

Kriemhild.

Diesen hättest
Du Mannweib ja erwürgt und dann vielleicht
Zur Strafe in den Todten Dich verliebt:
1700 Mein Gatte gab ihn mir!

Brunhild.

Nein! nein!

Kriemhild.

So ist's!
Nun setz' ihn noch herab! Gestattest Du
Mir jetzt, daß ich den Dom vor Dir betrete?
(zu ihren Frauen)
Folgt mir! Ich muß ihr zeigen, was ich darf!
(ab in den Dom)

Siebente Scene.

Brunhild.

Wo sind die Herren von Burgund? — O Frigga!
1705 Hast Du's gehört?

Frigga.

Ich hab's gehört und glaub's.

Brunhild.

Du tödtest mich! Es wäre so?

Frigga.

Sie sagte
Gewiß zu viel, doch dieses steht mir fest,
Daß Du betrogen bist!

Brunhild.

Sie löge nicht?

Frigga.

Der Balmung=Schwinger war's. Er stand am See,
Als er verlosch.

Brunhild.

So hat er mich verschmäht,   1710
Denn ich war auf der Zinne, und er mußte
Mich seh'n. Er war gewiß schon voll von ihr.

Frigga.

Und daß Du weißt, um was man Dich betrog:
Ich täuschte Dich!

Brunhild (ohne auf sie zu hören).

Daher die stolze Ruhe,
Womit er mich betrachtete.

Frigga.

Nicht bloß   1715
Dies schmale Land, Dir war die ganze Erde
Zum Eigenthum bestimmt, auch sollten Dir
Die Sterne reden und sogar dem Tod
Die Herrschaft über Dich genommen sein.

Brunhild.

Schweig mir von dem!   1720

Frigga.

Warum? Du kannst es Dir
Zwar nicht zurück erobern, doch Du kannst
Dich rächen, Kind!

Brunhild.

Und rächen werd' ich mich!
Verschmäht! Weib, Weib, wenn Du in seinen Armen
Auch eine Nacht gelacht hast über mich,
1725 So sollst Du viele Jahre dafür weinen,
Ich will — — Was red' ich! Ich bin schwach, wie sie.

(stürzt Frigga an die Brust)

Achte Scene.

Gunther, Hagen, Dankwart, Rumolt, Gerenot, Giselher
und Siegfried (kommen).

Hagen.

Was giebt es hier?

Brunhild (richtet sich hoch auf).

Bin ich ein Kebsweib, König?

Gunther.

Ein Kebsweib?

Brunhild.

Deine Schwester nennt mich so!

Hagen (zu Frigga).

Was ging hier vor?

Frigga.

Ihr seid entdeckt! Wir kennen
1730 Den Sieger jetzt, und Kriemhild sagt sogar,
Daß er es zwei Mal war.

Hagen (zu Gunther).

Er hat geschwatzt!

(Er redet heimlich mit ihm.)

Neunte Scene.

Kriemhild (die während dem aus dem Dom getreten ist).

Vergieb mir, mein Gemahl! Ich that nicht recht,
Doch wenn Du wüßtest, wie sie Dich geschmäht —

Gunther (zu Siegfried).

Hast Du Dich je gerühmt?

Siegfried (legt die Hand auf Kriemhilds Haupt).

Bei ihrem Leben,
Ich that es nicht.

Hagen.

Das glaub' ihm ohne Eid!   1735
Er sagte nur, was wahr ist.

Siegfried.

Und auch das
Nicht ohne Noth!

Hagen.

Ich zweifle nicht daran!
Das Wie ein ander Mal.   Jetzt bringe nur
Die Weiber aus einander, die noch immer
Die Schlangenkämme wieder sträuben können,   1740
Wenn sie zu früh' sich in die Augen seh'n.

Siegfried.

Ich ziehe bald von dannen.   Kriemhild, komm!

Kriemhild (zu Brunhild).

Wenn Du bedenkst, wie schwer Du mich gereizt,
So wirst auch Du —

Brunhild (wendet sich).

Kriemhild.

Du liebst ja meinen Bruder,
1745 Kannst Du das Mittel schelten, das Dich ihm
Zu eigen machte?

Brunhild.

O!

Hagen.

Hinweg! Hinweg!

Siegfried (indem er Kriemhild abführt).

Hier wurde nicht geschwatzt, Ihr werdet seh'n!

(ab)

Zehnte Scene.

Hagen.

Nun tretet um mich her und haltet gleich
Das peinliche Gericht.

Gunther.

Wie redest Du?

Hagen.

1750 Fehlt's hier am Grund? Dort steht die Königin
Und weint die heißen Thränen, welche ihr
Der Schimpf entpreßt!

(zu Brunhild)

Du edles Heldenbild,
Du einz'ges, dem auch ich mich willig beuge:
Der Mann muß sterben, der Dir das gethan!

Gunther.

1755 Hagen!

Hagen (zu Brunhild).

Der Mann muß sterben, wenn Du selbst
Nicht zwischen ihn und Deinen Rächer trittst.

Brunhild.

Ich eß' nicht mehr, bis Ihr den Spruch vollzieht.

Hagen.

Vergieb mir, König, daß ich sprach vor Dir,
Ich wollte Dir nur zeigen, wie es steht,
Doch kannst Du Dich noch immer frei entscheiden,   1760
Dir blieb die Wahl ja zwischen ihm und ihr.

Giselher.

So wird das Ernst? Um einen kleinen Fehl
Wollt Ihr den treu'sten Mann der Erde morden?
Mein König und mein Bruder, sage Nein!

Hagen.

Wollt Ihr Bastarde zieh'n an Eurem Hof?   1765
Ich zweifle, ob die trotzigen Burgunden
Sie krönen werden! Doch Du bist der Herr!

Gerenot.

Der tapf're Siegfried wird sie schon bezwingen,
Sobald sie murren, wenn's uns selbst nicht glückt.

Hagen (zu Gunther).

Du schweigst! Wohlan! Das Uebrige ist mein!   1770

Giselher.

Ich scheide mich von Eurem Blutrath ab!
(ab)

Eilfte Scene.

Brunhild.

Frigga, mein Leben oder auch das seine!

Frigga.

Das seine, Kind!

Brunhild.

Ich ward nicht bloß verschmäht,
Ich ward verschenkt, ich ward wohl gar verhandelt!

Frigga.

1775 Verhandelt, Kind!

Brunhild.

Ihm selbst zum Weib zu schlecht,
War ich der Pfenning, der ihm eins verschaffte!

Frigga.

Der Pfenning, Kind!

Brunhild.

Das ist noch mehr, als Mord,
Und dafür will ich Rache! Rache, Rache!

(Alle ab)

Vierter Act.
Worms.

Erste Scene.

(Halle. Gunther mit seinen Recken. Hagen trägt einen Wurfspieß.)

Hagen.

Ein Lindenblatt muß selbst der Blinde treffen;
1780 Ich will mich trauen, eine Haselnuß
Auf funfzig Schritt mit diesem Spieß zu öffnen.

Giselher.

Was ziehst Du solche Künste jetzt hervor?
Wir wissen's lange, daß bei Dir Nichts rostet.

Hagen.

Er kommt! Nun zeigt mir, daß Ihr düster blicken
Und das Gesicht verzieh'n könnt, wenn Euch auch   1788
Kein Vater starb.

Zweite Scene.

Siegfried (tritt auf).

Ihr Recken, hört Ihr nicht
Die Bracken heulen und den jüngsten Jäger
Sein Hifthorn prüfen? Auf! Zu Pferd! Hinaus!

Hagen.

Der Tag wird schön!

Siegfried.

Und ward's Euch nicht gesagt,
Daß sich die Bären in die Ställe wagen,   1790
Und daß die Adler vor den Thüren steh'n,
Wenn man sie Morgens öffnet, ob vielleicht
Ein Kind heraus hüpft?

Volker.

Ja, das kam schon vor.

Siegfried.

Indeß wir freiten, ward hier schlecht gejagt!
Kommt, werft den übermüth'gen Feind mit mir   1795
Zurück und zehntet ihn.

Hagen.

Mein Freund, wir müssen
Die Klingen schärfen und die Speere nageln.

Siegfried.

Warum?

Hagen.

Du haft in diefen letzten Tagen
Zu viel gekoj't, fonft müßteft Du es längft.

Siegfried.

1800 Ich rüfte mich zum Abfchied, wie Ihr wißt!
Doch fprecht, was giebt's?

Hagen.

Die Dänen und die Sachfen
Sind wieder unterwegs.

Siegfried.

Sind denn die Fürften
Geftorben, die uns fchwuren?

Hagen.

O, nicht doch,
Sie ftehen an der Spitze.

Siegfried.

Lüdegaft
1805 Und Lüdeger, die ich gefangen nahm,
Und ohne Löfegeld entließ?

Gunther.

Sie fagten
Uns geftern wieder ab.

Siegfried.

Und ihren Boten,
In wie viel Stücke habt Ihr ihn zerhauen?
Hat jeder Geier feinen Theil gehabt?

8*

Hagen.

So redest Du?

Siegfried.

       Wer solchen Schlangen dient,   1810
Der wird, wie sie, zertreten. Höll' und Teufel,
Ich fühle meinen ersten Zorn! Ich glaubte
Schon oft zu haffen, doch ich irrte mich,
Ich liebte dann nur weniger. Ich kann
Nichts haffen, als den Treubruch, den Verrath,   1815
Die Gleißnerei und all' die feigen Laster,
Auf denen er herankriecht, wie die Spinne
Auf ihren hohlen Beinen. Ist es möglich,
Daß tapf're Männer, denn das waren sie,
Sich so beflecken konnten? Liebe Vettern,   1820
Steht nicht so kalt herum und schaut auf mich,
Als ob ich ras'te oder Klein und Groß
Verwechselte! Uns Allen ist bis jetzt
Kein Unglimpf widerfahren. Streicht die Rechnung
Gelassen durch bis auf den letzten Posten,   1825
Nur diese Zwei sind schuldig.

Giselher.

              Schändlich ist's,
Mir klingt es noch im Ohr, wie sie Dich lobten,
Wann war denn dieser Bote da?

Hagen.

           Du hast
Ihn gleichfalls nicht geseh'n? Ei nun, er trollte
Sich rasch von dannen, als er fertig war,   1830
Und sah sich nach dem Botenbrod nicht um.

Siegfried.

O, pfui, daß Ihr ihn für seine Frechheit
Nicht züchtigtet! Ein Rabe hätt' ihm dann
Die Augen ausgehackt und sie verächtlich
1835 Vor seinen Herren wieder ausgespie'n;
Das war die einz'ge Antwort, die uns ziemte.
Hier gilt's ja keine Fehde, keinen Kampf
Nach Recht und Brauch, hier gilt es eine Jagd
Auf böse Thiere! Hagen, lächle nicht!
1840 Mit Henkerbeilen sollten wir uns waffnen,
Anstatt mit unf'ren adeligen Klingen,
Und die sogar erst brauchen, da sie doch
Von Eisen sind und so dem Schwert verwandt,
Wenn zu dem Hundefang kein Strick genügt.

Hagen.

1845 Wohl wahr!

Siegfried.

      Du spottest meiner, wie es scheint.
Das faß' ich nicht, Du brennst doch sonst so leicht!
Wohl weiß ich's, daß Du älter bist, als ich,
Jetzt aber spricht die Jugend nicht aus mir
Und auch nicht der Verdruß, daß ich es war,
1850 Der Euch zur Milde rieth. Mir däucht, ich stehe
Hier für die ganze Welt, und meine Zunge
Ruft, wie die Glocke zum Gebet, zur Rache
Und zum Gericht, was Mensch mit Menschen ist.

Gunther.

So ist's.

Siegfried (zu Hagen).

      Kennst Du den Treubruch? Den Verrath?
1855 Schau' ihm in's Angesicht und lächle noch.
Du stellst Dich ihm in ehrlich=off'nem Streit

Und wirfst ihn nieder. Aber viel zu stolz,
Wenn nicht zu edel, um ihn zu vernichten,
Giebst Du ihn wieder frei und reichst ihm selbst
Die Waffen dar, die er an Dich verlor.　　　　1860
Er stößt sie nicht zurück und knirscht Dich an,
Er dankt es Dir, er rühmt und preis't Dich gar
Und schwört sich Dir zum Mann mit tausend Eiden:
Doch wenn Du, all den Honig noch im Ohr,
Dich nun auf's Lager müde niederstreckst　　　　1865
Und nackt und wehrlos da liegst, wie ein Kind,
So schleicht er sich heran und mordet Dich,
Und spuckt vielleicht auf Dich, indem Du stirbst.

Gunther (zu Hagen).

Was sagst Du dazu?

Hagen (zu Gunther).

Dieser edle Zorn
Macht mich so muthig, unsern Freund zu fragen,　　　　1870
Ob er uns abermals begleiten will.

Siegfried.

Ich zieh' allein mit meinen Nibelungen,
Denn ich bin Schuld daran, daß diese Arbeit
Noch einmal kommt! So gern' ich meiner Mutter
Mein Weib auch zeigte, um zum ersten Mal　　　　1875
Ein volles Lob von ihr davon zu tragen:
Es darf nicht sein, so lange diese Heuchler
Noch Oefen haben, um sich Brod zu backen,
Und Brunnen, um zu trinken! Gleich bestell' ich
Die Reise ab, und dieß gelob' ich Euch:　　　　1880
Ich bringe sie lebendig, und sie sollen
Fortan vor meiner Burg in Ketten liegen
Und bellen, wenn ich komme oder geh',
Da sie nun einmal Hundeseelen sind!

(eilt ab)

Dritte Scene.

Hagen.

1885 Er rennt in seiner Wuth gewiß zu ihr,
Und wenn er fertig ist, so folg' ich nach.

Gunther.

Ich will nicht weiter geh'n.

Hagen.

      Wie meinst Du, König?

Gunther.

Laß neue Boten kommen, die uns melden,
Daß Alles wieder ruhig ist.

Hagen.

      Das wird
1890 Sogleich gescheh'n, wenn ich bei Kriemhild war
Und das Geheimniß habe.

Gunther.

      Hast Du denn
Metall'ne Eingeweide, daß Du Dich
Nicht auch erschüttert fühlst?

Hagen.

      Sprich deutlich, Herr,
Das kann ich nicht versteh'n.

Gunther.

      Er soll nicht sterben.

Hagen.

1895 Er lebt, so lange Du's befiehlst! Und ständ' ich
Im Wald schon hinter ihm, den Speer gezückt,
Du winkst, und statt des Frevlers stürzt ein Thier!

Gunther.

Er ist kein Frevler! Konnte er dafür,
Daß er den Gürtel mitgenommen hatte,
Und daß Kriemhild ihn fand? Er ist ihm ja   1900
Entfallen, wie ein Pfeil, der sitzen blieb,
Weil man's vergaß, sich nach dem Kampf zu schütteln,
Und den man selbst am Klirren erst bemerkt.
Sprich selbst, sprecht Alle: Konnte er dafür?

Hagen.

Nein! Nein! Wer sagt's? Auch dafür konnt' er Nichts, 1905
Daß ihm der Witz gebrach, sich auszureden,
Er ward gewiß schon beim Versuche roth.

Gunther.

Nun denn! Was bleibt?

Hagen.

        Der Schwur der Königin!

Giselher.

Sie tödt' ihn selber, wenn sie Blut verlangt.

Hagen.

Wir streiten, wie die Kinder. Darf man denn   1910
Nicht Waffen sammeln, wenn man auch nicht weiß,
Ob man sie jemals brauchen wird? Man forscht
Ein Land doch aus mit allen seinen Pässen,
Warum nicht einen Helden? Ich versuche
Mein Glück jetzt bei Kriemhild, und wär's auch nur, 1915
Damit die schönste List, die wir erdachten,
Doch nicht umsonst ersonnen sei! Sie wird
Wir Nichts verrathen, wenn er selbst ihr Nichts
Vertraut hat, und es steht ja ganz bei Euch,

1990 Ob Ihr das nützen wollt, was ich erfahre;
Ihr könnt ja wirklich thun, wenn's Euch gefällt,
Was ich nur heucheln will, und ihm im Krieg
Die Stelle decken, wo er sterblich ist,
Doch immer müßt Ihr wissen, wo sie sitzt.

(ab)

Vierte Scene.

Giselher (zu Gunther).

1995 Du bist von selbst zu Edelmuth und Treue
Zurück gekehrt, sonst sagt' ich: dieses Spiel
War keines Königs würdig!

Volker.

Deinen Zorn
Begreift man leicht, Du wurdest selbst getäuscht.

Giselher.

Nicht darum. Doch ich will mit Dir nicht streiten,
1980 Es steht ja Alles wieder gut.

Volker.

Wie das?

Giselher.

Wie das?

Volker.

Ich hörte, daß die Königin
In Trauerkleidern geht und Trank und Speise
Verschmäht, sogar das Wasser.

Gunther.

Leider! Ja.

Volker.

Wie steht's denn gut? Was Hagen sprach, ist wahr.
Sie scheint nicht angethan, um vor dem Hauch   1935
Der Zeit, wie And're, wieder hinzuschmelzen,
Und darum bleibt's dabei: Er oder Sie!
Zwar hast Du Recht, er ist nicht Schuld daran,
Daß dieser Gürtel sich, wie eine Schlange,
Ihm anhing, nein, es ist ein bloßes Unglück,   1940
Allein dies Unglück tödtet, und Du kannst
Nur noch entscheiden, wen es tödten soll.

Giselher.

So sterbe, was nicht leben will!

Gunther.

                         Die Wahl
Ist fürchterlich.

Volker.

              Ich warnte Dich vorher,
Die Straße zu betreten, aber jetzt   1945
Ist dieß das Ziel.

Dankwart.

                 Und muß denn nicht ein Jeder,
Nach uns'rem Recht, auch für sein Unglück steh'n?
Wer seinen besten Freund bei Nacht durchrennt,
Weil er die Lanze unvorsichtig trug,
Der kauft sich nicht mit seinen Thränen los,   1950
So heiß und rasch sie ihm entströmen mögen,
Es gilt sein Blut.

Gunther.

              Ich geh' einmal zu ihr.
                 (ab)

Fünfte Scene.

Volker.

Dort kommt Kriemhild mit Hagen. Ganz verstört,
Wie er sich's dachte. Geh'n wir auch!
(Alle ab)

Sechste Scene.
Hagen und Kriemhild (treten auf).

Hagen.

           So früh'
1955 Schon in der Halle?

Kriemhild.

         Ohm, ich halt' es drinnen
Nicht länger aus.

Hagen.

      Wenn ich nicht irrte, ging
Dein Gatte eben von Dir. Ganz erhitzt,
Als ob er zornig wäre. Ist der Friede
Noch zwischen Euch nicht wieder hergestellt?
1960 Will er vielleicht sein Mannesrecht mißbrauchen?
Sag's mir, so rede ich mit ihm.

Kriemhild.

        O nein!
Wenn mich nichts And'res an den bösen Tag
Mehr mahnte, wär' er schon ein Traum für mich:
Mein Gatte hat mir jedes Wort erspart!

Hagen.

1965 Mich freut's, daß er so mild ist.

Kriemhild.

Lieber hätt' ich's,
Wenn er mich schölte, doch er mag wohl wissen,
Daß ich es selber thu'!

Hagen.

Nur nicht zu hart!

Kriemhild.

Ich weiß, wie schwer ich sie gekränkt, und werde
Mir's nie vergeben, ja, ich mögte eher,
Daß ich's erlitten hätte, als gethan.   1970

Hagen.

Und treibt Dich das so früh' aus Deiner Kammer?

Kriemhild.

Das? Nein! Das triebe eher mich hinein!
Mich quält die Angst um ihn.

Hagen.

Die Angst um ihn?

Kriemhild.

Es giebt ja wieder Streit.

Hagen.

Ja, das ist wahr.

Kriemhild.

Die falschen Buben!

Hagen.

Sei nicht gleich so bös,   1975
Daß Du im Packen unterbrochen wirst!
Fahr ruhig fort und laß Dich gar nicht stören,

Du legſt nachher den Panzer oben auf.
Was ſchwaß' ich da! Er trägt nicht einmal einen
1980 Und hat's ja auch nicht nöthig.

Kriemhild.

Glaubſt Du das?

Hagen.

Faſt mögt' ich lachen. Wenn ein and'res Weib
So greinte, ſpräch' ich: Kind, von tauſend Pfeilen
Kommt einer nur auf ihn, und der zerbricht!
Doch Deiner muß ich ſpotten und Dir rathen:
1985 Fang eine Grille ein, die klüger ſingt!

Kriemhild.

Du ſprichſt von Pfeilen! Pfeile eben ſind's,
Die ich ſo fürchte. Eines Pfeiles Spiße
Braucht höchſtens meines Daumennagels Raum,
Um einzudringen, und er tödtet auch.

Hagen.

1990 Beſonders, wenn man ihn vergiftet hat,
Und dieſe Wilden, die den Damm durchſtachen,
Wohinter wir uns Alle angebaut,
Und den wir ſelbſt im Krieg noch heilig halten,
Sind wohl im Stande, dieß, wie das, zu thun.

Kriemhild.

1995 Du ſiehſt!

Hagen.

Was geht das Deinen Siegfried an?
Er iſt ja feſt. Und wenn es Pfeile gäbe,
Die ſich'rer, wie die Sonnenſtralen, träfen,

Er schüttelte sie ab, wie wir den Schnee!
Das weiß er auch, und dies Gefühl verläßt
Ihn keinen Augenblick im Kampf. Er wagt,　　　2000
Was uns, die wir doch auch nicht unter Espen
Geboren wurden, fast zum Zittern bringt.
Wenn er's bemerkt, so lacht er, und wir lachen
Von Herzen mit. Das Eisen kann ja ruhig
In's Feuer geh'n: es kommt als Stahl heraus.　　　2005

Kriemhild.

Mich schaudert!

Hagen.

　　　Kind, Du bist so kurz vermählt,
Sonst freut' ich mich, daß Du so schreckhaft bist.

Kriemhild.

Hast Du's vergessen, oder weißt Du nicht,
Was doch in Liedern schon gesungen wird,
Daß er an einem Fleck verwundbar ist?　　　2010

Hagen.

Das hatt' ich ganz vergessen, es ist wahr,
Allein ich weiß, er sprach uns selbst davon.
Es war von irgend einem Blatt die Rede,
Doch frag' ich mich umsonst, in welchem Sinn.

Kriemhild.

Von einem Lindenblatt.

Hagen.

　　　Ja wohl! Doch sprich:　　　2015
Wie hat ein Lindenblatt ihm schaden können?
Das ist ein Räthsel, wie kein zweites mehr.

Kriemhild.

Ein rascher Windstoß warf's auf ihn herab,
Als er sich salbte mit dem Blut des Drachen,
2020 Und wo es sitzen blieb, da ist er schwach.

Hagen.

So fiel es hinten, weil er's nicht bemerkte! —
Was thut's! Du siehst, daß Deine nächsten Vettern,
Ja, Deine Brüder, die ihn schützen würden,
Wenn nur ein Schatten von Gefahr ihn streifte,
2025 Den Fleck nicht kennen, wo er sterblich ist:
Was fürchtest Du? Du marterst Dich um Nichts.

Kriemhild.

Ich fürchte die Valkyrien! Man sagt,
Daß sie sich stets die besten Helden wählen,
Und zielen die, so trifft ein blinder Schütz.

Hagen.

2030 Da wär' ihm denn ein treuer Knappe nöthig,
Der ihm den Rücken deckte. Meinst Du nicht?

Kriemhild.

Ich würde besser schlafen.

Hagen.

Nun, Kriemhild!
Wenn er — Du weißt, er war schon nah' daran —
Aus schwankem Nachen in den tiefen Rhein
2035 Hinunterstürzte und die Rüstung ihn
Hernieder zöge zu den gier'gen Fischen,
So würde ich ihn retten oder selbst
Zu Grunde geh'n.

Kriemhild.

So edel denkst Du, Ohm?

Hagen.

So denk' ich! Ja! — Und wenn der rothe Hahn
Bei dunkler Nacht auf seine Burg sich setzte,   2040
Und er, schon vor'm Erwachen halb erstickt,
Den Weg nicht fände, der in's Freie führt,
Ich trüge ihn heraus auf meinen Armen,
Und glückt' es nicht, so würden Zwei verkohlt.

Kriemhild (will ihn umarmen).

Dich muß ich —

Hagen (wehrt ab).

              Laß. Doch schwör' ich's, daß ich's thäte.   2045
Nur setze ich hinzu: seit Kurzem erst!

Kriemhild.

Er ist seit Kurzem erst Dein Blutsverwandter!
Und hab' ich Dich verstanden? Wolltest Du,
Du selbst? —

Hagen.

              So meint' ich's! Ja! Er kämpft für mich
Und tritt das kleinste von den tausend Wundern   2050
Mir ab, die er vollbringt, sobald er zieht,
Ich aber schirme ihn!

Kriemhild.

              Das hätt' ich nie
Von Dir gehofft!

Hagen.

              Nur mußt Du mir den Fleck
Bezeichnen, daß ich's kann.

Kriemhild.

Ja, das ist wahr!
2055 Hier! In der Mitte zwischen beiden Schultern!

Hagen.

In Scheibenhöhe!

Kriemhild.

Ohm, Ihr werdet doch
An ihm nicht rächen, was nur ich verbrach?

Hagen.

Was träumst Du da.

Kriemhild.

Es war die Eifersucht,
Die mich verblendete, sonst hätt' ihr Prahlen
2060 Mich nicht so aufgebracht!

Hagen.

Die Eifersucht!

Kriemhild.

Ich schäme mich! Doch wenn's auch in der Nacht
Bei Schlägen blieb, und glauben will ich's ja,
Selbst seine Schläge gönnte ich ihr nicht!

Hagen.

Nun, nun, sie wird's vergessen.

Kriemhild.

Ist es wahr,
2065 Daß sie nicht ißt und trinkt?

Hagen.

Sie fastet immer
Um diese Zeit. Es ist die Nornenwoche,
Die man in Isenland noch heilig hält.

Kriemhild.

Es sind drei Tage schon!

Hagen.

Was kümmert's uns?
Nichts mehr.   Man kommt.

Kriemhild.

Und? —

Hagen.

Scheint es Dir nicht gut,
Ihm auf's Gewand ein feines Kreuz zu sticken?   2070
Das Ganze ist zwar thörigt, und er würde
Dich arg verhöhnen, wenn Du's ihm erzähltest,
Doch da ich nun einmal sein Wächter bin,
So mögt' ich Nichts verseh'n.

Kriemhild.

Ich werd' es thun!
(schreitet Ute und dem Kaplan entgegen)

Siebente Scene.

Hagen (Ihr nach).

Nun ist Dein Held nur noch ein Wild für mich!   2075
Ja, hätt' er Strich gehalten, wär' er sicher,
Doch wußt' ich wohl, es werde nicht gescheh'n.
Wenn man durchsichtig ist, wie ein Insect,
Das roth und grün erscheint, wie seine Speise,
So muß man sich vor Heimlichkeiten hüten,   2080
Denn schon das Eingeweide schwatzt sie aus!
(ab)

Achte Scene.

Ute und der Kaplan (treten auf).

Kaplan.

Es giebt dafür kein Bild auf dieser Welt!
Ihr wollt vergleichen, und Ihr wollt begreifen,
Doch hier gebricht's am Zeichen, wie am Maaß.
2085 Werft Euch vor Gott darnieder im Gebet,
Und wenn Ihr in Zerknirschung und in Demuth
Euch selbst verliert, so werdet Ihr vielleicht,
Und wär's nur für so lange, als der Blitz
Auf Erden weilt, zum Himmel aufgezückt.

Ute.

2090 Kann das gescheh'n?

Kaplan.

Der heil'ge Stephanus
Sah, als das grimmentbrannte Volk der Juden
Ihn steinigte, des Paradieses Thore
Schon offen steh'n und jubelte und sang.
Sie warfen ihm den armen Leib zusammen,
2095 Ihm aber war's, als rissen all' die Mörder,
Die ihn in blinder Wuth zu treffen dachten,
Nur Löcher in sein abgeworf'nes Kleid.

Ute (zu Kriemhild, die sich hinzu gesellt hat).

Merk' auf, Kriemhild!

Kriemhild.

Ich thu's.

Kaplan.

Das war die Kraft
Des Glaubens! Lernt nun auch den Fluch

9*

Des Zweifels kennen! Petrus, der das Schwert   2100
Der Kirche trägt, und ihre Schlüssel führt,
Erzog sich einen Jünger, welchen er
Vor Allen liebte. Dieser stand einmal
Auf einem Felsen, ben das wilde Meer
Umbrauſ'te und beſpülte. Da gedacht' er   2105
Der Zuverſicht, mit der ſein Herr und Meiſter
Auf unſ'res Heilands erſten Wink das Schiff
Verließ, und feſten Schritts die See betrat,
Die ihn bedrohte mit dem ſich'ren Tod.
Ein Schwindel faßte ihn bei dem Gedanken   2110
An dieſe Probe, und das Wunder ſchien
Ihm ſo unmöglich, daß er eine Zacke
Des Felſens packte, um nur nicht zu fallen,
Und ausrief: Alles, Alles, nur nicht dieß!
Da blies der Herr, und plötzlich ſchmolz der Stein   2115
Zu ſeinen Füßen ein, er ſank und ſank
Und ſchien verloren, und vor Furcht und Grauen
Sprang er hinunter in die off'ne Flut.
Doch dieſe hatte, von demſelben Hauch
Des Ew'gen ſtill getroffen, ſich verfeſtigt,   2120
Sie trug ihn, wie die Erde mich und Euch,
Und reuig ſprach er: Herr, das Reich iſt Dein!

Ute.

In Ewigkeit!

Kriemhild.

So bete, frommer Vater,
Daß Er, der Stein und Waſſer ſo verwandelt,
Auch meinen Siegfried ſchützt. Für jedes Jahr,   2125
Das mir beſchieden wird an ſeiner Seite,
Erbau' ich einem Heil'gen den Altar. (ab)

Kaplan.

Du staunst das Wunder an. Laß Dir noch sagen,
Wie ich zu meiner Priesterkutte kam.
2130 Ich bin vom Stamm der Angeln, und als Heide
Geboren unter einem Volk von Heiden.
Wild wuchs ich auf, und ward mit funfzehn Jahren
Schon mit dem Schwert umgürtet. Da erschien
Der erste Bote Gottes unter uns.
2135 Er ward verhöhnt, verspottet und zuletzt
Getödtet. Königin, ich stand dabei
Und gab ihm, von den Andern angetrieben,
Mit dieser Hand, die ich seitdem nicht brauche,
Obgleich der Arm nicht lahm ist, wie Ihr glaubt,
2140 Den letzten Schlag. Da hört' ich sein Gebet.
Er betete für mich, und mit dem Amen
Verhaucht' er seinen Geist. Das wandte mir
Das Herz im Busen um. Ich warf mein Schwert
Zu Boden, hüllte mich in sein Gewand
2145 Und zog hinaus und predigte das Kreuz.

Ute.

Dort kommt mein Sohn! O, daß es Dir gelänge,
Den Frieden, welcher ganz von hier entwich,
Zurück zu führen!

(beide ab)

Neunte Scene.

Gunther (tritt mit Hagen und den Andern auf).

Gunther.

Wie ich Euch gesagt:
Sie rechnet auf die That, wie wir auf Aepfel,
2150 Wenn's Herbst geworden ist. Die Alte hat,

Um sie zu reizen, hundert Weizenkörner
In ihrer Kammer still herum gestreut:
Sie liegen unberührt.

Giselher.

        Wie ist es möglich,
Daß sie so Leben gegen Leben setzt?

Hagen.

So mögt' ich selber fragen.

Gunther.

        Und dabei   2155
Kein Treiben und kein Drängen, wie's bei Dingen,
Die doch an Ort und Zeit und Menschenwillen
Gebunden sind, natürlich ist, kein Fragen,
Kein Wechsel in den Zügen, nur Verwund'rung,
Daß man den Mund noch öffnet und nicht meldet: 2160
Es ist vollbracht!

Hagen.

        So sage ich Dir Eins:
Sie liegt in seinem Bann, und dieser Haß
Hat seinen Grund in Liebe!

Gunther.

        Meinst Du's auch?

Hagen.

Doch ist's nicht Liebe, wie sie Mann und Weib
Zusammen knüpft.

Gunther.

Was dann?   2165

Hagen.

Ein Zauber ist's,
Durch den sich ihr Geschlecht erhalten will,
Und der die letzte Riesin ohne Lust,
Wie ohne Wahl, zum letzten Riesen treibt.

Gunther.

Was ändert das?

Hagen.

Den lös't man durch den Tod.
2170 Ihr Blut gefriert, wenn seins erstarrt, und er
War dazu da, den Lindwurm zu erschlagen
Und dann den Weg zu geh'n, den dieser ging.

(Man hört Tumult.)

Gunther.

Was ist denn das?

Hagen.

Das sind die falschen Boten,
Die Dankwart hetzt. Er macht es gut, nicht wahr?
2175 Auch der wird's hören, der gerade küßt!

Zehnte Scene.

Siegfried (kommt; als Hagen ihn bemerkt).

Hagen.

Bei Höll' und Teufel: Nein! und zehn Mal: Nein!
Es wäre Schmach für uns, und Siegfried denkt
Gewiß, wie ich. Da kommt er eben her.
Nun sprich, Du magst entscheiden!

(als Dankwart auftritt)

Freilich ändert
2180 Dein Wort Nichts mehr, die Antwort ist gegeben,

(zu Dankwart)

Du haft die Peitsche sicher nicht geschont?

(zu Siegfried)

Doch setze immerhin Dein Siegel bei!

Siegfried.

Was giebt's?

Hagen.

Die Hunde bitten jetzt auf's Neue
Um Frieden, doch ich ließ die lump'gen Boten
Vom Hof herunter hetzen, ehe sie   2185
Noch ausgesprochen hatten.

Siegfried.

Das war recht!

Hagen.

Der König schilt mich zwar, er meint, man könne
Nicht wissen, was gescheh'n —

Siegfried.

Nicht wissen! Ha! —
Ich weiß es, ich! Packt einen Wolf von hinten,
So giebt er Ruh' von vorn!

Hagen.

Das wird es sein!   2190

Siegfried.

Was sonst! Es wimmelt ja in ihrem Rücken
Von wilden Stämmen. Nun, die säen nicht
Und wollen dennoch ernten.

Hagen.

Seht Ihr's nun?

Siegfried.

Nur werdet Ihr den Wolf nicht schonen wollen,
2195   Weil er nicht g'rade Zeit hat sich zu wehren —

Hagen.

Gewiß nicht.

Siegfried.

      Stehen wir den Füchsen bei
Und treiben ihn in's letzte Loch hinein,
In ihren Magen, mein' ich!

Hagen.

        Thun wir das,
Doch scheint's nicht nöthig, daß wir uns erhitzen,
2200   D'rum rath' ich heut' zur Jagd.

Giselher.

       Ich zieh' nicht mit.

Gerenot.

Ich wahrlich auch nicht.

Siegfried.

      Seid Ihr jung und keck
Und wollt von einer Jagd zu Hause bleiben?
Mich hätt' man binden müssen, und ich hätte
Den Strick noch abgenagt. O Jägerlust!
2205   Ja, wenn man singen könnte!

Hagen.

       Ist's Dir recht?

Siegfried.

Recht? Freund, ich bin so voll von Wuth und Groll,
Daß ich mit einem Jeden zanken mögte,
D'rum muß ich Blut seh'n.

Hagen.

Mußt Du? Nun, ich auch!

Eilfte Scene.

Kriemhild (kommt).

Kriemhild.

Ihr geht zur Jagd?

Siegfried.

Ja wohl! Bestell' Dir gleich
Den Braten!

Kriemhild.

Theurer Siegfried, bleib daheim.   2910

Siegfried.

Mein Kind, Eins kannst Du nicht zu früh' erfahren,
Man bittet einen Mann nicht: bleib daheim!
Man bittet: nimm mich mit!

Kriemhild.

So nimm mich mit!

Hagen.

Das wird nicht geh'n!

Siegfried.

Warum nicht? Wenn sie's wagt?
Es wird ja wohl das erste Mal nicht sein!   2915

Den Falken her! Ihr, was da fliegt, und uns,
Was hüpft und springt. Das giebt die beste Lust.

Hagen.

Die Eine sitzt voll Schaam in ihrer Kammer,
Die And're zöge in den Wald hinaus?
2290 Es wär', wie Hohn!

Siegfried.

      Das hab' ich nicht bedacht.
Ja wohl, es kann nicht sein.

Kriemhild.

      So wechsle nur
Das Kleid!

Siegfried.

      Noch einmal? Jeden Deiner Wünsche
Erfüll' ich, keine Grille.

Kriemhild.

      Du bist herb.

Siegfried.

Laß mich hinaus! Die Luft nimmt Alles weg.
2295 Und morgen Abend bitte ich Dir ab!

Hagen.

So kommt!

Siegfried.

      Ja wohl. Nur noch den Abschiedskuß.
(Er umarmt Kriemhild.)
Du sträubst Dich nicht? Du sagst nicht: morgen Abend!
Wie ich? Das nenn' ich edel.

Kriemhild.

      Kehr' zurück!

Siegfried.

Ein wunderlicher Wunsch! Was hast Du nur?
Ich zieh' hinaus mit lauter guten Freunden,   2230
Und wenn die Berge nicht zusammen brechen
Und uns bedecken, kann uns Nichts gescheh'n!

Kriemhild.

O weh'! Gerade das hat mir geträumt.

Siegfried.

Mein Kind, sie stehen fest.

Kriemhild (umschließt ihn nochmals).

Kehr' nur zurück!
(die Recken ab)

Zwölfte Scene.

Kriemhild.

Siegfried!

Siegfried (wird noch einmal sichtbar).

Was ist?

Kriemhild.

Wenn Du nicht zürnen wolltest —   2235

Hagen (folgt Siegfried rasch).

Nun, hast Du Deine Spindel schon?

Siegfried (zu Kriemhild).

Du hörst,
Daß sich die Hunde nicht mehr halten lassen,
Was soll ich?

Hagen.

Warte doch auf Deinen Flachs!
Du sollst im Mondschein mit den Druden spinnen.

Kriemhild.

2240   Geht! Geht! Ich wollte Dich nur noch mal seh'n!

Hagen und Siegfried (ab).

Dreizehnte Scene.

Kriemhild.

Ich finde nicht den Muth, es ihm zu sagen,
Und rief' ich ihn noch zehn Mal wieder um.
Wie kann man thun, was man sogleich bereut!

Vierzehnte Scene.

Gerenot und Giselher (treten auf).

Kriemhild.

Ihr noch nicht fort? Die schickt mir Gott hieher!
2245   Ihr lieben Brüder, laßt Euch herzlich bitten.
Gewährt mir einen Wunsch, und wenn er Euch
Auch thörigt scheint. Begleitet meinen Herrn
Auf Schritt und Tritt und bleibt ihm stets im Rücken.

Gerenot.

Wir geh'n nicht mit, wir haben keine Lust.

Kriemhild.

2250   Ihr keine Lust!

Giselher.

Wie sprichst Du? Keine Zeit!
Es giebt so viel für diesen Zug zu ordnen.

Kriemhild.

Und Eure Jugend ward damit betraut?
Wenn ich Euch theuer bin, wenn Ihr es nicht
Vergessen habt, daß Eine Milch uns nährte,
So reitet nach.

Giselher.

　　　Sie sind ja längst im Wald. 　　　　2255

Gerenot.

Und Einer Deiner Brüder ist ja mit.

Kriemhild.

Ich bitte Euch!

Giselher.

　　　Wir müssen Waffen mustern,
Du wirst es seh'n.

　　　　(will gehen)

Kriemhild.

　　　So sagt mir nur noch Eins:
Ist Hagen Siegfrieds Freund?

Gerenot.

　　　　Warum denn nicht?

Kriemhild.

Hat er ihn je gelobt?

Giselher.

　　　Er lobt ja schon, 　　　　2260
Wenn er nicht tadelt, und ich hörte nie,
Daß er ihn tadelte.

　　　　(Beide ab)

Kriemhild.

Dieß ängstigt mich
Noch mehr, als alles And're. Die nicht mit!

Junfzehnte Scene.

Frigga (tritt auf).

Kriemhild.

Du, Alte? Suchst Du mich?

Frigga.

Ich suche Niemand.

Kriemhild.

2265 So willst Du Etwas für die Königin?

Frigga.

Auch nicht. Die braucht Nichts.

Kriemhild.

Nichts und immer Nichts!
Kann sie denn nicht verzeih'n?

Frigga.

Ich weiß es nicht!
Sie hatte keinen Anlaß, es zu zeigen,
Sie wurde nie gekränkt! Ich hörte Hörner,
2270 Giebt's heute Jagd?

Kriemhild.

Hast Du sie wohl bestellt?

Frigga.

Ich! — Nein!

(ab)

Sechszehnte Scene.

Kriemhild.

O hätte ich's ihm doch gesagt!
Du theu'rer Mann, Du hast kein Weib gekannt,
Jetzt seh' ich's wohl! Sonst hätt'st Du nimmermehr
Dem zitternden Geschöpf, das sich aus Furcht
Verräth, ein solch Geheimniß anvertraut! 2376
Noch höre ich den Scherz, mit welchem Du's
Mir in die Ohren flüstertest, als ich
Den Drachen pries! Ich ließ Dich schwören,
Es keinem Menschen weiter zu entdecken,
Und jetzt — Ihr Vögel, die ihr mich umkreif't, 2380
Ihr weißen Tauben, die ihr mich begleitet,
Erbarmt Euch meiner, warnt ihn, eilt ihm nach!

(ab)

Fünfter Act.

(Oden-Wald)

Erste Scene.

Hagen, Gunther, Volker, Dankwart und Knechte (treten auf).

Hagen.

Dieß ist der Ort. Den Brunnen hört Ihr rauschen,
Die Büsche decken ihn. Und steh' ich hier,
So spieß' ich Jeden, der sich bückt und trinkt, 2385
An das Gemäuer.

Gunther.

Noch befahl ich's nicht.

Hagen.

Du wirst es thun, wenn Du Dich recht bedenkst,
Es giebt kein and'res Mittel, und es kommt
Kein zweiter Tag, wie dieser. Darum sprich,
2290 Und wenn Du lieber willst, so schweig!

(zu den Knechten)

Holla!
Hier ist die Rast!

(Die Knechte ordnen ein Mahl.)

Gunther.

Du warst ihm immer gram.

Hagen.

Nicht läugnen will ich's, daß ich meinen Arm
Mit Freuden leihe und mit einem Jeden
Erst kämpfen würde, der sich zwischen mich
2295 Und ihn zu drängen suchte, doch ich halte
Die That darum nicht minder für gerecht.

Gunther.

Und dennoch riethen meine Brüder ab
Und wandten uns den Rücken.

Hagen.

Hatten sie
Zugleich den Muth, zu warnen und zu hindern?
2300 Sie fühlen's wohl, daß wir im Rechte sind,
Und schaudern nur, wie's ihrer Jugend ziemt,
Vor Blut, das nicht im off'nen Kampfe fließt.

Gunther.

Das ist's!

Hagen.

Er hat den Tod ja abgekauft
Und so den Mord geadelt.

(zu den Knechten)

           Stoßt in's Horn,
Daß man sich sammelt, denn wir müssen ja   2305
Erst essen.

(Es wird geblasen.)

           Nimm die Dinge, wie sie steh'n,
Und laß mich machen. Fühlst Du selbst Dich nicht
Gekränkt und willst vergeben, was gescheh'n,
So thu's, nur wehre Deinem Diener nicht,
Dein Heldenweib zu rächen und zu retten!   2310
Sie wird den Eid nicht brechen, den sie schwur,
Wenn ihre stille Zuversicht auf uns
Sie täuscht, daß wir ihn lösen werden,
Und alle Lust des Lebens, die sich wieder
In ihren jungen Adern regen mag,   2315
Sobald die Todesstunde sie umschattet,
Wird sich nur noch in einem Fluch entladen,
In einem letzten Fluche über Dich!

Gunther.

Es ist noch Zeit!

Zweite Scene.

Siegfried (tritt auf mit Rumolt und mit Knechten).

Siegfried.

           Da bin ich! Nun, Ihr Jäger,
Wo sind die Thaten? Meine würden mir   2320
Auf einem Wagen folgen, doch er ist   •
Zerbrochen!

Hagen.

Nur den Löwen jag' ich heut',
Allein, ich traf ihn nicht.

Siegfried.

Das glaub' ich wohl,
Ich hab' ihn selbst erlegt! — Da wird gedeckt!
2325 Ein Tusch für den, der das geordnet hat,
Jetzt spürt man, daß man's braucht. Verfluchte Raben,
Auch hier? Laßt blasen, daß die Hörner springen!
Mit jeglichem Gethiere warf ich schon
Nach diesem Schwarm, zuletzt mit einem Fuchs,
2330 Allein sie weichen nicht, und dennoch ist
Mir Nichts im frischen Grün so widerwärtig,
Als solch ein Schwarz, das an den Teufel mahnt.
Daß sich die Tauben nie so um mich sammeln!
Hier bleiben wir wohl auch die Nacht?

Gunther.

Wir dachten —

Siegfried.

2335 Ei wohl, der Platz ist gut gewählt. Dort klafft
Ein hohler Baum! Den nehm' ich gleich für mich!
Denn so bin ich's von Jugend auf gewohnt,
Und Bess'res kenn' ich nicht, als eine Nacht,
Den Kopf ins mürbe Glimmholz eingewühlt,
2340 So zwischen Schlaf und Wachen zu verdämmern
Und an den Vögeln, wie sie ganz allmälig,
Der Eine nach dem Andern, munter werden,
Die Stunden abzuzählen. Tick, Tick, Tick!
Nun ist es zwei. Tuck, Tuck! Man muß sich recken.
2345 Kiwitt, Kiwitt! Die Sonne blinzelt schon,
Gleich öffnet sie die Augen. Kikriki!
Springt auf, wenn Ihr nicht niesen wollt.

Volker.

Ja wohl!

Es ist, als ob die Zeit sie selber weckte,
Indem sie sich im Dunkeln weiter fühlt,
Um ihr den Tact zu ihrem Gang zu schlagen.   2350
Denn in gemess'nen Pausen, wie der Sand
Dem Glas entrinnt, und wie der lange Schatten
Des Sonnenweisers fort kriecht, folgen sich
Der Auerhahn, die Amsel und die Drossel
Und Keiner stört den Andern, wie bei Tage,   2355
Und lockt ihn einzufallen, eh' er darf.
Ich hab' es oft bemerkt.

Stegfried.

Nicht wahr? — Du bist
Nicht fröhlich, Schwäher.

Gunther.

Doch, ich bin's!

Stegfried.

O nein!

Ich sah schon Leute auf die Hochzeit geh'n
Und hinter Särgen schreiten, und ich kann   2360
Die Mienen unterscheiden.   Macht's, wie ich,
Und thut, als hätten wir uns nie gekannt,
Und uns zum ersten Mal, der Eine so,
Der And're so verseh'n, im Wald getroffen.
Da schüttet man zusammen, was man hat,   2365
Und theilt mit Freuden mit, um zu empfangen.
Wohlan, ich bringe Fleisch von allen Sorten,
So gebt mir denn für einen Auerstier,
Fünf Eber, dreizig oder vierzig Hirsche
Und so viel Hühner, als Ihr sammeln mögt,   2370

Des Löwen und der Bären nicht zu denken,
Nur einen einz'gen Becher kühlen Weins.

Dankwart.

O weh'!

Siegfried.

Was giebt's?

Hagen.

Das Trinken ist vergessen.

Siegfried.

Ich glaub's. Das kann dem Jäger wohl begegnen,
2375 Der statt der Zunge eine Feuerkohle
Im Munde trägt, wenn's Feierabend ist.
Ich soll nur selber suchen, wie ein Hund,
Obwohl mir seine Nase leider mangelt,
Es sei darum, ich störe keinen Spaß.

(Er sucht.)

2380 Hier nicht! Auch dort nicht! Nun, wo steckt das Faß?
Ich bitt' Dich, Spielmann, rette mich, sonst werd' ich
Euch aus dem lautesten der stillste Mann.

Hagen.

Das könnte kommen, denn — Es fehlt am Wein.

Siegfried.

Zum Teufel Eure Jagden, wenn ich nicht
2385 Als Jäger auch gehalten werden soll!
Wer hatte denn für das Getränk zu sorgen?

Hagen.

Ich! — Doch ich wußte nicht, wohin es ging,
Und schickt' es in den Spessart, wo's vermuthlich
An Kehlen mangelt.

Siegfried.

Danke Dir, wer mag!
Giebt's hier denn auch kein Waſſer? Soll man ſich   2390
Am Thau des Abends letzen und die Tropfen
Der Blätter lecken?

Hagen.

Halt nur erſt den Mund,
So wird das Ohr Dich tröſten!

Siegfried (horcht).

Ja, es rauſcht!
Willkommen, Stral! Ich liebe Dich zwar mehr,
Wenn Du, anſtatt ſo kurz vom Stein heraus   2395
Zu quellen und mir in den Mund zu ſpringen,
Den krauſen Umweg durch die Rebe nimmſt,
Denn Du bringſt Vieles mit von Deiner Reiſe,
Was uns den Kopf mit munt'rer Thorheit füllt,
Doch ſei auch ſo geprieſen.

    (Er geht auf den Brunnen zu.)

Aber nein,   2400
Erſt will ich büßen, und Ihr ſollt's bezeugen,
Daß ich's gethan. Ich bin der Durſtigſte
Von Allen, und ich will als Letzter trinken,
Weil ich ein wenig hart mit Kriemhild war.

Hagen.

So fang' ich an.

    (Er geht zum Brunnen.)

Siegfried (zu Gunther).

Erheit're Dein Geſicht,   2405
Ich hab' ein Mittel, Brunhild zu verſöhnen,
Du haſt es nicht mehr weit zum erſten Kuß,
Und ich will mich enthalten, wie Du ſelbſt.

Hagen (kommt wieder und entwaffnet sich).

Man muß sich bücken, und das geht nicht so.

(wieder ab)

Siegfried.

2410 Kriemhild will sie vor allem Deinem Volk,
Bevor wir ziehen, um Verzeihung bitten,
Das hat sie frei gelobt, nur will sie gleich
Mit dem Erröthen fort.

Hagen (kommt wieder).

So kalt, wie Eis.

Siegfried.

Wer folgt?

Volker.

Wir essen erst.

Siegfried.

Wohlan!
(Er geht auf den Brunnen zu, kehrt aber wieder um.)

Ja so!
(Er entwaffnet sich und geht.)

Hagen (auf die Waffen deutend).

2415 Hinweg damit.

Dankwart (trägt die Waffen fort).

Hagen
(der seine Waffen wieder aufgenommen und Gunther fortwährend den Rücken zu-
gewendet hat, nimmt einen Anlauf und wirft seinen Speer).

Siegfried (schreit auf).

Ihr Freunde!

Hagen (ruft).

Noch nicht still?

(zu den Andern)

Kein Wort mit ihm, was er auch sagen mag!

Siegfried (kriecht herein).

Mord! Mord! — Ihr selbst? Bei'm Trinken! Gunther,
                           Gunther,
Verdient' ich das um Dich? Ich stand Dir bei
In Noth und Tod.

Hagen.

Haut Zweige von den Bäumen,
Wir brauchen eine Bahre. Aber starke,   2490
Ein todter Mann ist schwer. Rasch!

Siegfried.

Ich bin hin,
Doch noch nicht ganz!

(Er springt auf.)

Wo ist meine Schwert geblieben?
Sie trugen's fort. Bei Deiner Mannheit, Hagen,
Dem todten Mann ein Schwert! Ich ford're Dich
Noch jetzt zum Kampf heraus!

Hagen.

Der hat den Feind   2495
Im Mund und sucht ihn noch.

Siegfried.

Ich tropfe weg,
Wie eine Kerze, die in's Laufen kam,
Und dieser Mörder weigert mir die Waffe,
Die ihn ein wenig wieder adeln könnte.

2430 Pfui, pfui, wie feig! Er fürchtet meinen Daumen,
Denn ich bin nur mein Daumen noch.

(Er strauchelt über seinen Schild.)

Mein Schild!
Mein treuer Schild, ich werf' den Hund mit Dir!

(Er bückt sich nach dem Schilde, kann ihn aber nicht mehr heben und richtet sich
taumelnd wieder auf.)

Wie angenagelt! Auch für diese Rache
Ist's schon zu spät!

Hagen.

Ha! wenn der Schwätzer doch
2435 Die lose Zunge, die noch immer plappert,
Zermalmte mit den Zähnen, zwischen denen
Sie ungestraft so lange sündigte!
Da wär' er gleich gerächt, denn die allein
Hat ihn so weit gebracht.

Siegfried.

Du lügst! Das that
2440 Dein Neid!

Hagen.

Schweig! Schweig!

Siegfried.

Du drohst dem todten Mann?
Traf ich's so gut, daß ich Dir wieder lebe?
Zieh doch, ich falle jetzt von selbst, Du kannst
Mich gleich bespei'n, wie einen Haufen Staub,
Da lieg' ich schon —

(Er stürzt zu Boden.)

Den Siegfried seid Ihr los!
2445 Doch wißt, Ihr habt in ihm Euch selbst erschlagen,

Wer wird Euch weiter trau'n! Man wird Euch hetzen,
Wie ich den Dänen wollte —

Hagen.

          Dieser Tropf
Glaubt noch an uns're List!

Siegfried.

          So ist's nicht wahr?
Entsetzlich! Furchtbar! Kann der Mensch so lügen! —
Nun wohl! Da seid Ihr's ganz allein! Man wird   2450
Euch immer mit verfluchen, wenn man flucht,
Und sprechen: Kröten, Vipern und Burgunden!
Nein, Ihr voran: Burgunden, Vipern, Kröten,
Denn Alles ist für Euch dahin, die Ehre,
Der Ruhm, der Adel, Alles hin, wie ich!   2455
Dem Frevel ist kein Maaß, noch Ziel gesetzt,
Es kann der Arm sogar das Herz durchbohren,
Doch sicher ist es seine letzte That!
Mein Weib! Mein armes, ahnungsvolles Weib,
Wie wirst Du's tragen! Wenn der König Gunther   2460
Noch irgend Lieb' und Treu' zu üben denkt,
So üb' er sie an Dir! — Doch besser gehst Du
Zu meinem Vater! — Hörst Du mich, Kriemhild?
        (Er stirbt.)

Hagen.

Jetzt schweigt er. Aber jetzt ist's kein Verdienst!

Dankwart.

Was sagen wir?

Hagen.

          Das Dümmste! Sprecht von Schächern,   2465
Die ihn im Tann erschlugen. Keiner wird's

Zwar glauben, doch es wird auch Keiner, denk' ich,
Uns Lügner nennen! Wir steh'n wieder da,
Wo Niemand Rechenschaft von uns verlangt,
2470 Und sind, wie Feuer und Wasser. Wenn der Rhein
Auf Lügen sinnt, warum er ausgetreten,
Ein Brand, warum er ausgebrochen ist,
Dann wollen wir uns quälen. Du, mein König,
Hast Nichts befohlen, deß erinn're Dich,
2475 Ich hafte ganz allein. Nun fort mit ihm!

(Alle ab mit der Leiche)

Dritte Scene.

(Kriemhilds Gemach. Tiefe Nacht.

Kriemhild.

Es ist noch viel zu früh', mich hat mein Blut
Geweckt und nicht der Hahn, den ich so deutlich
Zu hören glaubte.

(Sie tritt zum Fenster und öffnet einen Laden.)

    Noch erlosch kein Stern,
Zur Messe ist's gewiß noch eine Stunde!
2480 Heut' sehn' ich mich nach dem Gebet im Dom.

Vierte Scene.

Ute (tritt leise ein).

Ute.

Schon auf, Kriemhild?

Kriemhild.

    Das wundert mich von Dir,
Du pflegst ja erst des Morgens einzuschlafen

Und auf Dein Mutterrecht, von Deiner Tochter
Geweckt zu werden, wie sie einst von Dir,
Dich zu verlassen.

Ute.

　　　Heute konnt' ich nicht,　　　2485
Es war zu laut.

Kriemhild.

　　　Hast Du das auch bemerkt?

Ute.

Ja, wie von Männern, wenn sie stille sind.

Kriemhild.

So irrt' ich nicht.

Ute.

　　　Das hält den Odem an,
Doch dafür fällt das Schwert! Das geht auf Zehen　　　2490
Und stößt den Ofen um! Das schweigt den Hund
Und tritt ihn auf den Fuß!

Kriemhild.

　　　Sie sind vielleicht
Zurück.

Ute.

　　Die Jäger?

Kriemhild.

　　　Einmal kam's mir vor,
Als ob man bis an meine Thür sich schliche,
Da dacht' ich, Siegfried sei's.

Ute.

Und gabst Du ihm
2495　Ein Zeichen, daß Du wachtest?

Kriemhild.

Nein.

Ute.

So kann
Er's auch gewesen sein! Nur wäre das
Doch fast zu schnell.

Kriemhild.

So will's mich auch bedünken!
Auch hat er nicht geklopft.

Ute.

Sie zogen ja,
So viel ich weiß, nicht für die Küche aus,
2500　Sie wollen unsern Mayern Ruhe schaffen,
Die ihre Pflüge zu verbrennen droh'n,
Weil stets der Eber erntet, wo sie sä'n!

Kriemhild.

So?

Ute.

Kind, Du bist schon völlig angekleidet
Und hast nicht Eine Magd um Dich?

Kriemhild.

Ich will
2505　Die kennen lernen, die die Früh'ste ist,
Auch hat es mich zerstreut.

Ute.

Ich hab' sie Alle
Der Reihe nach beleuchtet mit der Kerze.
Ein jedes Jahr schläft anders! Funfzehn, Sechszehn
Noch ganz, wie Fünf und Sechs. Mit Siebzehn kommen
Die Träume und mit Achtzehn die Gedanken,   2510
Mit Neunzehn schon die Wünsche —

Fünfte Scene.

Kämmerer (vor der Thür schreit).

Heil'ger Gott!

Ute.

Was ist's? Was giebt's?

Kämmerer (tritt ein).

Ich wäre fast gefallen.

Ute.

Und darum dies Geschrei?

Kämmerer.

Ein todter Mann!

Ute.

Wie? Was?

Kämmerer.

Ein todter Mann liegt vor der Thür.

Ute.

Ein todter Mann?

Kriemhild (fällt um).

So ist's auch mein Gemahl!   2515

Ute (sie auffangend).

Unmöglich!

(zum Kämmerer)

Leuchte!

Kämmerer (thut es und nicht dann).

Ute.

Siegfried? — Mord und Tod!
Auf, auf, was schläft!

Kämmerer.

Zu Hülfe!
(Die Mädchen stürzen herein.)

Ute.

Aermstes Weib!

Kriemhild (sich erhebend).

Das rieth Brunhild, und Hagen hat's gethan! —
Ein Licht!

Ute.

Mein Kind! Er —

Kriemhild (ergreift eine Kerze).

Ist's! Ich weiß, ich weiß!
2580 Nur, daß man ihn nicht tritt. Du hörtest ja,
Die Kämm'rer stolpern über ihn. Die Kämm'rer!
Sonst wichen alle Kön'ge aus.

Ute.

So gieb.

Kriemhild.

Ich setz' es selber hin.
(Sie stößt die Thür auf und fällt zu Boden.)
O Mutter, Mutter,

Warum gebarst Du mich! — Du theu'res Haupt,
Ich küsse Dich und such' nicht erst den Mund,   2525
Jetzt ist er überall. Du kannst nicht wehren,
Sonst thätest Du's vielleicht, denn diese Lippen — —
Es thut zu weh'.

Kämmerer.

Sie stirbt.

Ute.

              Ich könnt' ihr wünschen,

Es wäre so!

Sechste Scene.

Gunther (kommt mit Dankwart, Rumolt, Giselher und
Gerenot).

Ute (Gunther entgegen).

Mein Sohn, was ist gescheh'n?

Gunther.

Ich mögte selber weinen. Doch wie habt   2530
Ihr's schon erfahren? Durch den heil'gen Mund
Des Priesters sollte Euch die Kunde werden,
Ich trug's ihm in der Nacht noch auf.

Ute (mit einer Handbewegung).

                        Du siehst,
Der arme Todte meldete sich selbst!

Gunther (heimlich zu Dankwart).

Wie ging das zu?

Dankwart.

Mein Bruder trug ihn her!   2535

Gunther.

O pfui!

Dankwart.

Er war davon nicht abzubringen,
Und als er wiederkehrte, lacht' er auf:
Dieß ist mein Dank für seinen Abschiedsgruß.

Siebente Scene.

Kaplan (tritt ein).

Gunther (ihm entgegen).

Zu spät!

Kaplan.

Und solch ein Mann im Tann erschlagen!

Dankwart.

2540 Der Zufall hat des Schächers Speer gelenkt,
Daß er die Stelle traf. So können Riesen
Durch Kinder fallen.

Ute (fortwährend mit den Mägden um Kriemhild beschäftigt).

Steh nun auf, Kriemhild!

Kriemhild.

Noch eine Trennung? Nein! Ich faß' ihn so,
Daß Ihr mich mit begraben, oder mir
2545 Ihn lassen müßt. Ich hab' den Lebenden
Nur halb umarmt, das lern' ich jetzt am Todten.
O wär' es umgekehrt! Ich küßt' ihn noch
Nicht einmal auf die Augen! Alles neu!
Wir glaubten, Zeit zu haben.

Ute.

Komm, mein Kind!

Er kann doch nicht im Staub so liegen bleiben.   2550

Kriemhild.

O, das ist wahr! Was reich und köstlich ist,
Muß heute wohlfeil werden.

(Sie steht auf.)

Hier die Schlüssel!

(Sie wirft Schlüssel von sich.)

Es giebt ja keinen Festtag mehr! Die Seide,
Die gold'nen Prachtgewänder und das Linnen,
Bringt Alles her! Vergeßt die Blumen nicht,   2555
Er liebte sie! Reißt alle, alle ab,
Sogar die Knospen derer, die erst kommen,
Wem blühten sie wohl noch! Das thut hinein
In seinen Sarg, mein Brautkleid ganz zu oben,
Und legt ihn sanft darauf, dann mach' ich so   2560

(Sie breitet die Arme aus.)

Und deck' ihn mit mir selber zu!

Gunther (zu den Seinigen).

Ein Eid!

Ihr thut kein Mensch mehr weh'.

Kriemhild (wendet sich).

Die Mörder da?

Hinweg! Damit er nicht auf's Neue blute!
Nein! Nein! Heran!

(Sie faßt Dankwart.)

Damit er für sich zeuge!

(Sie wischt sich die Hand am Kleide ab.)

O pfui, nun darf ich ihn mit meiner Rechten   2565
Nicht mehr berühren! Kommt das arme Blut?
Mutter, sieh hin! Ich kann nicht! Nein? So sind's

Nur noch die Hehler, und der Thäter fehlt.
Ist Hagen Tronje hier, so tret' er vor,
2570 Ich sprech' ihn frei und ·reiche ihm die Hand.

Ute.

Mein Kind —

Kriemhild.

Geh nur hinüber zu Brunhild,
Sie ißt und trinkt und lacht.

Ute.

Es waren Schächer —

Kriemhild.

Ich kenne sie.

(Sie faßt Gifelher und Gerenot bei der Hand.)

Du warst nicht mit dabei! —
Du auch nicht!

Ute.

Hör' doch' nur!

Rumolt.

Wir hatten uns
2575 Im Wald vertheilt, es war sein eig'ner Wunsch,
Auch ist es Brauch, und fanden ihn im Sterben,
Als wir zusammen trafen.

Kriemhild.

Fandet Ihr?
Was sprach er da? Ein Wort! Sein letztes Wort!
Ich will Dir glauben, wenn Du's sagen kannst,
2580 Und wenn's kein Fluch ist. Aber hüte Dich,
Denn leichter wächf't Dir aus dem Mund die Rose,
Als Du's erfinnst, wenn Du es nicht gehört.

(da Rumolt ftockt)

Du logft!

Kaplan.

Doch kann's so sein! Die Elstern ließen
Schon Messer fallen, welche tödteten,
Was Menschenhänden unerreichlich war,   2585
Und was ein solcher Dieb der Lüfte trifft,
Weil ihm sein blanker Raub zu schwer geworden,
Das trifft wohl auch der Schächer.

Kriemhild.

Frommer Vater!
Du weißt nicht!

Dankwart.

Fürstin, heilig ist Dein Schmerz,
Doch blind zugleich und ungerecht. Dir zeugen   2590
Die ehrenwerth'sten Recken —
(Inzwischen ist die Thür zugemacht worden und die Leiche nicht mehr sichtbar.)

Kriemhild (als sie dieß bemerkt).

Halt! Wer wagt's —
(eilt zur Thüre)

Ute.

Bleib! Bleib! Er wird nur leise aufgehoben,
Wie Du es selber wünschtest —

Kriemhild.

Her zu mir!
Sonst wird er mir gestohlen und begraben,
Wo ich ihn nimmer finde.

Kaplan.

In den Dom!   2595
Ich folge nach, denn jetzt gehört er Gott.
(ab)

Achte Scene.

Kriemhild.

Wohl! In den Dom!·
(zu Gunther)

    Es waren also Schächer?
So stell' Dich dort mit allen Deinen Sippen
Zur Todten=Probe ein.

Gunther.

    Es mag gescheh'n.

Kriemhild.

1800   Mit Allen, sag' ich. Aber Alle sind
Hier nicht versammelt. Ruft auch den, der fehlt!
(Alle ab, aber Männer und Frauen aus verschiedenen Thüren.)

Neunte Scene.

Dom.

(Fackeln. Der Kaplan mit anderen Priestern seitwärts vor einer
eisernen Thür. Im Portal sammeln sich Hagens Sippen bis zu Sechszig.
Zuletzt Hagen, Gunther und die Uebrigen.)
(Es klopft.)

Kaplan.

Wer klopft?

Antwort von draußen.

    Ein König aus den Niederlanden,
Mit so viel Kronen, als er Finger hat.

Kaplan.

Den kenn' ich nicht.
(Es klopft wieder.)

Kaplan.

Wer klopft?

Antwort von draußen.

Ein Held der Erde,

Mit so viel Trophäen, als er Zähne hat.   2605

Kaplan.

Den kenn' ich nicht.

(Es klopft wieder.)

Kaplan.

Wer klopft?

Antwort von draußen.

Dein Bruder Siegfried,

Mit so viel Sünden, als er Haare hat.

Kaplan.

Thut auf!

(Die Thüre wird geöffnet und Siegfrieds Leichnam auf der Bahre herein getragen. Ihm folgen Kriemhild und Ute mit den Mägden.)

Kaplan (gegen den Sarg).

Du bist willkommen, todter Bruder,

Du suchst den Frieden hier!

(zu den Frauen, die er vom Sarge abschneidet, indem er, während dieser nieder-
gesetzt wird, zwischen sie und ihn tritt)

Auch Ihr willkommen,

Wenn Ihr den Frieden sucht, wie er ihn sucht.   2610

(Er hält Kriemhild das Kreuz vor.)

Du kehrst Dich ab von diesem heil'gen Zeichen?

Kriemhild.

Ich suche hier die Wahrheit und das Recht.

Kaplan.

Du suchst die Rache, doch die Rache hat
Der Herr sich vorbehalten, er allein
Schaut in's Verborg'ne, er allein vergilt!

Kriemhild.

Ich bin ein armes, halb zertret'nes Weib,
Und kann mit meinen Locken keinen Recken
Erdrosseln: welche Rache bliebe mir?

Kaplan.

Was brauchst Du denn nach Deinem Feind zu forschen,
Wenn Du an ihm nicht Rache nehmen willst,
Ist's nicht genug, daß ihn sein Richter kennt?

Kriemhild.

Ich mögte dem Unschuldigen nicht fluchen.

Kaplan.

So fluche Keinem, und Du thust es nicht! —
Du armes Menschenkind, aus Staub und Asche
Geschaffen und vom nächsten Wind zerblasen,
Wohl trägst Du schwer und magst zum Himmel schrei'n,
Doch schau' auf Den, der noch viel schwerer trug!
In Knechts=Gestalt zu uns herabgestiegen,
Hat er die Schuld der Welt auf sich genommen
Und büßend alle Schmerzen durchempfunden,
Die von dem ersten bis zum letzten Tage
Die abgefall'ne Creatur verfolgen,
Auch Deinen Schmerz, und tiefer, als Du selbst!
Die Kraft des Himmels saß auf seinen Lippen,
Und alle Engel schwebten um ihn her,
Er aber war gehorsam bis zum Tode,
Er war gehorsam bis zum Tod am Kreuz.

Dies Opfer bracht' er Dir in seiner Liebe,
In seinem unergründlichen Erbarmen,
Willst Du ihm jetzt das Deinige verweigern?   2640
Sprich rasch: Begrabt den Leib! und kehre um!

Kriemhild.

Du hast Dein Werk gethan, nun ich das meine!
    (Sie geht zum Sarg und stellt sich zu Häupten.)
Tritt jetzt heran, wie ich, und zeuge mir!

Kaplan (geht gleichfalls zum Sarg und stellt sich zu Füßen. Drei Posaunenstöße).

Hagen (zu Gunther).

Was ist gescheh'n?

Gunther.

        Es ward ein Mann erschlagen.

Hagen.

Und warum steh' ich hier?

Gunther.

            Dich trifft Verdacht.   2645

Hagen.

Den werden meine Sippen von mir nehmen,
Ich frage sie. — Seid Ihr bereit, zu schwören,
Daß ich kein Meuchler und kein Mörder bin?

Alle Sippen bis auf Giselher.

Wir sind bereit.

Hagen.

        Mein Giselher, Du schweigst?
Bist Du bereit für Deinen Ohm zu schwören,   2650
Daß er kein Meuchler und kein Mörder ist?

Giselher (die Hand erhebend).

Ich bin bereit.

Hagen.

Den Eid erlaß' ich Euch.

(Er tritt in den Dom, zu Kriemhild.)

Du siehst, ich bin gereinigt, wann ich will,
Und brauche mich am Sarg nicht mehr zu stellen,
2355 Allein ich thu's, und will der Erste sein!

(Er schreitet langsam hinauf zum Sarg.)

Ute.

Schau' weg, Kriemhild.

Kriemhild.

Laß, laß!   Er lebt wohl noch!
Mein Siegfried!   O, nur Kraft für Einen Laut,
Für Einen Blick!

Ute.

Unglückliche!   Das ist
Nur die Natur, die sich noch einmal regt.
2660 Furchtbar genug!

Kaplan.

Es ist der Finger Gottes,
Der still in diesen heil'gen Brunnen taucht,
Weil er ein Kainszeichen schreiben muß.

Hagen (neigt sich über den Sarg).

Das rothe Blut!   Ich hätt' es nie geglaubt!
Nun seh' ich es mit meinen eig'nen Augen.

Kriemhild.

2665 Und fällst nicht um?

(Sie springt auf ihn zu.)

Jetzt fort mit Dir, Du Teufel.

Wer weiß, ob ihn nicht jeder Tropfen schmerzt,
Den Deine Mörder=Nähe ihm entzapft!

Hagen.

Schau' her, Kriemhild.　So siedet's noch im Todten,
Was willst Du fordern vom Lebendigen?

Kriemhild.

Hinweg!　Ich packte Dich mit meinen Händen,　　2670
Wenn ich nur Einen hätte, der sie mir,
Zur Rein'gung, dann vom Leib herunter hiebe,
Denn Waschen wäre nicht genug, und könnt' es
In Deinem Blut gescheh'n.　Hinweg!　Hinweg!
So standest Du nicht da, als Du ihn schlugst,　　2675
Die wölf'schen Augen fest auf ihn geheftet,
Und durch Dein Teufelslächeln den Gedanken
Voraus verkündigend!　Von hinten schlichst
Du Dich heran und miedest seinen Blick,
Wie wilde Thiere den des Menschen meiden,　　2680
Und spähtest nach dem Fleck, den ich — Du Hund,
Was schwurst Du mir?

Hagen.
　　　　　　Ihn gegen Feuer und Wasser
Zu schirmen.

Kriemhild.
Nicht auch gegen Feinde?

Hagen.
　　　　　　　　　Ja.
Das hätt' ich auch gehalten.

Kriemhild.
　　　　　　Um ihn selbst
Zu schlachten, nicht?　　2685

Hagen.

Zu ſtrafen!

Kriemhild.

Unerhört!

Ward je, ſo lange Himmel und Erde ſteh'n,
Durch Mord geſtraft?

Hagen.

Den Recken hätte ich
Gefordert, und mir iſt's wohl zuzutrau'n,
Allein er war vom Drachen nicht zu trennen,
2690 Und Drachen ſchlägt man todt. Warum begab ſich
Der ſtolze Held auch in des Lindwurms Hut!

Kriemhild.

Des Lindwurms Hut! Er mußt' ihn erſt erſchlagen,
Und in dem Lindwurm ſchlug er alle Welt!
Den Wald mit allen ſeinen Ungeheuern
2695 Und jeden Recken, der den grimm'gen Drachen
Aus Furcht am Leben ließ, Dich ſelber mit!
Du nagſt umſonſt an ihm! Es war der Neid,
Dem Deine Bosheit grauſe Waffen lieh!
Man wird von ihm und ſeinem Adel ſprechen,
2700 So lange Menſchen auf der Erde leben,
Und ganz ſo lange auch von Deiner Schmach.

Hagen.

Es ſei darum!
(Er nimmt dem Leichnam den Balmung von der Seite.)
Nun hört's gewiß nicht auf!
(Er umgürtet ſich mit dem Schwert und geht langſam zu den Seinigen zurück.)

Kriemhild.

Zum Mord den Raub!
(gegen Gunther)
Ich bitte um Gericht.

Kaplan.

Gedenke deſſen, der am Kreuz vergab.

Kriemhild.

Gericht! Gericht! Und wenn's der König weigert,   2708
So iſt er ſelbſt mit dieſem Blut bedeckt.

Ute.

Halt ein! Du wirſt Dein ganzes Haus verderben —

Kriemhild.

Es mag geſcheh'n! Denn hier iſt's überzahlt!

(Sie wendet ſich gegen den Leichnam und ſtürzt an der Bahre nieder.)

Dritte Abtheilung.

Kriemhilds Rache.

—

Ein Trauerspiel in fünf Acten.

Personen:

König Gunther.

Hagen Tronje.

Volker.

5 Dankwart.

Rumolt.

Giselher.

Gerenot.

Kaplan.

10 König Etzel.

Dietrich von Bern.

Hildebrant, sein Waffenmeister.

Markgraf Rüdeger

Iring,

15 Thüring, } nordische Könige.

Werbel,

Swemmel, } Etzels Geiger.

Ute.

Kriemhild.

20 Götelinde, Rüdegers Gemahlin.

Gudrun, deren Tochter.

Ein Pilgrim.

Ein Heune.

25 Otnit, ein Kind. } stumm.

Eckewart.

Erster Act.

(Worms. Großer Empfangs-Saal.)

Erste Scene.

(König Gunther auf dem Thron. Alle Burgunden. Hagen. Dankwart. Gerenot. Giselher. Ute. Etzels Gesandte. Rüdeger.)

Gunther.

Gefällt es Euch, hochedler Rüdeger,
3710 So mögt Ihr Eures Auftrags Euch entled'gen,
Denn die Burgunden sind um mich vereint.

Rüdeger.

So werb' ich denn im Namen meines Herrn,
Der überall gebietet und befiehlt
Und nur vor Euch als Bittender erscheint,
3715 Um Kriemhild, Deine Königliche Schwester.
Denn sie allein ist würdig, der zu folgen,
Die er mit bitt'rem Schmerz verloren hat,
Und Wittwer muß er bleiben, wenn Ihr ihm
Die Einzige verweigert, welche Helfe
3720 Ersetzen und das Volk, das sie betrauert,
Als hätt' ein Jeder Theil an ihr gehabt,
Mit einer neuen Wahl versöhnen kann.

Gunther.

Wenn Du von Deinem Königlichen Herrn
Vermelden kannst, daß er nur selten bittet,

So merk' Dir auch, daß wir nur selten danken!　2725

Doch Etzel hat den dunklen Heunen=Thron

So hoch erhöht und seinen wilden Namen

So manchem Völker=Rücken eingekerbt,

Daß ich mich gern erhebe und Dir sage:

Wir danken ihm und fühlen uns geehrt.　2730

Rüdeger.

Und welche weit're Antwort bring' ich ihm?

Gunther.

Wenn wir nicht die Trompeten schallen lassen

Und die Johannis=Feuer vor der Zeit

Auf allen Bergen weit und breit entzünden,

So glaube nicht, daß unser Fürstenstolz　2735

Den Ausbruch unsers Jubels unterdrückt,

Und daß wir mehr verlangen, als Du bietest,

Das weißt Du wohl, daß Kriemhild Wittwe ist.

Rüdeger.

Wie Etzel Wittwer, ja! Und eben dieß

Verbürgt dem Bund der Beiden Heil und Segen　2740

Und giebt ihm Weihe, Adel und Bestand.

Sie suchen nicht, wie ungeprüfte Jugend

Im ersten Rausch, ein unbegränztes Glück,

Sie suchen nur noch Trost, und wenn Kriemhild

Den neuen Gatten auch mit Thränen küßt,　2745

Und ihn ein Schauder faßt in ihren Armen,

So denkt sich Jedes still: Das gilt dem Todten!

Und hält das And're doppelt werth darum.

Gunther.

So sollt' es sein! Doch troß der langen Frist,

Die seit dem unglücksel'gen Tag verstrich,　2750

Der ihr den Gatten raubte, mir den Bruder,
Weilt meine Schwester, bis zur Stunde, mehr
An ihres Siegfrieds Gruft im Kloster Lorsch,
Als unter uns.   Sie meidet jede Freude
2755 So ängstlich, wie ein And'rer Missethat,
Und wär's auch nur ein Blick in's Abendroth
Oder auf's Blumenbeet zur Zeit der Rosen:
Wie schlöße sie den neuen Ehebund?

Rüdeger.

Ist's Euch genehm?   Und werdet Ihr gestatten,
2760 Daß ich ihr selbst die Wünsche meines Herrn
Zu Füßen legen darf?

Gunther.

           Wir gönnen ihr
Das neue Glück und uns die neue Ehre
Und werden über alles And're Euch
Bescheiden, wenn wir Rath gehalten haben.
2765 Für's Erste nehmt noch einmal unsern Dank!
         Rüdeger (ab).

Zweite Scene.

Hagen.

Nicht um die Welt!

Gunther.

           Warum nicht, wenn sie will?

Hagen.

Wenn sie nicht wollte, könntest Du sie zwingen,
Denn auch der Wittwe Hand vergiebst Du frei.
Doch eher ließ' ich sie in Ketten schmieden,
2770 Als zu den Heunen zieh'n.

                                        12*

So merk' Dir auch, daß wir nur selten danken!   2725
Doch Etzel hat den dunklen Heunen=Thron
So hoch erhöht und seinen wilden Namen
So manchem Völker=Rücken eingekerbt,
Daß ich mich gern erhebe und Dir sage:
Wir danken ihm und fühlen uns geehrt.   2730

Rüdeger.

Und welche weit're Antwort bring' ich ihm?

Gunther.

Wenn wir nicht die Trompeten schallen lassen
Und die Johannis=Feuer vor der Zeit
Auf allen Bergen weit und breit entzünden,
So glaube nicht, daß unser Fürstenstolz   2735
Den Ausbruch unsers Jubels unterdrückt,
Und daß wir mehr verlangen, als Du bietest,
Das weißt Du wohl, daß Kriemhild Wittwe ist.

Rüdeger.

Wie Etzel Wittwer, ja! Und eben dieß
Verbürgt dem Bund der Beiden Heil und Segen   2740
Und giebt ihm Weihe, Adel und Bestand.
Sie suchen nicht, wie ungeprüfte Jugend
Im ersten Rausch, ein unbegränztes Glück,
Sie suchen nur noch Trost, und wenn Kriemhild
Den neuen Gatten auch mit Thränen küßt,   2745
Und ihn ein Schauder faßt in ihren Armen,
So denkt sich Jedes still: Das gilt dem Todten!
Und hält das And're doppelt werth darum.

Gunther.

So sollt' es sein! Doch troß der langen Frist,
Die seit dem unglückjel'gen Tag verstrich,   2750

Hagen.

Ich glaub's, denn jetzt ist Brunhild längst Dein Weib.

Gunther.

2795 Mein Weib! Ja wohl! Sie ist so weit mein Weib,
Als sie mir wehrt, ein anderes zu nehmen,
Doch sonst —

Hagen.

Giebt's ein Geheimniß hier für mich?

Gunther.

Kann sein! Wie sie uns nach der That empfing,
Als ich den ersten Becher Weins ihr brachte,
2800 Das weißt Du wohl noch selbst: sie fluchte uns
Noch grauenvoller, als Kriemhild uns fluchte,
Und loderte in Flammen auf, wie nie,
Seit sie im Kampf erlag.

Hagen.

Sie brauchte Zeit,
Um sich hinein zu finden.

Gunther.

Als ich sie
2805 Nun mahnte, daß sie selbst es ja geboten,
Goß sie den Wein mir in's Gesicht und lachte,
Wie ich die Menschheit noch nicht lachen hörte —
War's so? Sonst straf' mich Lügen!

Hagen.

Allerdings,
Dann aber fiel sie um, und Alles war
2810 Für immer aus.

Gunther.

Und warum das?

Hagen.

Und warum das! Die bloße Frage schon
Macht mich verrückt. Habt Ihr denn kein Gedächtniß?
Muß ich Dich erst erinnern, was geschah?

Gunther (deutet auf Ute).

Vergiß nicht —

Hagen.

Deine Mutter? Gleißnerei!
Sie weiß es längst! Ei, wenn sie mir die Hand   2775
Seit unf'rer Jagd nicht einmal wieder reichte,
So hat sie Dich ja auch wohl nicht geküßt.

Gunther.

So ist's. Und da Du selbst in Deinem Trotz
Den dünnen Nebel zu zerblasen wagst,
Der das Geheimniß unsers Hauses deckt;   2780
Da Du das kümmerliche Grün zertrittst,
Das diese blut'ge Gruft besponnen hat,
Und mir die Knochen in das Antlitz schleuderst;
Da Du den letzten Rest von Schaam erstickst,
Und höhnend auf die gift'ge Ernte zeigst,   2785
Die aufgeschossen ist aus Deiner Saat:
So hab's denn auch, daß ich einmal die Brust
Mir lüfte, daß ich Dich und Deinen Rath
Verfluche und Dir schwöre: wär' ich nicht
So jung gewesen, nimmer hätt'st Du mich   2790
So arg bethört, und jetzt, jetzt würd' ich Dir
Mit Abscheu das verbieten, was ich damals
Aus Schwachheit, nicht aus Haß, geschehen ließ.

Hagen.

Ich glaub's, denn jetzt ist Brunhild längst Dein Weib.

Gunther.

2795 Mein Weib! Ja wohl! Sie ist so weit mein Weib,
Als sie mir wehrt, ein anderes zu nehmen,
Doch sonst —

Hagen.

Giebt's ein Geheimniß hier für mich?

Gunther.

Kann sein! Wie sie uns nach der That empfing,
Als ich den ersten Becher Weins ihr brachte,
2800 Das weißt Du wohl noch selbst: sie fluchte uns
Noch grauenvoller, als Kriemhild uns fluchte,
Und loderte in Flammen auf, wie nie,
Seit sie im Kampf erlag.

Hagen.

Sie brauchte Zeit,
Um sich hinein zu finden.

Gunther.

Als ich sie
2805 Nun mahnte, daß sie selbst es ja geboten,
Goß sie den Wein mir in's Gesicht und lachte,
Wie ich die Menschheit noch nicht lachen hörte —
War's so? Sonst straf' mich Lügen!

Hagen.

Allerdings,
Dann aber fiel sie um, und Alles war
2810 Für immer aus.

Gunther.

Ja wohl! So völlig aus,
Als hätt' sie ihre ganze Ewigkeit
In diesem einz'gen kurzen Augenblick
Durch ihren Feuerfluch voraus verzehrt,
Denn nur als Todte stand sie wieder auf!

Hagen.

Als Todte?

Gunther.

Ja, obgleich sie ißt und trinkt   2815
Und in die Runen stiert. Du hattest Recht,
Nur Siegfried war im Weg.

Hagen.

Ich glaubte — — Nein!

Gunther.

Das mild'ste Wort entlockt ihr nie ein Lächeln,
Und hätt' ich's Volkers frischem Liedermund
In einer gold'nen Stunde abgefangen,   2820
Das härteste noch minder eine Thräne,
Sie kennt den Schmerz und auch die Lust nicht mehr.

Ute.

So ist's! Die alte Amme deckt's nur zu!

Gunther.

Stumpf blickt sie d'rein, als wär' ihr Blut vergraben
Und wärme eines Wurmes kalt Gedärm,   2825
Wie man's in alten Mähren hört. Der ist
Jetzt mehr, als seines Gleichen, und sie selbst
Ist weniger, unendlich weniger,
Bis ihn in hundert oder tausend Jahren,

2830 Wie's blind der Zufall fügt, ihr Fuß zertritt! —
Du magst Dich freuen, Gerenot, Dir ist
Die Krone der Burgunden schon gewiß,
Sie bringt mir keinen Erben.

Hagen.
Steht es so!

Gunther.
Du wunderst Dich, daß Du's erst jetzt erfährst?
2835 Ich trug das Alles still, doch heute hast
Du selbst das Licht ja auf den Tisch gestellt:
Nun reiß die Augen auf und sieh Dich um!
Im Hause Groll und Zwiespalt, draußen Schmach,
Entdeckst Du mehr in irgend einem Winkel,
2840 So zeig' mir Deinen Fund.

Hagen.
Ein ander Mal.

Gunther.
Doch von der Schmach kann diese Werbung uns
Erlösen, und so wahr ein Schwan sich taucht,
Wenn er das klare Wasser vor sich sieht,
Und sich den Staub aus dem Gefieder wäscht,
2845 So wahr auch will ich dieses Werk betreiben,
Wie ich noch Nichts auf dieser Welt betrieb.

Hagen.
Mein König, Eins von Beidem kann nur sein:
Entweder liebte Kriemhild ihren Gatten,
Wie nie ein Weib den ihren noch geliebt —

Gunther.
2850 Ich bin der Letzte, der Dir dieß bestreitet,
Ich kenne Unterschied!

Hagen.

Dann muß sie uns
Auch haſſen, wie ein Weib noch niemals haßte —

Gunther.

Uns? Dich vielleicht!

Hagen.

Sie unterſcheidet wohl!
Und wenn ſie uns ſo haßt, ſo muß ſie brennen.
Es darzuthun, denn ſelbſt die Liebe iſt   2855
So gierig nicht nach Kuß und nach Umarmung,
Wie grimm'ger Haß nach Mord und Blut und Tod,
Und wenn der Liebe langes Faſten ſchadet,
So wird der Haß nur immer hung'riger.

Gunther.

Du kannſt es wiſſen.

Hagen.

Ja, ich weiß es auch,   2860
Und darum warn' ich Dich!

Gunther.

Wir ſind verſöhnt.

Hagen.

Verſöhnt! Nun, bei den namenloſen Göttern!
Wenn ich Dein Mann, Dein treu'ſter Mann nicht wäre,
Wenn jeder Tropfen meines Blutes nicht
So für Dich pochte, wie das ganze Herz   2865
Der Uebrigen, wenn ich, was Du erſt fühlſt,
Wenn es Dich trifft, nicht immer vorempfände,
Und tiefer oft, wie Du in Wirklichkeit:
Jetzt würd' ich ſchweigen und nicht einmal lachen,

2870 Denn selbst die Warnung, die im Hohn noch liegt,
Verdient solch eine Rede nicht! Versöhnt!
Ja, ja, sie bot die Wange endlich dar,
Weil

(Er deutet auf Giselher und Ute.)

Dieser täglich bat und Diese weinte,
Und — Trankt Ihr auch? Ich glaube nicht einmal,
2875 Doch damit war die Rechnung nicht zerrissen,
Nein, die Versöhnung kam als neuer Posten
Hinzu, und nur noch größer ward die Schuld.

Ute.

Du denkst von meiner Tochter, wie von Dir!
Du magst die Wange bieten und nur fühlen,
2880 Daß ihr des Mundes gift'ge Zähne mangeln,
Sie wird das heil'ge Zeichen nicht entweih'n,
Das allem Hader unter Menschenkindern
Ein Ende setzte, seit die Erde steht.

Hagen.

Die Nibelungen haben ihren Vater
2885 Um Gold erschlagen, um dasselbe Gold,
Das Siegfried an den Rhein gebracht. Wer hätte
Sich's wohl gedacht, bevor sie's wirklich thaten?
Doch ist's gescheh'n und wird noch oft gescheh'n.

Gerenot.

Ich hör' in allen Stücken gern auf Dich,
2890 Nur nicht in dem. Du übertrugst den Haß
Von Siegfried auf Kriemhild.

Hagen.

Du kennst mich schlecht!
Zeig' mir das Land, wovon kein Weg zurück
In unsres führt, ich will's für sie erobern

Und ihr den Thron erbau'n, so hoch sie mag:
Nur gebt ihr keine Waffen, muß ich rathen,　　　　2895
Wenn sie Euch selbst damit erreichen kann.
Glaubt Ihr, ich habe ihr den Hort geraubt,
Um ihr auf's Neue weh' zu thun? O, pfui!
Ich ehre ihren Schmerz und zürn' ihr nicht,
Daß sie mir flucht. Wer wünschte sich denn nicht　　　　2900
Ein Weib, wie sie, wer mögte nicht ein Weib,
Das blind für Alles ist, so lang, man lebt,
Und wenn man stirbt, noch mit der Erde hadert,
Weil sie nicht stralt und leuchtet, wo man liegt.
Ich that's nur, weil es nöthig war.

Ute.

　　　　　　　Das hätte　　　　2905
Nicht mehr geschehen sollen.

Hagen.

　　　　　　Die Versöhnung
Ward schlecht dadurch besiegelt, das ist wahr,
(zu Gunther)
Und ob sie Dich entschuldigt, weil Du kurz
Vorher das Land verließest, weiß ich nicht
Und zweifle fast daran, da Du versäumtest,　　　　2910
Den Räuber zu bestrafen, als Du kamst!
Doch unterbleiben durft' es nicht, sie hätte
Ein Heer damit geworben.

Ute.

　　　　　　Sie ein Heer!
Sie dachte nicht daran.

Hagen.

　　　　Noch nicht, ich weiß.
Sie füllte links und rechts die off'nen Hände　　　　2915

Mit Siegfrieds Gold und kümmerte sich nicht,
Ob Einer einmal oder zehnmal kam.
Das war das Mittel, Freunde zu erwerben
Und zu erhalten.

Ute.

Das geschah allein
2920 Zu Siegfrieds Angedenken, und man wird
Auf dieser Welt das Bild nicht wiederseh'n,
Wie sie in ihrem schwarzen Trauerkleide,
Das schöne, stille Auge immer feucht,
Die Edelsteine und das rothe Gold
2925 Vertheilte unter die Verlangenden
Und es nicht selten wusch mit ihren Thränen,
Der höchste Jammer, vom Geschick erlesen,
Des höchsten Glückes Spender hier zu sein.

2930
Hagen.

Dieß meint' ich eben. Ja, es war ein Bild,
Den Stein zu rühren! Und da Wohlthat drückt,
Und Jeder, um die Last sich zu erleichtern,
Auf irgend eine Art zu danken wünscht,
So hätte von den vielen Tausenden,
Die sich allmälig um sie sammeln mußten,
Zuletzt wohl Einer sie gefragt: Was weinst Du?
2935 Um auf den kleinsten Wink das Schwert zu zieh'n
Und den zu rächen, der den Wurm erschlagen
Und auch den reichen Hort in's Land gebracht.

Ute.

Und diesen Wink — den hätte Kriemhild je
2940 Gegeben, glaubst Du? Ist sie nicht ein Weib?
Bin ich nicht ihre Mutter? Ist der König

Ihr Bruder nicht? Und sind ihr Gerenot
Und Giselher nicht werth bis diesen Tag?

Hagen.

Mir ist, als ob ich Siegfried reden hörte!
Die Raben kreisen warnend um ihn her,   2945
Er aber denkt: Ich bin bei meinem Schwäher,
Und wirft sie mit dem Fuchs und jagt sie fort!

Gunther.

Ei was! — Es fragt sich nur, aus welchem Mund
Vernimmt sie wohl das erste Wort am liebsten!
(zu Ute)
Aus Deinem, denk' ich. Sprich denn Du mit ihr.   2950
(Alle ab)

Dritte Scene.
(Kriemhilds Kemenate.)

Kriemhild (füttert ihre Vögel und ihr Eichkätzchen).

Ich hab' so oft mich über alle!
Gewundert, daß sie so an Thieren hängen,
Jetzt thu' ich's selbst.

Vierte Scene.
Ute (tritt ein).

Ute.

Schon wieder Deine Hand
Im Weizenkorb?

Kriemhild.

Du weißt, ich bin dazu
Noch eben reich genug und hab' sie gern.   2955

Sie sind mit mir zufrieden, Jedes kann
Entflieh'n, sobald es will, denn offen steht
Der Käfig, wie das Fenster, doch sie bleiben,
Sogar das Kätzchen, dieses Sonntagsstück
2960 Des arbeitsmüden Schöpfers, das er lieblich,
Wie Nichts, gebildet hat, weil ihm der schönste
Gedanke erst nach Feierabend kam,
Und das bei mir zum Kind geworden ist,
Wie sollt' ich sie nicht lieben!

Ute.

Immerhin,
2965 Nur thust Du Menschen weh'. Denn uns entziehst Du,
Was Du an sie verschwendest, und wir sind
Doch mehr, als sie.

Kriemhild.

Wer weiß das? Ist von Menschen
Dem edlen Siegfried Einer nachgestorben?
Nicht einmal ich, doch wohl sein treuer Hund.

Ute.

2970 Kind!

Kriemhild.

Der verkroch sich unter seinen Sarg
Und biß nach mir, da ich ihm Speise bot,
Als wollt' ich ihn zu Missethat verleiten,
Ich flucht' und schwur, doch aß ich hinterher.
Vergieb mir, Mutter, aber unter Menschen
2975 Erging's mir wohl zu schlecht, als daß ich nicht
Versuchen sollte, ob der wilde Wald
Nicht bess're Arten birgt.

Ute.

Hör' davon auf,
Ich hab' Dir was zu sagen!

Kriemhild (ohne auf sie zu hören).
                Und ich glaub's.
Der grimm'ge Leu verschont den Schlafenden,
Zu edel hat ihn die Natur gebildet,   2980
Als daß er würgt, was sich nicht wehren kann.
Den Wachenden zerreißt er zwar, doch nur
Aus Hunger, aus dem nämlichen Bedürfniß,
Das auch den Menschen auf den Menschen hetzt,
Nicht, weil er ihm das Angesicht beneidet   2985
Und ihm den freien stolzen Gang nicht gönnt,
Was unter uns aus Helden Mörder macht.

Ute.

Die Schlange aber sticht und fragt nicht lange,
Ob hinten oder vorn.

Kriemhild.

           Wenn man sie tritt.
Auch kann sie mit der Zunge, die sie braucht,   2990
Um ihren Feind zu tödten, ihm nicht schwören,
Daß sie ihn küssen will. Sie führen Krieg
Mit uns, weil wir den heil'gen Gottesfrieden
Gebrochen haben, und versöhnen sich
Mit jedem Einzelnen, sobald er mag.   2995
Zu ihnen hätt' ich, meinen Sohn im Arm,
Mich flüchten sollen, denn den nackten Menschen,
Den Ausgestoß'nen und Verlassenen,
Den sein Geschlecht verläugnet und verräth,
Beschützen sie, uralter Brüderschaft   3000
Gedenkend, aus der Morgenzeit der Welt.

In Eu'rer Sprache hätt' ich ihm vertraut,
Was man an mir verübt, und sie in ihrer
Ihm zugeflüstert, wie's zu rächen sei.
3005 Und wär' er dann, zum Mann heran gewachsen,
Die wucht'ge Eichenkeule in der Hand,
Hervor geschritten aus dem dunklen Wald,
So hätten sie ihn Alle, wie den König
Die Seinen, in gedrängter Schaar begleitet,
3010 Vom Leuen an bis zu dem scheu'sten Wurm.

Ute.

Man wird ihm auch am Rhein das Fluchen lehren,
Denn Siegfrieds Vater hat das Recht dazu,
Und Siegfrieds Mutter kann es nicht mehr hindern,
Doch besser wär's gewesen, wenn Du ihn
3015 Bei Dir behalten hättest.

Kriemhild.

Schweig, o schweig,
Wenn ich nicht auch an Dir noch zweifeln soll.
Ha! Siegfrieds Sohn am Hof der Nibelungen!
Man hätte nicht zu seinem dritten Zahn
Ihn kommen lassen.

Ute.

Du bezahlst es theuer,
3020 Daß Du den Trost, den die Natur Dir bot,
Von Dir gestoßen hast.

Kriemhild.

Mir ist's genug,
Daß ich das Kind den Mördern doch entzog,
Sobald ich seinen ersten Laut vernahm,
Und nimmer werd' ich's Giselher vergessen,
3025 Daß er so treu dazu geholfen hat.

Ute.

Du hast die Strafe, denn Du mußt Dich jetzt
An die da hängen.

(deutet auf die Vögel)

Kriemhild.

Warum quälst Du mich?

Du weißt doch wohl, wie's stand. Leg' einer Todten
Den Sohn an's Herz und ford're Milch von ihr:
Die heil'ge Quelle der Natur wird eher   8030
In ihrer starren Brust auf's Neue springen,
Als meine Seele aus dem Winterschluf
Zu wecken war, der nie ein Thier so tief
Bis in das Herz beschlichen hat, wie mich.
Ich war so weit, daß meine Träume sich   8035
In's Wachen mischten und dem Morgenruf
Des munt'ren Hahnes trotzten: konnte ich
Wohl Mutter sein! Ich will auch Nichts von ihm,
Er wurde nicht geboren, mich zu trösten,
Er soll den Mörder seines Vaters tödten,   8040
Und wenn er's that, so wollen wir uns küssen
Und dann auf ewig aus einander geh'n.

Fünfte Scene.

Giselher und Gerenot (treten ein).

Gerenot.

Nun, Mutter, nun?

Ute.

Ich sprach noch nicht davon.

Giselher.

So sprechen wir.

Kriemhild.

Was ist denn für ein Tag,

3045 Daß alle meine Sippen sich so sammeln?
Treibt Ihr den Tod aus?

Gerenot.

Das ist längst gescheh'n,
Man spart ja schon auf das Johannis=Feuer
Und steckt den Lauch mit Nächstem an den Balken,
Entfiel Dir der Kalender denn so ganz?

Kriemhild.

3050 Seit mir die Kuchen nicht so viel mehr sind,
Vergess' ich jedes Fest. Seid Ihr dafür
Nur um so fröhlicher.

Gerenot.

Das sind wir nicht,
So lange Du die schwarzen Kleider trägst,
Auch kommen wir, um Dir sie abzureißen,

3055 Denn —

(zu Ute)

Mutter, nein, es ist doch besser, Du!

Kriemhild.

Was giebt's, daß dieser sich so plötzlich wendet?

Ute.

Mein Kind, wenn Du noch einmal so, wie einst,
An meiner Brust Dein Haupt verbergen wolltest —

Kriemhild.

Gott spare Dir und mir den bitt'ren Tag,

3060 An welchem das noch einmal nöthig wird!
Vergaßest Du?

Gerenot.

Ach, davon heute Nichts!

Ute.

Ich dachte an die Kinderzeit.

Giselher.

Ihr könnt
Nicht fertig werden. Nun, ich half Euch oft
Und will Euch wieder helfen, ob Ihr mich
Nun tadelt oder lobt.

(zu Kriemhild)

Vernahmst Du nicht   3065
Die schallenden Trompeten und den Lärm
Der Waffen und der Pferde? Das bedeutet:
Ein edler König wirbt um Deine Hand.

Ute.

So ist's.

Kriemhild.

Und meine Mutter hält für nöthig,
Es mir zu melden? Hätt' ich doch gedacht,   3070
Die stumpfste Magd, die uns im Stalle dient,
Wär' Weib genug, das Nein für mich zu sagen:
Wie ist es möglich, daß Du fragen kannst!

Ute.

Sie bieten's Dir.

Kriemhild.

Zum Hohn.

Ute.

Ich werde doch
Nicht ihres Hohnes Botin sein?   3075

Kriemhild.

Dich kann

Ich eben nicht versteh'n.

(zu den Brüdern)

Ihr seid zu jung,

Ihr wißt nicht, was Ihr thut, Euch will ich mahnen,
Wenn Eure Stunde auch geschlagen hat.

(zu Ute)

Doch Du — — Ich sollte meinen edlen Siegfried
3080 Im Tode noch verläugnen? Diese Hand,
Die er durch seinen letzten Druck geheiligt,
In eine and're legen? Diese Lippen,
Die, seit er hin ist, nur den Sarg noch küßten,
In dem er ruht, beflecken? Nicht genug,
3085 Daß ich ihm keine Sühne schaffen kann,
Sollt' ich ihn auch noch um sein Recht verkürzen
Und sein Gedächtniß trüben? Denn man mißt
Die Todten nach dem Schmerz der Lebenden,
Und wenn die Wittwe freit, so denkt die Welt:
3090 Sie ist das letzte unter allen Weibern,
Oder sie hat den letzten Mann gehabt.
Wie kannst Du's glauben!

Ute.

Ob Du's nun verschmähst,

Ob Du es annimmst: immer zeigt es Dir,
Daß Deine Brüder Dir's von Herzen gönnen,
3095 Wenn Du noch irgend Freude finden kannst.

Giselher.

Ja, Schwester, das ist wahr. Auch gilt's so gut
Vom König, wie von uns. Hätt'st Du gehört,
Wie er den Tronjer schalt, als dieser sich

Dagegen stemmte, und wie unbekümmert
Um seinen Rath er that, was ihm gefiel,　　　　　　8100
Du würdest ihm von Herzen jetzt verzeih'n,
Wie Du ihm mit dem Munde längst verziehst.

Kriemhild.

So rieth der Tronjer ab?

Giselher.

　　　　　Wohl rieth er ab.

Kriemhild.

Er fürchtet sich.

Ute.

　　　Er thut es wirklich, Kind.

Gerenot.

Er glaubt, Du könntest Etzel, denn kein And'rer,　　　8105
Als Etzel ist's, mit allen seinen Heunen
Auf die Burgunden hetzen.

Ute.

　　　Denke Dir!

Kriemhild.

Er weiß, was er verdient.

Gerenot.

　　　　　Doch weiß er nicht,
Daß er in uns'rer Mitte sicher ist,
Wie Einer von uns selbst!

Kriemhild.

　　　　　Er mag sich wohl　　　8110
Erinnern, wie es einem Bessern ging,
Der auch in Eurer Mitte war.

Ute.

Oder **O Gott,**
Hätt' ich's geahnt!

Gerenot.

Und wären wir nicht Alle
So jung gewesen!

Kriemhild.

Ja, Ihr war't zu jung,
3115 Um mich zu schützen, aber alt genug,
Den Mörder zu beschirmen, als ihn Himmel
Und Erde zugleich verklagten.

Ute.

Sprich nicht so!
Du hast den Tronjer ganz, wie sie, geehrt
Und auch geliebt! Wenn Dich als Kind im Traum
3120 Das wilde Einhorn jagte, oder auch
Der Vogel Greif erschreckte, war es nicht
Dein Vater, der das Ungethüm erlegte:
Du sprangst dem Ohm des Morgens an den Hals
Und danktest ihm für Thaten, die er selbst
3125 Nicht kannte, durch den ersten Kuß.

Giselher.

Ja, ja!
Und wenn die alten Knechte uns im Stall
Vom Donn'rer Thor erzählten, daß wir glaubten,
Er dräue selbst bei'm falben Schein der Blitze
Durch's Bodenloch hinein, so sah er aus,
3130 Wie Hagen, wenn er seine Lanze wirft.

Gerenot.

Laß, ich beschwör' Dich, was vergangen ist,
Doch endlich auch einmal vergessen sein.

Du haft genug geklagt um Deinen Helden,
Und hätt'ft Du Dir im erften Schmerz gelobt,
Jedweder feiner eblen Eigenfchaften   8135
Ein ganzes volles Thränen=Jahr zu widmen:
Du wärft herum und Deines Eides quitt.
Nun trockne Dir denn auch die Augen ab
Und brauche fie zum Sehen, ftatt zum Weinen,
Herr Etzel ift des erften Blicks fchon werth: 8140
Den Todten kann Dir Keiner wiedergeben,
Hier ift der Befte aller Lebenden.

Kriemhild.

Ihr wißt, ich will nur Eins noch auf der Welt,
Und nimmer laß ich ab, es zu verlangen,
Bis ich den letzten Odemzug gethan.   8145

Sechste Scene.
Gunther (tritt ein).

Gunther (zu den Brüdern).

Wie fteht's?

Kriemhild (knie't vor ihm nieder).

     Mein Herr, mein Bruder und mein König,
Ich bitte Dich in Demuth um Gehör.

Gunther.

Was foll das heißen?

Kriemhild.

     Wenn Du wirklich heut',
Wie man mir fagte, Dich zum erften Mal
Als Herrn erwiefen haft —

Gunther.

     Zum erften Mal!   8150

Kriemhild.

Wenn Du die Krone und den Purpur nicht
Zum bloßen Staat mehr trägst und Schwert und Scepter
Zum Spott —

Gunther.

Du redest scharf.

Kriemhild.

                              Das wollt' ich nicht!
Doch wenn's so ist, und wenn auf Deine Krönung
3155 Die Thronbesteigung endlich folgen soll —

Gunther.

Nimm's immer an.

Kriemhild.

                              Dann ist ein großer Tag
Für die gekommen, welche schweres Unrecht
Erlitten haben, und als Königin
Von Allen, welche Leid im Lande tragen,
3160 Bin ich die Erste, die vor Dir erscheint
Und Klage über Hagen Tronje ruft.

Gunther (stampft).

Noch immer fort!

Kriemhild (erhebt sich langsam).

                              Der Rabe, der im Wald
Den öden Platz umflattert, wo's geschah,
Hört nimmer auf, zu kreisen und zu krächzen,
3165 Bis er den Rächer aus dem Schlaf geweckt.
Wenn er das Blut der Unschuld fließen sah,
So findet er die Ruh' nicht eher wieder,
Bis das des Mörders auch geflossen ist.

Soll mich ein Thier beschämen, das nicht weiß,
Warum es schreit, und dennoch lieber hungert, 8170
Als seine Pflicht versäumt? Mein Herr und König,
Ich rufe Klage über Hagen Tronje,
Und Klage werd' ich rufen bis zum Tod.

Gunther.

Das ist umsonst!

Kriemhild.

Entscheide nicht so rasch!
Wenn Du denn auch mit Deiner armen Schwester 8175
Und ihrem Jammer schneller fertig wirst,
Wie sie in bess'rer Zeit mit Deiner Hand,
Als sie der wüth'ge Hirsch Dir aufgeschlitzt;
Wenn Du dem Schmerz, der ruhig sagen kann:
Ist meines Gleichen irgend noch auf Erden, 8180
So will ich lachen und mich selbst verspotten,
Und Alle segnen, die ich sonst verflucht!
Wenn Du ihm kalt den kleinsten Trost verweigerst
Und ihn von hinnen schreckst mit finstern Brauen:
Erwäg' es doch und nimm Dein Wort zurück. 8185
Ich bin's ja nicht allein, die Klage ruft,
Es ruft das ganze Land mit mir, das Kind
Braucht seinen ersten Odemzug dazu,
Der Greis den letzten, Bräutigam und Braut
Den köstlichsten, Du wirst es schaudernd seh'n, 8190
Wenn's Dir gefällt, sie vor den Thron zu laden,
Daß jedes Alter, jeder Stand erscheint.
Denn, wie die brechend=schwere Donnerwolke,
Hängt diese Blutschuld über ihnen Allen
Und dräut mit jedem Augenblicke mehr. 8195
Die schwangern Weiber zittern, zu gebären,
Weil sie nicht wissen, ob kein Ungeheuer

In ihrem Mutterschooß heran gereift,
Und daß uns Sonn' und Mond noch immer leuchten,
3900 Gilt Manchem schon als Wunder der Natur.
Wenn Du Dein Königliches Amt versäumst,
So könnten sie zur Eigenhülfe greifen,
Wie's einst geschah, bevor's noch Kön'ge gab,
Und wenn sich Alle wild zusammen rotten,
3905 So dürften sie, da Du nun einmal fürchtest,
Noch fürchterlicher, als der Tronjer, sein!

Gunther.

Sie mögen's thun.

Kriemhild.

         Du sprichst, als zeigt' ich Dir
Einen Rock mit trock'nem Blut, als hättest Du
Den Helden nie geseh'n, in dessen Adern
3910 Es kreis'te, seine Stimme nie gehört,
Noch seiner Hände warmen Druck gefühlt.
Kann das denn sein? So färbe du, o Erde,
Dich überall, wie dich der grause Mord
Bei den Burgunden färbte! Tauche dich
3915 In dunkles Roth! Wirf's ab, das grüne Kleid
Der Hoffnung und der Freude! Mahne Alles,
Was lebt, an diese namenlose That,
Und bringe, da man mir die Sühne weigert,
Sie vor das ganze menschliche Geschlecht.

Gunther.

3920 Genug! Ich kam in einer Absicht her,
Die Dank verdient.
               (zu Ute)
       Hast Du mit ihr gesprochen?
     (auf ein bejahendes Zeichen Utes)
Gut! Gut! — Ich will Dich nicht um Antwort fragen,

Der Bote mag sie selbst entgegen nehmen,
Damit er sieht, daß Du Dich frei bestimmst.
Ich hoffe, Du gestattest ihm Gehör,　　　　　　3225
Es ist der alte Markgraf Rüdeger,
Die Sitte will es, und er bittet d'rum.

Kriemhild.

Der Markgraf Rüdeger ist mir willkommen.

Gunther.

So send' ich ihn.
　　　　　(zu Ute und den Brüdern)
　　　　Laßt Ihr sie auch allein!
　　　　　　(Alle ab)

Siebente Scene.

Kriemhild.

Er fürchtet sich! Er fürchtet Hagen Tronje,　　2230
Und Hagen Tronje, hör' ich, fürchtet mich! —
Du könntest Grund erhalten! Mag die Welt
Mich Anfangs schmäh'n, sie soll mich wieder loben,
Wenn sie das Ende dieser Dinge sieht!

Achte Scene.
　　　Rüdeger (mit Gefolge tritt ein).

Kriemhild.

Seid mir willkommen, Markgraf Rüdeger! —　　3235
Doch sprecht, ist's wirklich wahr, was man mir meldet,
Ihr seid als Bote hier?

Rüdeger.

　　　　So ist's! Doch nur
Als Bote Etzels, der kein einz'ges Scepter

In Königs=Händen unzerbrochen ließ,
3340 Als das der Nibelungen.

Kriemhild.

Einerlei,
Ich bin darum nicht weniger erstaunt!
Ihr seid mir längst gerühmt. Ein Abentheuer
Und Rübeger, der's Andern weggenommen,
Die wurden stets zugleich bei uns genannt,
3345 Und wenn man Euch als Boten schicken kann,
So sollte man Euch doch so lange sparen,
Bis man um's Beste dieser Erde schickt.

Rübeger.

Das hat mein Herr und König auch gethan.

Kriemhild.

Wie, Rübeger, Du wirbst um eine Wittwe
3350 Und suchst sie in der Mördergrube auf?

Rübeger.

Was sagst Du, Königin?

Kriemhild.

Die Schwalben fliehen
Von dannen, und die frommen Störche kehren
In's hundertjähr'ge Nest nicht mehr zurück,
Doch König Etzel spricht als Freier ein.

Rübeger.

3355 Unselig sind die Worte, die Du redest.

Kriemhild.

Unsel'ger noch die Thaten, die ich sah! —
Verstell' Dich nicht! Du weißt, wie Siegfried starb,

Und hätt'st Du nur das Ammenlied behorcht,
Womit man jetzt am Rhein die Kinder schreckt.

Rüdeger.

Und wenn ich's weiß?

Kriemhild.

Herr Etzel ist noch Heide,   3260

Nicht wahr?

Rüdeger.

Wenn Du's verlangst, so wird er Christ!

Kriemhild.

Er bleibe, was er ist! — Ich will Dich nicht
Betrügen, Rüdeger, mein Herz ist todt,
Wie der, für den es schlug, doch meine Hand
Hat einen Preis!

Rüdeger.

Ich biet' ein Königreich,   3265
Das auf der Erde keine Gränzen hat.

Kriemhild.

Ein Königreich ist wenig oder viel,
Wie wird's bei Euch vertheilt? Dem Mann das Schwert,
Nicht wahr, die Krone und der Herrscherstab,
Dem Weib die Flitter, das gestickte Kleid?   3270
Nein, nein, ich brauche mehr.

Rüdeger.

Was es auch sei,
Es ist gewährt, noch eh' Du's fordern kannst.

Kriemhild.

Herr Etzel wird mir keinen Dienst versagen?

Rüdeger.

Ich bürge Dir!

Kriemhild.

Und Du?

Rüdeger.

       Was ich vermag,

3375 Ist Dein bis auf den letzten Odemzug

Kriemhild.

Herr Markgraf, schwört mir das!

Rüdeger.

             Ich schwör' es Euch!

Kriemhild (für sich).

Sie kennen meinen Preis, ich bin's gewiß!

       (zu den Dienern)

Die Könige!

Rüdeger.

    So hab' ich denn Dein Wort?

Kriemhild.

Herr Etzel ist auch in Burgund bekannt,

3380 Wer seinen Namen hört, der denkt zuerst

An Blut und Feuer, dann an einen Menschen! —

Ja wohl, Du hast mein Wort! — Man sagt: die Krone

Muß ihm um's Angesicht zusammen schmelzen,

Der glüh'nde Degen aus den Händen tröpfeln,

3385 Eh' er im Stürmen inne hält! Das ist

Der Mann dafür, dem wird es Wolluft sein!

Neunte Scene.

Ute und die Könige (treten ein).

Kriemhild.

Ich hab's mir überlegt und füg' mich Euch!
Herr Markgraf Rüdeger, reicht mir die Hand,
Ich fasse sie, als ob es Etzels wäre,
Und bin von jetzt der Heunen Königin.   3290

Rüdeger.

Ich huld'ge Euch!
(Er zieht nebst den Seinigen das Schwert dabei.)

Ute.

Und ich, ich segne Dich.

Kriemhild (weicht vor ihr zurück).

Laß! Laß! Dein Segen hat ja keine Kraft!
(zu den Königen)
Doch Ihr — Geleitet Ihr mich selbst hinab,
Wie's König Dankrats Tochter fordern darf,
Und wie's der Herr der Welt erwarten kann?   3295

Gunther (schweigt).

Rüdeger.

Wie! Nein?

Kriemhild.

Ihr weigert mir mein Fürstenrecht?
(zu Rüdeger)
Herr Markgraf, fragt bei König Gunther an,
Wodurch ich es verwirkt.

Gunther.

Ich weig're Nichts,
Doch hab' ich Gründe, jetzt den Rhein zu hüten,

3800 Und bitte Euch, Herr Markgraf, meine Schwester
Dem Herrn, den sie gewählt, in meinem Namen
Zu übergeben und mich zu entschuld'gen,
Ich sehe später nach, wie er sie setzt.

Kriemhild.

Du giebst Dein Königliches Wort darauf?

Gunther.

3805 Ich that es schon.

Rüdeger.

So übernehm' ich sie!

Kriemhild.

Nun noch ein letzter Gang zu Siegfrieds Gruft!
Beredet Ihr indeß das Uebrige!

(Eckewart tritt hervor.)

Mein treuer Eckewart hat mich gewiegt,
Und ob auch alle Andern mich verlassen,
3810 Er fehlt gewiß nicht hinter meinem Sarg.

(ab)

Zweiter Act.

(Donau=Ufer.)

Erste Scene.

Gunther, Volker, Dankwart, Rumolt und ein großes Gefolge.
Werbel und Swemmel vor dem König. Später wird das Schiff
mit Hagen, dem Kaplan rc. sichtbar.

Werbel.

Nun gieb uns endlich Urlaub, hoher König,
Sie brauchen uns zu Hause, denn sie wissen

Den Fiedelbogen höchstens von der Lanze
Zu unterscheiden, aber nicht zu führen,
Und die als steife Boten Abschied nehmen,   8315
Wirst Du als flinke Geiger wieder seh'n,
Wenn Du den feierlichen Einzug hältst.

Gunther.

Ihr habt noch Zeit.   Ich denke in Bechlarn
Beim alten Rüdeger die Rast zu halten,
Und so weit haben wir den gleichen Weg.   8320

Werbel.

Wir kennen einen nähern, und wir müssen
Uns sputen.

Gunther.

   Nun, so zieht.

Werbel.

     Wir danken Dir.

(will mit Swemmel ab)

Rumolt.

Vergeßt Ihr die Geschenke?   Wartet doch,
Bis sie herüber kommen.

Werbel

(kehrt mit Swemmel um).

    Das ist wahr!

Rumolt.

Schon naht das Schiff.

Volker.

    Das find' ich wunderlich,   8325
Erst schlagen sie die reichen Gaben aus,

Dann lassen sie sie liegen!

(rasch zu Werbel)

Ist Kriemhild
Noch immer traurig?

Werbel.

Sagten wir Euch nicht,
Daß sie so fröhlich scheint, als hätte sie
3330 Den Kummer nie gekannt?

Volker.

Das sagtet Ihr.

Werbel.

Nun denn.

Volker.

Es muß ein Land der Wunder sein,
Wo Etzel herrscht. Wer weiße Rosen pflanzt,
Pflückt rothe, denk' ich, oder umgekehrt.

Werbel.

Warum?

Volker.

Weil sie sich so verändert hat.
3335 Als fröhlich haben wir sie nie gekannt,
Sie war sogar als Kind nur still vergnügt
Und lachte mit den Augen.

Rumolt.

Hagen kommt
Mit seiner letzten Fracht.

Volker.

Worin denn zeigt
Sich ihre Fröhlichkeit?

Werbel.

Das seht Ihr ja:
Sie liebt die Feste, und sie ladet Euch   8340
Zum größten ein. Ihr fragt uns sonderbar!
Ist's nicht natürlich, daß sie Boten schickt,
Wenn Ihr nicht, wie Ihr doch versprochen habt,
Von selbst erscheint? So sehr sie uns're Frauen
An Majestät und Schönheit übertrifft,   8345
So seltsam finden die's, und das mit Recht,
Daß ihr Geschlecht sich nicht um sie bekümmert,
Als wär' sie seine Schmach und nicht sein Stolz.
Wenn das nicht anders wird, so wird der Neid
Ihr noch die fürstliche Geburt bezweifeln,   8350
Und darum mahnt sie Euch an Euer Wort.

Volker.

Ei nun, wir kommen um die Sonnenwende
Und, wie Ihr seht,

(deutet auf das Gefolge)

mit unserm ganzen Staat!

Werbel.

Mit einem Heer, ja wohl. Auf so viel Gäste
Ist Etzel kaum gefaßt, d'rum müssen wir   8355
Voran!

(Sie gehen zu dem Schiff, das eben anlegt, und verschwinden rasch.)

Volker.

Die reden falsch! Das ist gewiß!
Doch wahr ist's auch, daß Kriemhild wünschen muß,
Uns dort zu seh'n.

Rumolt.

Und thörigt wär's, zu glauben,
Daß sie den zweiten Mann beredet hätte,

3360 Für ihren Ersten Thron und Kopf zu wagen:
Das widerspricht sich selbst und ist zum Lachen,
Doch mag gescheh'n, was heimlich möglich ist!

Volker.

Und da wir unf're Augen für uns selbst
Nicht brauchen, denn was hätten wir zu fürchten,
3365 So ist's, als ob der Tronjer tausend hätte,
Und die sind auch um Mitternacht genug.

Hagen

(der gleich bei der Ankunft des Schiffes heraus gesprungen ist und dem Ausladen
zugeschaut hat).

Ist Alles hier?

Dankwart.

Bis auf den Priester dort!
(deutet auf den Kaplan)
Der packt sich erst sein Meßgeräth zusammen.

Hagen

(springt wieder in's Schiff und stürzt auf den Kaplan los).

Steh fest!
(Er stößt ihn über Bord.)
Da liegt er, wie ein junger Hund,
3370 Und meine ganze Mannheit kehrt mir wieder!

Volker (ist ihm nachgesprungen).

Pfui, Hagen, pfui, das war kein Stück für Dich.

Hagen (heimlich).

Meerweiber traf ich, grün, wie Schilf, das Haar,
Und blau die Augen, die mir prophezeiten —
(bricht ab)
Was? Kannst Du schwimmen, trotz des lahmen Arms?
3375 Die Ruderstange her!

Volker (ergreift sie und hält sie fest).

14*

Hagen.

Die Ruderstange!
Sonst spring' ich nach, gepanzert, wie ich bin!
(Er nimmt sie und schlägt in's Wasser.)
Zu spät! Das ist ein Fisch! — So ist's denn wahr,
Und nicht bloß Bosheit!

Kaplan (ruft herüber).

König, fahre wohl,
Ich geh zurück!

Hagen.

Und ich —
(zieht sein Schwert und zertrümmert das Schiff)

Gunther.

Bist Du von Sinnen,
Daß Du das Schiff zerschlägst?

Hagen.

Frau Ute hat   3330
Zu schlecht geträumt, als daß Dir jeder Knecht
Zu Etzels Gastgebot mit Freuden folgte,
Doch nun ist auch der Letzte Dir gewiß.

Gunther.

Und halt' ich Einen, den ein Traum erschreckt?

Volker.

Das war es nicht. Was hast Du?

Hagen.

Tritt bei Seite,   3335
Damit uns Keiner hört. Denn Dir allein

Will ich's vertrau'n.

(heimlich)

     Meerweiber traf ich an,
Als ich vorhin, das Schiff zu suchen, ging,
Sie schwebten über einem alten Brunnen
3390 Und glichen Vögeln, die im Nebel hüpfen,
Bald sichtbar, bald vom blauen Qualm verschluckt.
Ich schlich heran, da floh'n sie scheu von dannen,
Allein die Kleider riß ich ihnen ab,
Und schmeichelnd riefen sie, in ihre Locken
3395 Sich wickelnd und in einer Linden=Krone
Sich bergend: Giebst Du uns den Raub zurück,
So wollen wir Dir prophezei'n, wir wissen,
Was Euch begegnen wird und melden's treu!
Ich ließ die Kleider hoch im Winde flattern
3400 Und nickte, da begannen sie zu singen,
Und nie vernahm ich noch ein schön'res Lied
Von Glück und Sieg und Allem, was man wünscht.

Volker.

Das ist ein beff'res Zeichen, als Du denkst!
Wie das Insect von Sonnenschein und Regen,
3405 So haben sie vom Schicksal Witterung,
Nur reden sie nicht gern, denn jedes Wort
Bezahlen sie mit einem Lebensjahr,
Und uralt werden sie, wie Sonn' und Mond
Am Himmel, doch unsterblich sind sie nicht.

Hagen.

3410 Um so verfluchter denn! Ich warf die Kleider
Mit Freuden wieder hin und stürzte fort.
Doch da erscholl ein Lachen hinter mir,
So widerwärtig und entsetzlich=häßlich,
Als käm's aus einem Sumpf von tausend Kröten

Und Unken, und ich sah mich schaudernd um.   3415
Was war's? Die Weiber abermals, doch nun
In scheußlicher Gestalt. Sie schnitten mir
Gesichter, und in seltsam=schnalz'gem Ton,
Als spräche, statt des Vogels, jetzt der Fisch,
In dem ihr schlanker Leib sich end'gen soll,   3420
Höhnten sie mich: Wir haben Dich betrogen,
Ihr Alle seht, wenn Ihr in's Heunenland
Hinunter zieht, den grünen Rhein nicht wieder,
Und nur der Mann, den Du am allermeisten
Verachtest, kommt zurück.

Volker.

      Doch nicht der Pfaff?   3425

Hagen.

Du siehst es ja. Ich rief zwar spöttisch d'rein:
Das heißt: die Fremde wird uns so gefallen,
Daß wir die Heimat über sie vergessen,
Und lacht' und pfiff und fragte nach dem Schiff.
Doch traf's mich, wie ein Schlag, und glaub's mir nur,   3430
Es endet nimmer gut.

       (laut)

      Man wird's erfahren,
Daß man, wenn Hagen Tronje einmal warnt,
Auf Hagen Tronje hören darf.

Gunther.

       Warum
Hört Hagen Tronje denn nicht selbst auf sich
· Und bleibt zurück? Wir haben Muth genug,   3435
Auch ohne ihn das grause Abentheuer
Zu wagen, das in einer Schwester Armen

Sein Ende finden wird, wenn uns nicht gar
Zuletzt ein Kuß von unserm Schwäher droht.

Hagen.

3440 Ho, ho! Ich bin wohl noch zu jung zum Sterben! —
Es ist mir nur um Dich und nicht um mich.

Dankwart (zu Hagen).

Was ist denn das für Blut?

Hagen.

Wo hätt' ich Blut?

Dankwart
(taucht den Finger hinein und zeigt es ihm).

Ei, von der Stirne träuft's Dir hell herunter,
Fühlst Du's nicht selbst?

Hagen.

So sitzt mein Helm nicht fest.

Gunther.

3445 Nein, sprich, was ist's?

Hagen.

Ich trug den Donauzoll
Im Stillen für Dich ab. Du wirst nicht mehr
Gemahnt, der Mauthner hat sein Theil. Doch wußte
(Er nimmt den Helm ab.)
Ich selber nicht, daß ich so reichlich gab.

Gunther.

So hast Du doch den Fährmann —

Hagen.

Allerdings!

3450 Ich seh's jetzt, Lügen haben kurze Beine:

Er grüßte mich mit seinem dicken Ruder,
Ich dankte ihm mit meinem scharfen Schwert.

Gunther.

Gelfrat, den Riesen!

Hagen.

　　　Ja, den Stolz der Baiern!
Er treibt im Fluß, verhauen, wie sein Schiff!
Doch unbesorgt. Ich trag' Euch auf dem Rücken 　　　3455
Hinüber, wenn Ihr hier zum zweiten Mal
Die Fähre sucht.

Gunther.

　　　So braucht's nur fort zu geh'n,
Und Deine Rabenweisheit kommt zu Ehren —

Hagen.

Das thut sie auch, wenn Ihr die Fiedel streicht!
So oder so, wir sind im Netz des Todes — 　　　3460

Volker.

Gewiß! Doch ist das neu? Wir waren's stets.

Hagen.

Das ist ein Wort, mein Volker, habe Dank.
Ja wohl, wir waren's stets, es ist nicht neu,
Und einen Vortheil haben wir voraus
Vor all den Andern, welche sterben müssen: 　　　3465
Wir kennen unsern Feind und seh'n das Netz —

Gunther (unterbricht ihn scharf und schroff).

Fort! Fort! Sonst läßt der Baiernherzog sich
Den todten Mauthner zahlen, wie die Mauth,
Und König Etzel kommt um seinen Spaß.
　　　(ab mit den Seinigen bis auf Hagen und Volker)

Hagen.

3470 Und bei den Namenlosen sei's geschworen:
Wer mich hinunter stößt, den reiß' ich nach.

Volker.

Ich helf' dabei! Doch sagen muß ich Dir:
Bis diese Stunde hab' ich, wie die Andern,
Gedacht.

Hagen.

       Ich auch. Doch weiß ich's selber erst,
3475 So ist der Mensch, pfui über ihn und mich,
Seit ich die Weiber prophezeien hörte!

Volker.

Und jetzt noch mögt' ich zweifeln —

Hagen.

             Nein, mein Volker,
Das wär' verkehrt. Die Probe ist gemacht.

Volker.

Doch ist auch Alles wahr, was Ute sagte:
3480 Sie ist ein Weib, und müßte, um den Gatten
Zu rächen, ihre eig'nen Brüder tödten,
Und ihre alte Mutter mit!

Hagen.
       Wie das?

Volker.

Die Kön'ge decken Dich, und Ute deckt
Die Kön'ge wieder, oder trifft man sie
3485 Nicht auch, wenn man die Söhne trifft?

Hagen.
         Gewiß.

Volker.

Und wird ein Weib wohl einen Pfeil versenden,
Der, eh' er Dir die Haut nur ritzen kann,
Durch alle diese Herzen gehen muß?

Hagen.

Komme, was kommen mag, ich bin bereit.

Volker.

Ich hab' uns Alle bluten seh'n im Traum,   3490
Doch Jeder hatte seine Wunde hinten,
Wie sie der Mörder, nicht der Held, versetzt,
D'rum fürchte Nichts, als Mäusefallen, Freund!

(Beide ab)

Zweite Scene.

Bechlarn.

(Empfang=Saal. Götelinde von der einen Seite mit Gudrun,
Rüdeger von der andern mit Dietrich und Hildebrant. Hinter
ihnen Iring und Thüring.)

Götelinde.

Es freut mich, edler Dieterich von Bern,
Euch in Bechlarn zu seh'n, nicht minder gern   3495
Erblick' ich Euch, Herr Hildebrant. Ich habe
Nur Eine Zunge, und ich kann mit ihr
Zwei tapf're Recken nicht auf einmal grüßen,
Allein ich hab' zwei Hände, die dem Herzen,
Das Euch gleich stark entgegen schlägt, gleich willig   3500
Gehorchen und

(Sie streckt ihre Hände aus.)

verbess're so den Fehl.

Dietrich (während der Begrüßung).

Zu milde Worte für so alte Knochen!

Hildebrant.

Das find' ich nicht. Ich küss' sie noch einmal,
(Er küßt auch Gudrun.)
Da sie nun einmal doppelt vor mir steht.

Dietrich.

3505 Die Aehnlichkeit ist wirklich groß genug,
Um die Verwechslung zu entschuldigen.
(Er küßt Gudrun gleichfalls.)

Rüdeger.

Nur immer zu!

Dietrich.

Ich und mein Waffenmeister,
Wir spielen heut': Wer ist der größte Narr?
Mit braunen Köpfen haben wir gerauft,
3510 Mit weißen küssen wir!

Götelinde (zu Iring und Thüring).

Euch, edle Herrn
Von Dänemark und Thüring, hab' ich schon
So oft geseh'n, daß ich Euch wohl als Freunde
Behandeln darf!

Iring (während der Begrüßung).

Herrn Dieterich gebührt
Der Rang auch ohne das. Wo er erscheint,
3515 Tritt Alles gern zurück.

Dietrich.

Wenn wir uns so
Zusammen finden, wir, die Amelungen,
Und Ihr, die Ihr aus fernstem Norden stammt,
Ein Jeder mehr, als hundert Mal, gekerbt

In blut'gen Kämpfen, wie ein Eichenbaum,
Den sich der Jäger für die Art bezeichnet,　　　　8590
Doch nie gefällt, wie der, so mögt' ich glauben,
Wir haben, ohne selbst darum zu wissen,
Das Kraut gepflückt, das vor dem Tode schützt.

Iring.

Ein Wunder ist's.

Thüring.

　　　　Das Wunder ist nicht groß!
Einst saßen wir auf uns'ren eig'nen Thronen,　　　8595
Jetzt sind wir hier, um für den Heunen=Fürsten
Die blut'gen Nibelungen zu begrüßen
Und tragen unser Diadem zum Spott.
Herr Etzel hat sich seinen stolzen Hof
Aus Königen gebildet, und er sollte　　　　8600
Für sich auf einen neuen Namen sinnen,
Bei dem man gleich an dreizig Kronen denkt:
Wir aber hätten wohlgethan, das Zepter
Mit einem Bettelstabe zu vertauschen,
Der Stock, das schnöde Mittelding, entehrt.　　　8605

Dietrich.

Auch ich bin unter Euch und kam von selbst.

Thüring.

Ja wohl, doch Keiner ahnt, warum, und Etzel,
Das glaube nur, ist so erstaunt, wie wir.
Wärst Du von meinem Holz, so würd' ich glauben,
Du hätt'st Dich eingefunden, um den Löwen　　　8610
Zu spielen und ihn selber zu verschlingen,
Nachdem er Bär und Wolf im Magen hat,
Doch dieß liegt Deinem Wesen fern, ich weiß,

Und da Du ganz aus freien Stücken thust,
3545 Was wir aus Klugheit und aus halbem Zwang,
So mußt Du wunderbare Gründe haben,
Die unser plumpe Kopf nicht fassen kann.

Dietrich.

Ich habe Gründe, und der Tag ist nah',
Wo Ihr sie kennen lernt.

Iring.

       Ich brenne b'rauf,
3550 Sie zu erfahren, denn daß Du Dich beugst,
Wo Du gebieten könntest, ist so seltsam,
Daß es, ich sag' es frei, an Schande gränzt,
Besonders dieser Weg.

Thüring.

       Das mein' ich auch,

Rüdeger.

Vergeßt nicht Etzels Sinn und eble Art!
3555 Ich würd' ihm willig dienen, wenn ich auch
So frei, wie Dietrich, wäre, denn er ist
Uns gleich an Adel, doch wir hatten's leicht,
Wir erbten's mit dem Blut von unsern Müttern,
Er aber nahm es aus der eig'nen Brust!

Thüring.

3560 So fühl' ich nicht, ich folge, weil ich muß,.
Doch wäre ich, wie der —

Iring.

       Ich tröste mich
Mit unsern Göttern, denn derselbe Sturm,

Der uns die Kronen raubte, hat auch sie
Gestürzt, und wenn's mich auch einmal verdrießt,
Daß dieser

(Er faßt an sein Diadem.)

　　　Reif nicht länger blißt, wie sonst,　　　3565
So tret' ich rasch in Wodans Eichenhain,
Und denk' an den, der mehr verloren hat!

Dietrich.

So machst Du's recht! — Das große Rad der Welt
Wird umgehängt, vielleicht gar ausgetauscht,
Und Keiner weiß, was kommen soll.

Rüdeger.

　　　　　　Wie das?　　　　　　3570

Dietrich.

Ich saß einst eine Nacht am Nixenbrunnen
Und wußte selbst nicht, wo ich war　Da hab' ich
Gar viel erlauscht.

Rüdeger.

　　Was denn?

Dietrich.

　　　　　Wer sagt's Dir an?
Du hörst ein Wort und kannst es nicht versteh'n,
Du siehst ein Bild und weißt es nicht zu deuten,　　3575
Und erst, wenn was geschieht, besinnst Du Dich,
Daß Dir's die Norne schon vor Jahr und Tag
In Schattentänzen vorgegaukelt hat!

(Trompeten)

Iring.

Die Helden nah'n!

Thüring.

Die Mörder!

Rüdeger.

Davon still!

Dietrich.

3580   So blieb ein Räthsel mir im Ohre hängen,
Das lautete: Der Riese soll den Riesen
Nicht fürchten, nur den Zwerg! Hätt'st Du's gelöf't?
Seit Siegfrieds Tod versteh' ich's nur zu wohl.

Götelinde (am Fenster. Die Trompeten ganz nahe).

Da sind sie.

Gudrun.

Welche muß ich küssen, Mutter?

Götelinde.

3585   Die Kön'ge und den Tronjer!

Rüdeger (zu den Recken).

Kommt denn, kommt

Dietrich.

Ihr, um zu grüßen, um zu warnen ich.

Rüdeger.

Wie?

Dietrich.

Ja! Wenn sie auf meine Winke achten,
So trinken sie mit Dir und kehren um!

(im Abgehen)

Halt Feuer und Schwefel aus einander, Freund,
3590   Denn löschen kannst Du nicht, wenn's einmal brennt.

(Alle ab)

Dritte Scene.

Götelinde.

Tritt her zu mir, Gudrun, was zögerst Du?
So eblen Gästen dürfen wir uns nicht
Gleichgültig zeigen.

Gudrun (tritt gleichfalls an's Fenster).

Mutter, sieh doch den,
Den Blassen mit den hohlen Todten=Augen,
Der hat's gewiß gethan.

Götelinde.

Was denn gethan?   2595

Gudrun.

Die arme Königin!   Sie war doch gar
Nicht lustig auf der Hochzeit.

Götelinde.

Was verstehst
Denn Du davon?   Du bist ja eingeschlafen,
Bevor sie's werden konnte.

Gudrun.

Eingeschlafen!
Ich schlief in Wien nicht einmal ein, so jung   2600
Ich damals auch noch war! — So saß sie da,
Den Kopf gestützt, als dächte sie an Alles,
Nur nicht an uns, und wenn Herr Etzel sie
Berührte, zuckte sie, wie ich wohl zucke,
Wenn eine Schlange uns zu nahe kommt.   2605

Götelinde.

Pfui, pfui, Gudrun!

Gudrun.

Du kannst mir's sicher glauben,
Ihr habt's nur nicht bemerkt. Du lobst mein Auge
Doch sonst —

Götelinde.

Wenn's Nadeln aufzuheben giebt.

Gudrun.

Der Vater nennt mich seinen Haus-Kalender —

Götelinde.

3610 Es soll nicht mehr gescheh'n, Du wirst zu keck.

Gudrun.

So war sie lustig?

Götelinde.

Wie's der Wittwe ziemt!
Nichts mehr davon!

(Sie tritt vom Fenster zurück.)

Gudrun.

Es fiel mir ja nur ein,
Als ich —

(schreit auf)

Da ist er!

Vierte Scene.

Rüdeger (tritt mit seinen Gästen und den Nibelungen ein. Giselher
folgt später und hält sich abseits).

Hagen.

Wir erschrecken hier?

(allgemeine Begrüßung)

Hagen (zu Gudrun).

Man hat mich wohl verläumbet und verbreitet,
Daß ich nicht küssen kann? Hier der Beweis.   3616

        (Er küßt sie, dann zu Götelinde.)

Verzeiht mir, edle Frau! Ich war besorgt
Für meinen Ruf und mußte eilig zeigen,
Daß ich kein Lindwurm bin. Doch, wär' ich's auch,
So hätt' ein Kuß von diesem Rosenmund
Mich so gewiß zum Schäfer umgewandelt,   3620
Als es im schönsten Mährchen je geschah.
Was soll ich? Veilchen suchen? Lämmer fangen?
Ich wette um den zweiten Kuß mit Dir:
Die Blumen sollen nicht ein Blatt verlieren,
Die Lämmer nicht ein Haar! Sprich, gehst Du's ein?   3625

Rüdeger.

Zum Imbiß jetzt! Im Grünen ist gedeckt.

Hagen.

Erst laß uns Deine Waffen doch beseh'n!

        (tritt vor einen Schild)

Das ist ein Schild! Den Meister mögt' ich kennen,
Der ihn geschmiedet hat. Doch hast Du selbst ihn
Gewiß nicht aus der ersten Hand.

Rüdeger.

              Versuch's,   3630
Ob Du erräthst, wer ihn vor mir besaß.

Hagen (nimmt den Schild von der Wand).

Ei, der ist schwer. Nur Wen'ge geh'n herum,
Die solch ein Erbstück nicht verschmähen müßten.

Götelinde.

Hörst Du, Gudrun?

Hagen.

Du kannst ihn liegen lassen,
3635   Wie einen Mühlenstein, wo's Dir gefällt,
Er schützt sich selbst.

Götelinde.

Habt Dank für dieses Wort.

Hagen.

Wie, edle Frau?

Götelinde.

Habt Dank, habt tausend Dank,
Es war mein Vater Nudung, der ihn trug.

Volker.

Dann hatt' er Recht, als er Euch schwören ließ,
3640   Euch keinem andern Recken zu vermählen,
Als dem, der seine Waffen brauchen könne,
Man denkt zum Schild sich leicht das Schwert hinzu.

Hagen.

Das hab' ich nie gehört. Was solch ein Fiedler
Doch Alles weiß!

Rüdeger.

Es war so, wie er sagt.

Hagen (will den Schild wieder aufhängen).

3645   Nun, ich beklage seinen Tod von Herzen,
Ich hätt' — verzeiht — ihn selbst erschlagen mögen,
Es muß ein trotz'ger Held gewesen sein.

Götelinde.

Laßt ihn nur steh'n.

Hagen.

Das thut kein Knecht für mich.

Rüdeger.

Schon gut. Wir wissen jetzt, was Dir gefällt!

Hagen.

Meinst Du? Zum Balmung würd' er freilich passen,   3050
Den mir der wack're Siegfried hinterließ,
Und daß ich Waffen sammle, läugn' ich nicht.

Rüdeger.

Nur nimmst Du keine aus der ersten Hand.

Hagen.

Ich liebe die erprobten, das ist wahr!

(Alle ab)

Fünfte Scene.

Volker (hält Giselher zurück).

Mein Giselher, ich muß Dir was vertrau'n.   3055

Giselher.

Du mir?

Volker.

Auch bitt' ich Dich um Deinen Rath.

Giselher.

Wir ritten fast die ganze Zeit zusammen,
Und jetzt auf einmal? Nun, so faß' Dich kurz!

Volker.

Sahst Du das Mägdlein? Doch, was frag' ich noch,
Sie hielt ja keinen Becher in der Hand.   3060

Giselher.

Sprich nicht so dumm, ich hab' sie wohl geseh'n.

Volker.

Du haft ja aber doch den Kuß verschmäht,
Den sie Dir schuldig war —

Giselher.

           Was höhnst Du mich?

Volker.

Ich muß Dich prüfen, eh' ich's glauben kann,
Denn das vom Becher ist Dein eig'nes Wort.
Wie alt erscheint sie Dir?

Giselher.

           Nun laß mich aus!

Volker.

Du hast noch Zeit. Führt sie den Mädchen=Titel
Schon unbestritten?

Giselher.

       Kümmert's Dich?

Volker.

           Ja wohl:
Ich mögt' hier werben, und ich muß doch wissen,
Daß sie den Bräutigam nicht stehen läßt,
Wenn sie zum Blindekuh gerufen wird.

Giselher.

Du willst hier werben? Du?

Volker.

           Nicht für mich selbst!
Mein Helm ist, trotz der Beulen, die er hat,

Noch blank genug, mir mein Gesicht zu zeigen.
O nein, für Gerenot.

Giselher.

     Für Gerenot?   3675

Volker.

Nun frag' ich Dich im Ernst: ist's Euch genehm?
Dann thu' ich's gern! Hab' ich's doch selbst geseh'n,
Daß ihn's durchfuhr, als ob der Blitz ihn träfe,
Wie er dies Kind am Fenster stehen sah.

Giselher.

Ihn? Er hat nicht einmal hinauf geschaut! —   3680
Das war ja ich.

Volker.

     Das wärest Du gewesen?
Sprachst Du denn auch zu mir?

Giselher.

         Das glaub' ich nicht,
Doch dafür sprech' ich jetzt. Ihr habt ja immer
Gedrängt, ich sollte frei'n, und Gerenot
Am allermeisten — Nun, es wird gescheh'n!   3685

Volker.

Auf einmal?

Giselher.

     Wenn sie will. Ich hab' den Kuß
Der Höflichkeit verschmäht —

Volker.

     Ist's wirklich so?

Giselher.

Verpaßt, wenn's Dir gefällt, wie meinen Theil
Vom großen Kuchen, doch es ist mir gleich,
3690 Einen andern oder keinen!

(rasch ab)

Sechste Scene.

Volker.

Ei, das kommt,

Wie's Fieber! Aber ganz zur rechten Zeit,
D'rum blies ich auch hinein mit vollen Backen,
Denn, wenn wir uns mit Rüdeger verschwähern,
Ist Etzels redlichster Vasall uns Freund.

(ab)

Siebente Scene.

Garten.

Rüdeger (und seine Gäste. Bankett im Hintergrund).

Hagen.

3695 Hast Du ihr im Geheimen Nichts gelobt?

Rüdeger.

Hätt' ich's gethan, so müßt' ich's wohl verschweigen!

Hagen.

Ich glaub' es doch. Der Umsprung war zu rasch!
Erst war sie durch die Werbung tief gekränkt,
Dann war's ihr plötzlich recht.

Rüdeger.

Und wenn es wäre:

3700 Kann sie verlangen, was man weigern muß?

Hagen.

Wer weiß! Doch mir ist's gleich!

Rüdeger.

             Ich kenne das!

Wohl mag ein Weib, das schwer beleidigt ist,
Auf Rache sinnen und in blut'gen Plänen
Uns Alle überbieten: kommt der Tag,
Wo sich ein Arm für sie erheben will,   8705
So hält sie selbst mit Zittern ihn zurück
Und ruft: Noch nicht!

Hagen.

      Kann sein! — Wo bleibst Du, Volker?

Achte Scene.
Volker (tritt auf).

Volker.

Ich hatte Kranken-Dienst! — Die Luft bei Euch
Ist nicht gesund. Hier brechen Fieber aus,
Die über zwanzig Jahre ruhig schliefen,   8710
Und das so heftig, wie ich's nie geseh'n.

Rüdeger.

Wo ist Dein Kranker denn?

Volker.

      Da kommt er just!

Neunte Scene.
Giselher (tritt auf).

Rüdeger.

Zu Tisch! Dort lösen wir dies Räthsel auf,
Wenn wir die Nüsse und die Mandeln knacken.

Giselher.

3715 Mein edler Markgraf, erst erlaubt ein Wort.

Rüdeger.

So viel der Küchenmeister noch gestattet,
Nicht mehr noch weniger.

Giselher.

         Ich bitte Euch
Um Eurer Tochter Hand.

Gerenot.

         Ei, Giselher!

Giselher.

Ist's Dir nicht recht? Sprich auch! Und laß uns schwören:
3720 Wie uns das Loos auch fällt, wir grollen nicht!
Du lachst? Du sprachst wohl schon und hast Dein Ja?
Nun wohl, ich halt' auch dann, was ich gelobt,
Doch nehm' ich nie ein Weib!

Gerenot.

         Was fällt Dir ein!

Rüdeger (winkt Frau und Tochter).

Tritt her, Gudrun!

Hagen (schlägt Giselher auf die Schulter).

         Du bist ein braver Schmied! —
3725 Das wird ein Ring! — Ich leg' mein Fürwort ein!

Gunther.

Das thu' auch ich. Es wird mich hoch erfreu'n,
Wenn ich auf diese reine Jungfraun=Stirn
Die Krone setzen darf.

Giselher (zu Gudrun).

Und Du?

Gotelinde (da Gudrun schweigt).

O weh'!
So wißt Ihr's nicht schon längst durch das Gerücht?
Mein Kind ist taub und stumm.

Rüdeger.

Ich geb' Euch gern   *3730*

Euer Wort zurück.

Giselher.

Ich hab's noch nicht verlangt,
Sie wäre ohne das zu gut für mich.

Hagen.

Recht, hämm're tüchtig zu! Denn solch ein Ring
Paßt ganz in uns're Kette.

(zu Volker)

Wenn sie's wagt,
So soll sie zehn Mal blut'ger sein, wie ich!   *3735*

Giselher.

Gudrun — Ach ich vergesse! Lehrt mich rasch
Die Zeichen, die Ihr braucht, mit ihr zu reden,
Und dies Mal fragt für mich.

Gudrun.

Ei, glaub's doch nicht,
Ich schämte mich ja nur.

Volker.

Du liebes Kind!
Auf Deinen Lippen muß ein Zauber wohnen,   *3740*
Wer sich bei'm ersten Kuß was wünscht, der hat's.

Giselher.

So sprich!

Gudrun.

Mein Vater sprach ja auch noch nicht.

Hagen (zu Rüdeger).

Da hast Du Vollmacht! Siegle! Denn Dein Koch
Wird ungedulbig.

Rüdeger (gegen Gunther).

       Braucht es meiner noch?
3745 Muß ich die Rolle jenes Narren spielen,
Dem eine Krone auf den Scheitel fiel,
Und der gen Himmel rief: Ich nehm' sie an?
Es sei, und also sag' ich Ja!
          (zu Hagen)
            Nun weißt Du,
Wie tief ich gegen Euch verschworen bin.

Hagen.

3750 So gebt Euch denn die Hände! Brav! Der Ring
Ist fertig! Keinen Schlag mehr, Schmied! Die Hochzeit
Erst bei der Wiederkehr!

Giselher.

       Warum?

Götelinde.

          Ei wohl!

Rüdeger.

Ich harrte sieben Jahr.

Hagen.

       Doch darfst Du nicht
Zurück gewiesen werden, wenn Dir auch

Ein Paar von Deinen Gliedern fehlen sollten —   *3755*
(zu Gudrun)
Ich steh' dafür, er kommt nicht ohne Kopf!

Rüdeger.
Das geh'n wir ein. Es gilt ja nur ein Fest.

Dietrich (tritt plötzlich hinzu).
Wer weiß! Frau Kriemhild weint noch Tag und Nacht.

Hagen.
Und Etzel dulbet's? Pah! Da schellt der Koch.

Dietrich.
Ich bin gekommen, um Euch das zu sagen,   *3760*
Es ist gescheh'n, nun achtet's, wie Ihr wollt.
(geht mit Rüdeger zum Bankett)

Jehnte Scene.

Hagen.
Hört Ihr's? Das sprach Herr Dieterich von Bern.

Dietrich (kehrt wieder um).
Seid auf der Hut, Ihr stolzen Nibelungen,
Und wähnt nicht, daß ein Jeder, der die Zunge
Jetzt für Euch braucht, den Arm auch brauchen darf.   *3765*
(folgt Rüdeger)

Eilfte Scene.

Volker.
Das sprach ein König, der gewiß zuletzt
Auf Erden Argwohn schöpft.

Hagen.
Sie kennen ihn.

Volker.

Und weise Nixen, die dem Zauberborn
Entstiegen —

Hagen.

Willst Du schwatzen?

Gunther.

Nun, was ist's?

Hagen.

3770 Sie meinten, gute Panzer thäten noth —

Volker.

Und nützten doch zu Nichts.

Gunther.

Was thut's? Die Hülfe
Ist bei der Hand.

Hagen.

Wie das?

Gunther.

Du gehst zurück!

Hagen.

Zurück?

Gunther.

Ja wohl! Du meldest meiner Mutter,
Was hier geschah, damit sie Betten stopft,
3775 Und freust Dich, daß Du uns gerettet hast.
Denn die Gefahr, vor der Du ewig warnst,
Ist nur für Dich und nicht für uns vorhanden,
Wir sind gedeckt, sobald Du selbst nur willst,
Und Deinen Auftrag hast Du! Kehr' denn um!

Hagen.

Gebeutst Du's mir?

Gunther.

　　　　Wenn ich gebieten wollte,　　　　3780
So hätt' ich's schon zu Worms am Rhein gethan!

Hagen.

Dann ist's ein Dienst, den ich Dir weigern muß.

Gunther.

Siehst Du? Es ist Dir nicht allein um mich!
Du willst nicht fehlen, wo man spotten könnte:
Wo bleibt er denn? Er fürchtet sich doch nicht?　　3785
Nun, was Dich treibt, das treibt auch mich! Ich will
Nicht warten, bis der Heunenkönig mir
Ein Spinnrad schickt. Ja, wenn die Norne selbst
Mit aufgehob'nem Finger mich bedräute,
Ich wiche keinen Schritt zurück! Und Du　　3790
Bist unser Tod, wenn's d'runten wirklich steht,
Wie Du's uns prophezeist. Doch —

　　　　(Er schlägt Hagen auf die Schulter.)

　　　　　　　　Komm nur, Tod!

　　　(folgen den Andern)

Dritter Act.

(Heunenland. König Etzels Burg. Empfangs-Saal.)

Erste Scene.

(Kriemhild, Werbel, Swemmel)

Kriemhild.

So wagt er's ungeladen? Hagen Tronje,
Ich kannte Dich!

Werbel.

Er zieht voran und führt.

Kriemhild.

3795 Greift gleich nach ihren Waffen, wenn sie kommen,
Ihr wißt, mit List.

Werbel.

Es liegt uns selbst daran.

Kriemhild.

Habt Ihr denn auch noch Muth, nun Ihr sie kennt?

Werbel.

Dem Hornißschwarm erlag schon mancher Leu! —
Weiß Etzel Etwas?

Kriemhild.

Nein! — Und doch wohl: Ja.

Werbel.

3800 Es ist nur —

Kriemhild.

Was?

Werbel.

Auch in der Wüste ehren
Wir einen Gast.

Kriemhild.

Ist Gast, wen Keiner lud?

Werbel.

Bei uns sogar der Feind.

Kriemhild.

Vielleicht ist Alles
Nicht nöthig. Hier wird König Gunther frei,
Und wenn sich in Burgund der Henker findet,
So brauche ich die Heun'schen Rächer nicht.   3805

Werbel.

Doch, Königin —

Kriemhild.

Euch halte ich auch dann,
Was ich Euch schwur. Der Nibelungen Hort
Ist Euer, wenn Er liegt. Ich frage nicht,
Durch wen er fiel!

Werbel.

Auch wenn wir Nichts gethan?
Trotz Etzels Zorn, Dein bis zum Tod dafür!   3810

Kriemhild.

Habt Ihr die Königin Burgunds geseh'n?

Werbel.

Die sieht kein Mensch.

Kriemhild.

Auch nicht von ihr gehört?

Werbel.

Die wunderlichsten Reden gehen um.

Kriemhild.

Was denn für Reden?

Werbel.

Nun, es wird geflüstert,
3815 Daß sie in einem Grabe haus't.

Kriemhild.

Und doch
Nicht todt?

Werbel.

Sie hat es gleich nach Dir bezogen,
Fort in der Nacht, nach Wochen erst entdeckt,
Und nicht mehr weg zu bringen.

Kriemhild.

Sie — Brunhild —
In Siegfrieds heil'ger Ruhestatt?

Werbel.

So ist's.

Kriemhild.

3820 Vampyr.

Werbel.

Am Sarge kauernd.

Kriemhild.

Teufels=Künste
Im Sinn.

Werbel.

Kann sein. Allein im Auge Thränen,
Und mit den Nägeln bald ihr Angesicht
Zerkratzend, bald das Holz.

Kriemhild.

Da seht Ihr's selbst!

Werbel.

Der König gab Befehl, sie einzumauern,
Doch eilig ſetzte ihre graue Amme　　　　*8825*
Sich in die Thür.

Kriemhild.

Dich treib' ich wieder aus! —
(nach langer Pauſe)
Und meine Mutter ſchickt mir dieſe Locke
Und fügte nicht ein einz'ges Wort hinzu?

Werbel.

So iſt's.

Kriemhild.

Sie ſoll mich mahnen, denk' ich mir,
Daß ich die Brüder nicht zu lange halte.　　　　*8830*

Werbel.

Es mag wohl ſein.

Kriemhild.

Sie iſt ſo weiß, wie Schnee.

Werbel.

Doch hätte ſie gewiß nicht d'ran gedacht,
Wenn ſie ihr Traum nicht ſo geängſtigt hätte,
Denn ſie betrieb die Reiſe ſelbſt mit Fleiß.

Kriemhild.

Was für ein Traum?

Werbel.

Sie ſah die Nacht, bevor　　　　*8835*
Wir ziehen ſollten, alle Vögel todt
Vom Himmel fallen.

Kriemhild.

Welch ein Zeichen!

Werbel.

Nicht?
Die Kinder scharrten sie mit ihren Füßen
Zusammen, wie im Herbst die dürren Blätter —

Kriemhild.

3840 Und ihre Träume gehen immer aus! —
Das ist ein Pfand!

Werbel.

Du jubelst? Sie erschrak
Und schnitt, als wir zu Pferde steigen wollten,
Vom greisen Haupt die Locke sich herunter,
Und gab sie mir, wie einen Brief, für Dich.

Kriemhild.

3845 Nun richtet Euch!

Werbel.

Das Netz ist schon gestellt.
(Werbel und Swemmel ab)

Zweite Scene.

Kriemhild (die Locke erhebend).

Ich kann Dich wohl versteh'n! Doch fürchte Nichts!
Mir ist's nur um den Geier, Deine Falken
Sind sicher bis auf ihre letzte Feder,
Es wäre denn — Doch nein, sie hassen sich!

Dritte Scene.
Etzel (tritt mit Gefolge ein).

Etzel.

Nun wirst Du doch mit mir zufrieden sein?   3350
Und wenn Du's noch nicht bist, so wirst Du's werden,
Bevor ich Dich verlasse. Sag' nur an,
Wie ich die Deinigen begrüßen soll.

Kriemhild.

Mein König —

Etzel.

     Stocke nicht! Bedinge Dir's,
Wie's Dir gefällt! Ich ging bis an das Thor,   3355
Als ich den alten Dieterich von Bern
Zuerst empfing, und trug ein Diadem.
Dieß war bis jetzt mein Höchstes, aber heut'
Bin ich zu mehr bereit, damit sie seh'n,
Daß auch der Heune Dich zu schätzen weiß.   3360
Bis an die fernsten Marken meines Reichs
Hab' ich die Könige voraus gesandt,
Die mehr aus Wahl mir dienen, als aus Zwang.
Und Freudenfeuer, die von Berg zu Berg
Entzündet werden, flammen ihnen zu,   3365
Daß sie an Etzels Hof willkommen sind
Und uns, auf welcher Straße sie sich nah'n.
Soll ich nun auch noch Kronen=Probe halten
Und meinen Purpur einmal wieder lüften,
So sprich's nur aus und kehr' Dich nicht daran,   3370
Daß mich ein Centner Eisen nicht so drückt,
Wie eine Unze Gold. Ich wähle mir
Die leichteste, und wenn Du danken willst,
So kannst Du sie mit einem rothen Band
Mir für das Fest der Sonnenwende merken,   3375
Damit ich sie sogleich zu finden weiß.

Kriemhild.

Mein Herr und mein Gemahl, das wär' zu viel.

Etzel.

Zu viel vielleicht für sie, doch nicht für Dich!
Denn Du erfülltest mir den letzten Wunsch,
3880 Der mir auf Erden noch geblieben war,
Du schenktest mir den Erben für mein Reich,
Und was ich Dir im ersten Vater=Rausch
Gelobte, halt' ich auch: Du kannst nicht fordern,
Was ich versagte, seit ein Sohn mir lebt.
3885 Und wenn Du Nichts für Dich verlangen magst,
So laß mich's an den Deinigen beweisen,
Daß es mir Ernst mit dieser Rede ist.

Kriemhild.

Vergönne denn, daß ich sie nach Verdienst
Und Würdigkeit empfange und behandle,
3890 Ich weiß am Besten, was sich für sie schickt,
Und sei gewiß, daß Jeder das erhält,
Was ihm gebührt, wie seltsam ich das Fest
Auch richten und die Stühle setzen mag.

Etzel.

So sei's! Ich lud ja nur auf Deinen Wunsch,
3895 Denn Vettern, die mich sieben Jahr' verschmäh'n,
Kann ich im achten, wie sie mich, entbehren,
D'rum ordne Alles, wie es Dir gefällt.
Wenn Du mein halbes Reich verschwenden willst,
So steht's Dir frei, Du bist die Königin,
3900 Und wenn Du Deine Kuchen lieber sparst,
So ist's mir recht, Du bist des Hauses Frau!

Kriemhild.

Mein Herr und König, edel bist Du stets
Mit mir verfahren, doch am edelsten
In dieser Stunde.　Habe Dank dafür.

Etzel.

Um Eins nur bitt' ich: Laß mich Deiner Huld　　　8905
Den alten Dieterich von Bern empfehlen,
Wenn Du ihn ehrst, so thust Du, was mich freut.

Kriemhild.

Es soll gescheh'n, und das von Herzen gern.

Etzel.

Die Herrn von Thüring und von Dänemark
Schick' ich hinab, die Gäste zu begrüßen,　　　8910
Doch Dietrich zog aus freien Stücken mit.

Kriemhild.
Er wird sie kennen!

Etzel.
　　　　Nein, er kennt sie nicht.

Kriemhild.
Sie ehren oder fürchten!

Etzel.
　　　　Auch nicht! Nein!

Kriemhild.
Dann ist' es viel!

Etzel.
　　　　Weit mehr noch, als Du glaubst.
Denn sieh: Es sind drei Freie auf der Welt,　　　8915
Drei Starke, welche die Natur, wie's heißt,

Nicht schaffen konnte, ohne Mensch und Thier
Vorher zu schwächen und um eine Stufe
Herab zu setzen —

Kriemhild.

Drei?

Etzel.

Der Erste ist —
3920 Vergieb! Er war! Der Zweite bin ich selbst,
Der Dritte und der Mächtigste ist Er!

Kriemhild.

Dietrich von Bern!

Etzel.

Er hält es gern geheim
Und rührt sich nur, wie sich die Erde rührt,
Wenn er nicht anders kann, doch sah ich's selbst.
3925 Du kennst die Heunen: tapfer, wie sie sind,
Muß ich den Uebermuth gewähren lassen,
Der sie erfüllt vom Wirbel bis zum Zeh'!
Wer's Handwerk kennt, der weiß, daß der Soldat
Im Feld nur darum unbedingt gehorcht,
3930 Weil er im Stall zuweilen trotzen darf,
Und willig läßt er ihm das kleine Recht,
Die Feder so, die Spange so zu tragen,
Das er mit seinem Blut so theuer zahlt.
D'rum kann ich auch die edlen Könige
3935 Nicht so vor aller Ungebühr bewahren,
Wie ich's wohl mögte, auch mein letzter Knecht
Will seinen Theil von Etzels Macht und Ruhm,
Die er als allgemeines Gut betrachtet,
Und zeigt's, indem er pfeift, wenn And're beten,

Und schnalzt, wenn er sie höflich grüßen sieht,   8940
So wagte Einer hinter Dietrichs Rücken
Denn auch ein freches Wort, und das den Tag,
An dem er kam, er sah sich schweigend um
Und schritt zu einer Eiche, riß sie aus
Und legte sie dem Spötter auf den Rücken,   8945
Der knickte unter ihrer Last zusammen,
Und Alles schrie: Der Berner lebe hoch!

Kriemhild.

Das ahnt' ich nicht!

Etzel.

       Er schwört sein Lob so ab,
Wie And're ihre Schande, und er würde
Die Thaten gern verschenken, wie die Beute,   8950
Wenn sich nur Nehmer fänden. Doch so ist's!

Kriemhild.

Und dennoch? — Ueber allem Menschenkind,
Und Dein Vasall?

Etzel.

       Ich selbst erschrak, als er
Mit abgelegter Krone vor mich trat
Und seinen Degen senkte. Was ihn trieb,   8955
Das weiß ich nicht, allein er dient mir treuer,
Wie Viele, die ich überwand im Feld,
Und schon an sieben Jahr'! Ich hätt' ihn gern
Mit meinen reichsten Lehen ausgestattet,
Doch nahm er Nichts, als einen Maierhof,   8960
Und auch von diesem schenkt er Alles weg,
Bis auf ein Osterei, das er verzehrt.

Kriemhild.

Seltsam!

Etzel.

Erräthst auch Du ihn nicht? Er ist
Ja Christ, wie Du, und Eure Bräuche sind
3965 Uns fremd und unverständlich. Kriecht doch Mancher
Von Euch in Höhlen und verhungert da,
Wenn ihm kein Rabe Speise bringt, erklettert
In heißer Wüste schroffe Felsenklippen
Und horstet d'rauf, bis ihn der Wirbelwind
3970 Herunter schleudert —

Kriemhild.

Heilige und Büßer,
Doch Dietrich trägt ein Schwert.

Etzel.

Gleichviel! Gleichviel! —
Ich mögt' ihm endlich danken, und mir fehlt
Die Gabe, die er nimmt. Thu Du's für mich!
Du bist uns noch das erste Lächeln schuldig:
3975 Schenk's ihm.

Kriemhild.

Du sollst mit mir zufrieden sein!

Vierte Scene.
Werbel und Swemmel (treten auf).

Werbel.

Mein Fürst, es flammt schon von den nächsten Bergen!
Die Nibelungen nah'n!

Etzel (will hinunter).

Kriemhild (hält ihn zurück).

Ich geh' hinab
Und führ' sie in den Saal. Du aber bleibst

Und wartest ihrer, mag die Treppe ihnen
Auch länger werden, als der ganze Weg   3980
Vom Rhein bis in die Heunenburg.

Etzel.

Es sei.

Sie hatten auch ja Zeit. Ich will derweil
Die Helden durch das Fenster mir betrachten;
Komm, Swemmel, zeig' mir einen Jeden an.
(ab. Swemmel folgt.)

Fünfte Scene.

Kriemhild.

Nun hab' ich Vollmacht — Sie ist weit genug!   3985
Er braucht mir nicht zu helfen, ich vollbringe
Es schon allein, wenn er mich nur nicht hindert,
Und daß er mich nicht hindert, weiß ich jetzt!
(ab)

Sechste Scene.

Schloßhof.

Die Nibelungen mit Dietrich, Rüdeger, Iring und Thüring
(treten auf).

Hagen.

Da sind wir denn! Hier sieht's ja prächtig aus!
Was ist das für ein Saal?

Rüdeger.

Der ist für Euch,   3990
Du wirst ihn noch vor Abend kennen lernen,
Er hat für mehr als tausend Gäste Raum.

Hagen.

Wir glaubten auch, in keiner Bärenhöhle
Zu sitzen, weil wir nicht vom Rauch mehr leiden,
3995   Wie uns're Väter in der alten Zeit,
Doch das ist ganz was And'res!

(zu den Königen)

Hütet Euch,

Den asiat'schen Schwäher einzuladen:
Der schickt sein Pferd in Euer Prunkgemach
Und fragt Euch dann, wo Obdach ist für ihn.

Rüdeger.

4000   Herr Etzel sagt: Die Völker denken sich
Den König, wie das Haus, worin er wohnt!
D'rum wendet er auf dieses all' die Pracht,
Die er an seinem Leibe stolz verschmäht.

Hagen.

Dann denken sie sich ihn mit so viel Augen,
4005   Als ihnen Fenster hier entgegen funkeln,
Und zittern schon von fern'. Doch hat er Recht!

Rüdeger.

Da kommt die Königin!

Siebente Scene.

Kriemhild (mit großem Gefolge tritt auf).

Hagen.

Noch immer schwarz! .

Kriemhild (zu den Nibelungen).

Seid Ihr es wirklich? Sind das meine Brüder?
Wir glaubten schon, es käm' ein Feind gezogen,

So groß ist Euer Troß.　Doch seid gegrüßt! 　　4010
(Bewillkommnung, aber ohne Kuß und Umarmung)
Mein Giselher, den Herren von Burgund
Entbot die Heunen=Königin den Gruß,
Dich küßt die Schwester auf den treuen Mund.
Herr Dieterich, mir trug der König auf,
Euch Dank zu sagen, daß Ihr seine Gäste　　　　4015
Empfangen habt.　Ich sag' Euch diesen Dank!
(reicht ihm die Hand)

Hagen.

Man grüßt die Herren anders, als die Mannen,
Das ist ein Zeichen wunderlicher Art,
Das manchen dummen Traum zu Ehren bringt.
(bindet seinen Helm fester)

Kriemhild.

Auch Du bist da?　Wer hat denn Dich geladen?　　4020

Hagen.

Wer meine Herren lud, der lud auch mich!
Und wem ich nicht willkommen bin, der hätte
Auch die Burgunden nicht entbieten sollen,
Denn ich gehör' zu ihnen, wie ihr Schwert.

Kriemhild.

Dich grüße, wer Dich gerne sehen mag:　　　　4025
Was bringst Du mir, daß Du's von mir erwartest?
Ich habe Dich des Abschieds nicht gewürdigt,
Wie hoffst Du jetzt auf freundlichen Empfang!

Hagen.

Was sollt' ich Dir wohl bringen, als mich selbst?
Ich trug noch niemals Wasser in das Meer　　　4030

Und sollte neue Schätze bei Dir häufen?
Du bist ja längst die Reichste von der Welt.

Kriemhild.

Ich will auch Nichts, als das, was mir gehört,
Wo ist's? Wo blieb der Hort der Nibelungen?
4035 Ihr kommt mit einem Heer! Es war wohl nöthig,
Ihn her zu schaffen. Liefert ihn denn aus!

Hagen.

Was fällt Dir ein? Der Hort ist wohl bewahrt,
Wir wählten einen sich'ren Ort für ihn,
Den einzigen, wo's keine Diebe giebt,
4040 Er liegt im Rhein, wo er am tiefsten ist.

Kriemhild.

So habt Ihr das nicht einmal gut gemacht,
Was doch noch heut' in Eurem Willen steht?
Dich, sagst Du, hielt man nöthig für die Fahrt,
Und nicht den Hort? Ist das die neue Treu'?

Hagen.

4045 Wir wurden auf das Fest der Sonnenwende
Geladen, aber nicht zum jüngsten Tag,
Wenn wir mit Tod und Teufel tanzen sollen,
So sagte man's uns nicht zur rechten Zeit.

Kriemhild.

Ich frage nicht für mich nach diesen Schätzen,
4050 Ich hab' an meinem Fingerhut genug,
Doch Königinnen werden schlecht geachtet,
Wenn ihre Morgengabe gar nicht kommt.

Hagen.

Wir trugen all zu schwer an unserm Eisen,
Um uns auch noch mit Deinem Gold zu schleppen,

Wer meinen Schild und meinen Panzer wiegt,   1055
Der bläf't das Sandkorn ab und nicht hinzu.

Kriemhild.

Ich bin hier noch die Brautgeschenke schuldig,
Doch das ist Etzels Sache, meine nicht,
So legt denn ab und folgt mir in den Saal,
Er wartet längst mit Ungeduld auf Euch.   1060

Hagen.

Nein, Königin, die Waffen nehm' ich mit,
Dir ständen Kämm'rerdienste übel an!
(zu Werbel, der auf Kriemhilds Wink Hagens Schild ergreift)
Auch Du bist gar zu höflich, süßer Bote,
Die Klauen sind dem Adler nie zur Last.

Kriemhild.

Ihr wollt in Waffen vor den König treten?   1065
So hat Euch ein Verräther auch gewarnt,
Und kennt' ich ihn, so sollt' er selbst erleiden,
Womit er Euch aus Hinterlist bedroht.

Dietrich (tritt ihr gegenüber).

Ich bin der Mann, ich, Dietrich, Vogt von Bern!

Kriemhild.

Das würd' ich Keinem glauben, als Euch selbst!   1070
Euch nennt die Welt den edlen Dieterich,
Und blickt auf Euch, als wär't Ihr dazu da,
Um Feuer und Wasser einen Damm zu setzen
Und Sonne und Mond den rechten Weg zu zeigen,
Wenn sie einmal verirrten auf der Bahn: 1075
Sind das die Tugenden, für die's der Zunge
An Namen fehlt, weil sie kein Mensch vor Euch
Besessen haben soll, daß Ihr Verwandte,

Die sich versöhnen wollen, neu verhetzt
4080 Und Euren Mund zum Blasebalg erniedrigt,
Der todte Kohlen anzufachen sucht?

Dietrich.

Ich weiß, worauf Du sinnst, und bin gegangen,
Es zu verhüten.

Kriemhild.

Und was wär' denn das?
Wenn Du den Wunsch in meiner Seele kennst,
4085 Den Du als Mann und Held verdammen darfst,
So nenn' ihn mir und schilt mich, wie Du magst.
Doch, wenn Du schweigen mußt, weil Du nicht wagst,
Mich eines Unrechts zu beschuldigen,
So fordre Diesen ihre Waffen ab.

Hagen.

4090 Das braucht er nur zu thun, so hat er sie.

Dietrich.

Ich steh' Dir für sie ein!

Kriemhild.

Für Etzel auch,
Daß er die Doppelschmach nicht grimmig rächt?
Mit meinen Perlen schmückt die Nixe sich,
Mit meinem Golde spielt der plumpe Fisch,
4095 Und statt sich hier zum Pfand des Friedens jetzt
Den Arm zu binden, blitzt ihr Schwert als Gruß.

Hagen.

Herr Etzel war noch nimmer in Burgund,
Und wenn Du selbst es ihm nur nicht verräthst,
So weiß er viel, was Brauch ist unter uns.

Kriemhild.

Ein Jeder wählt sein Zeichen, wie er will,　　　*4100*
Ihr tretet unter dem des Blutes ein,
Doch merkt Euch: wer da trotzt auf eig'nen Schutz,
Der ist des fremden quitt, und damit gut.

Hagen.

Wir rechnen immer nur auf uns allein
Und achten alles Uebrige gering.　　　*4105*

Dietrich.

Ich werde selbst das Salzfaß überwachen,
Damit kein Zank entsteht.

Kriemhild.

　　　　Du kennst sie nicht
Und wirst noch viel bereu'n!

Hagen (zu Rüdeger).

　　　　Herr Markgraf, stellt
Euch doch als Blutsfreund vor. Da sieht sie gleich,
Daß wir ein friedliches Geschäft betreiben,　　　*4110*
Denn Hochzeitsstifter suchen keinen Streit.
Ja, Königin, wir gehen zwar in Eisen,
Allein wir haben Minnewerk gepflogen
Und bitten Dich, den neu geschloss'nen Bund
Der Giselher vereinigt mit Gudrun,　　　*4115*
Mit Deinem Segen zu bekräftigen.

Kriemhild.

Ist's so, Herr Rüdeger, und kann's so sein?

Giselher.

Ja, Schwester, ja!

Kriemhild.

Ihr seid vermählt?

Giselher.

Verlobt.

Hagen.

Die Hochzeit erst, wenn Du gesegnet hast!
(zu Gunther)
4180 Jetzt aber, scheint mir, wird es endlich Zeit,
Zu Hof zu geh'n! Was sollen wir uns länger
Begaffen lassen!

Dietrich.

Ich geleite Euch!
(ab mit den Nibelungen)

Kriemhild (im Abgehen zu Rüdeger).

Herr Rüdeger, gedenkt Ihr Eures Schwurs?
Die Stunde naht, wo Ihr ihn lösen müßt.
(Beide ab, es erscheinen immer mehr Heunen.)

Achte Scene.

Rumolt.

4185 Wie dünkt Euch das?

Dankwart.

Wir wollen unser Volk
Zusammen halten und das Uebrige
Erwarten.

Rumolt.

Seltsam ist's, daß König Etzel
Uns nicht entgegen kam. Er soll doch sonst
Von feinen Sitten sein.

Dankwart.

Und wie das glupt
Und ſtiert und heimlich an den Arm ſich ſtößt   4130
Und wiſpert!

(zu einigen Heunen, die zu nahe kommen)
Halt! Der Platz iſt ſchon beſetzt!
Auch der! Und der! Schon zwanzig Schritt von hier
Fängt meine große Zehe an. Wer wagt's,
Mir d'rauf zu treten?

Rumolt (nach hinten rufend).

Eben ſo viel Raum
Brauch' ich für meinen Buckel, und er iſt   4135
Empfindlich, wie ein Hühner=Ei.

Dankwart.

Das hilft! —
Sie knurren zwar, doch zieh'n ſie ſich zurück;
Unheimliches Geſindel, klein und frech.

Rumolt.

Ich lukt' einmal in eine finſt're Höhle
Durch einen Felſenſpalt hinein. Da glühten   4140
Wohl dreizig Augenräder mir entgegen,
Grün, blau und feuergelb, aus allen Ecken
Und Winkeln, wo die Thiere kauerten,
Die Katzen und die Schlangen, die ſich zwinkernd
In ihren Kreiſen drehten. Schauerlich   4145
Sah's aus, es kam mir vor, als hätt' ſich eine
Geſtirnte Hölle tief im Mittelpunct
Der Erde aufgethan, wie all' die Funken
So durch einander tanzten, und ich fuhr
Zurück, weil ich nicht wußte, was es war.   4150
Das kommt mir in den Sinn, nun ich dies Volk

So tückisch glupen sehe, und je dunkler
Der Abend wird, je besser trifft's.

Dankwart.

               An Schlangen
Und Katzen fehlt's gewiß nicht. Ob auch Löwen
4155 Darunter sind?

Rumolt.

        Die Probe muß es lehren,
In meiner Höhle fehlten sie. Ich suchte
Den Eingang auf, sobald ich mich besann,
Denn draußen war es hell, und schoß hinein.
Auch traf gar mancher Pfeil, wie das Geächz
4160 Mir meldete, doch hört' ich kein Gebrüll
Und kein Gebrumm, es war die Brut der Nacht,
Die dort beisammen saß, die feige Schaar,
Die kratzt und sticht, anstatt zu off'nem Kampf
Mit Tatze, Klau' und Horn hervor zu springen,
4165 Und eben so erscheinen mir auch die.
Gieb Acht, wenn sie uns nicht beschleichen können,
So hat's noch keine Noth.

Dankwart.

           Verachten mögt' ich
Sie nicht, denn Etzel hat die Welt mit ihnen
Erobert.

Rumolt.

      Hat er's auch bei uns versucht?
4170 Er mähte Gras und ließ die Arme sinken,
Als er auf deutsche Eichen stieß!

Neunte Scene.

Werbel, (schon vorher mit Swemmel unter den Heunen sichtbar,
ihnen unbemerkt gefolgt von Eckewart).

Werbel.

Nun, Freunde,
Verlangt Euch nicht in's Nacht=Quartier?

Dankwart.

Es ist
Uns noch nicht angewiesen.

Werbel.

Alles steht
Schon längst bereit.

(zu den Seinigen)

Kommt! Mischt Euch, wie sich's ziemt.

Dankwart.

Halt! Wir Burgunden bleiben gern allein.   4175

Werbel (ermuntert die Seinigen zu kommen).

Ei, was!

Dankwart.

Noch einmal! Das ist unser Brauch.

Werbel.

Im Krieg! Doch nicht beim Zechgelag!

Dankwart.

Zurück!
Sonst lass' ich zieh'n!

Werbel.

Wer sah noch solche Gäste!

Rumolt.

Sie gleichen ihren Wirthen auf ein Haar!
(Es wird geklatscht.)

Dankwart.

4180 Man klatscht uns zu. Wer ist's?

Rumolt.

Erräthst Du's nicht?

Dankwart.

Ein unsichtbarer Freund.

Rumolt.

Ich sah vorhin
Den alten Eckewart vorüber schleichen,
Der Frau Kriemhild hinab geleitet hat.

Dankwart.

Glaubst Du, daß der es war?

Rumolt.

Ich denk' es mir.

Dankwart.

4185 Der hat ihr Treu' geschworen bis zum Tode
Und war ihr immer hold und dienstbereit,
Das wär' ein Wink für uns.

Zehnte Scene.

Hagen (kommt mit Volker zurück).

Hagen.

Wie steht's denn hier?

Dankwart.

Wir halten uns, wie Du's befohlen hast.

Rumolt.

Und Kriemhilds Kämm'rer klatscht uns Beifall zu.

Hagen.

Nun, Etzel ist ein Mann nach meinem Sinn.   4190

Dankwart.

So?

Rumolt.

Ohne Falsch?

Hagen.

       Ich glaub's. Er trägt den Rock
Des besten Recken, den sein Arm erschlagen,
Und spielt darin des Todten Rolle fort.
Das Kleid ist etwas eng für seine Schultern,
Auch platzt die Naht ihm öfter, als er's merkt,   4195
Doch meint er's gut.

Dankwart.

     Warum denn kein Empfang?

Volker.

Mir kam es vor, als wär' er angebunden,
Und hätte uns nur darum nicht begrüßt.

Hagen.

So war es auch. Sein Weib hat ihm gewehrt,
Hinab zu steigen, doch das bracht' er reichlich   4200
Durch seine Milde wieder ein.

Volker.

       Ich dachte
An meinen Hund, als er so überfreundlich
Die Hand uns bot. Der wedelt immer doppelt,

Wenn ihn sein Strick verhindert, mir entgegen
4905 Zu springen bis zur Thür.

Hagen.

Ich dachte nicht
An Deinen Hund, ich dachte an den Leuen,
Der Eisenketten, wie man sagt, zerreißt
Und Weiberhaare schont.

(zu Dankwart und Rumolt)

Nun eßt und trinkt!
Wir haben's hinter uns und übernehmen
4910 Die Wacht für Euch!

Dankwart (zu Werbel und Swemmel).

So führt uns, wenn's gefällt.

Werbel (zu Swemmel).

Thu Du's!

(heimlich)

Ich muß sogleich zur Königin.
(Alles zerstreut sich. Werbel geht in den Palast. Eckewart wird wieder sichtbar.)

Eilfte Scene.

Volker.

Was meinst Du?

Hagen.

Nimmer wird's mit Etzels Willen
Geschehen, daß man uns die Treue bricht,
Denn er ist stolz auf seine Redlichkeit,
4915 Er freut sich, daß er endlich schwören kann,
Und füttert sein Gewissen um so besser,
Als er's so viele Jahre hungern ließ.
Doch sicher ist der Boden nicht, er dröhnt,

Wohin man tritt, und dieser Geiger ist
Der Maulwurf, der ihn heimlich unterwühlt.   4290

Volker.

O, der ist falsch, wie's erste Eis! — Auch wollen
Wir überall des zahmen Wolfs gedenken,
Der plötzlich unter'm Lecken wieder beißt.
Was nicht im Blut liegt, hält nicht vor. Doch sieh,
Wer schiebt sich da mit seinem weißen Haar   4295
So wunderlich vorbei?

(Eckewart schreitet langsam vorüber, wie Einer, der in Gedanken mit sich selbst redet.
Seine Gebärden in Einklang mit Volkers Schilderung.)

Hagen (ruft).

Ei, Eckewart!

Volker.

Er raunt, er murmelt Etwas in die Lüfte
Und stellt sich an, als sähe er uns nicht,
Ich will ihm folgen, denn er rechnet d'rauf.

Hagen.

Pfui, Volker, ziemt es sich für uns, zu lauschen?   4300
Schlag an den Schild und klirre mit dem Schwert!
(Er rasselt mit seinen Waffen.)

Volker.

Jetzt macht er Zeichen.

Hagen.

Nun, so kehr' Dich um.
(Sie thun es; sehr laut.)
Wer was zu melden hat, der meld' es dort,
Wo man es noch nicht weiß.

Volker.

Das ist —

Hagen.

Schweig still,
Willst Du dem Heunenkönig Schmach ersparen?
Er sehe selbst zu.

(Eckewart schüttelt den Kopf und verschwindet.)

Volker.

Das ist mir zu kraus!

Hagen (faßt ihn unter den Arm).

Mein Freund, wir sind auf Deinem Todtenschiff,
Von allen zwei und dreißig Winden dient
Uns keiner mehr, ringsum die wilde See,
Und über uns die rothe Wetterwolke.
Was kümmert's Dich, ob Dich der Hai verschlingt,
Ob Dich der Blitz erschlägt? Das gilt ja gleich,
Und etwas Beſſ'res sagt Dir kein Prophet!
D'rum stopfe Dir die Ohren zu, wie ich,
Und laß Dein innerstes Gelüsten los,
Das ist der Todgeweihten letztes Recht.

Zwölfte Scene.

Die Könige (treten auf mit Rüdeger).

Gunther.

Ihr schöpft noch frische Luft?

Hagen.

Ich will einmal
Die Lerche wieder hören.

Giselher.

Die erwacht
Erst mit der Morgenröthe.

Hagen.

Bis dahin
Jag' ich die Eule und die Fledermaus.   4950

Gunther.

Ihr wollt die ganze Nacht nicht schlafen geh'n?

Hagen.

Nein, wenn uns nicht Herr Rüdeger entkleidet.

Rüdeger.

Bewahr' mich Gott!

Giselher.

Dann wache ich mit Euch.

Hagen.

Nicht doch! Wir sind genug und steh'n Euch gut,
Für jeden Tropfen Bluts, bis auf den einen,   4955
Von dem die Mücke lebt.

Gerenot.

So glaubst Du —

Hagen.

Nichts!

Es ist nur, daß ich gleich zu finden bin,
Wenn man mich sucht. Nun kriecht in Euer Bett,
Wie's Zechern ziemt.

Gunther.

Ihr ruft?

Hagen.

Seid unbesorgt,
Es wird Euch Keiner rufen, als der Hahn.   4960

Gunther.

Dann gute Nacht!

(ab in den Saal mit den Andern)

Dreizehnte Scene.

Hagen (ihm nach).

Und merk' Dir Deinen Traum,
Wie's Deine Mutter bei der Abfahrt that!
       (zu Volker)
Wir passen auf, daß er sich nicht erfüllt,
Bevor Du ihn erzählen kannst! — Der ahnt
4865   Noch immer Nichts.

Volker.

      Doch! Er ist nur zu stolz,
Es zu bekennen.

Hagen.

     Nun, er wär' auch blind,
Wenn er's nicht sähe, wie sich die Gesichter
Um uns verdunkeln, und die besten eben
Am meisten.
    (Viele Heunen sind zurückgekehrt.)

Volker.

Schau'!

Hagen.

      Da hast Du das Geheimniß
4870   Des Alten! Doch ich hatt' es wohl gedacht! —
Komm, setz' Dich nieder! Mit dem Rücken so!
     (Sie setzen sich, den Heunen ihre Rücken wendend.)
Fängt's hinter Dir zu trippeln an, so huste,
Dann wirst Du's laufen hören, denn sie werden
Als Mäuse kommen und als Ratten geh'n!

Vierzehnte Scene.

Kriemhild (erscheint mit Werbel oben auf der Stiege).

Werbel.

Siehst Du! Dort sitzen sie!

Kriemhild.

　　　　　Die seh'n nicht aus, 　　　　　4375

Als wollten sie zu Bett!

Werbel.

　　　　　Und wenn ich winke,

Stürzt meine ganze Schaar heran.

Kriemhild.

　　　　　Wie groß

Ist die?

Werbel.

An Tausend.

Kriemhild (macht gegen die Heunen eine ängstlich zurückweisende Bewegung).

Werbel.

Was bedeutet das?

Kriemhild.

Geh, daß sie sich nicht regen.

Werbel.

　　　　　Thun die Deinen

Dir plötzlich wieder leid?

Kriemhild.

　　　　　Du blöder Thor, 　　　　　4380

Die klatscht der Tronjer Dir allein zusammen,

Indeß der Spielmann seine Fiedel streicht.

Du kennst die Nibelungen nicht! Hinab!

　　　　(Beide verschwinden.)

Fünfzehnte Scene.

Volker (springt auf).

So geht's nicht mehr!
(geigt eine lustige Melodie)

Hagen (schlägt ihm auf die Fiedel).

Nein, das vom Todtenschiff!
1285 Das Letzte, wie der Freund den Freund ersticht,
Und dann die Fackel — Das geht Morgen los.

Vierter Act.
(Tiefe Nacht)

Erste Scene.

(Volker steht und geigt. Hagen sitzt wie vorher. Die Heunen in
verwunderten und aufmerksamen Gruppen um Beide herum. Man hört
Volkers Spiel, bevor der Vorhang sich erhebt. Gleich nachher entfällt
Einem der Heunen sein Schild.)

Hagen.

Hör' auf! Du bringst sie um, wenn Du noch länger
So spielst und singst. Die Waffen fallen schon.
Das war ein Schild! Drei Bogenstriche noch,
1290 So folgt der Speer. Wir brauchen weiter Nichts,
Als die Erzählung dessen, was wir längst
Vollbrachten, eh' wir kamen, neuer Thaten
Bedarf es nicht, um sie zu bändigen.

Volker (ohne auf ihn zu achten, visionär).

Schwarz war's zuerst! Es blitzte nur bei Nacht,
1295 Wie Katzen, wenn man sie im Dunkeln streicht,

Und das nur, wenn's ein Hufschlag spaltete.
Da rissen sich zwei Kinder um ein Stück,
Sie warfen sich in ihrem Zorn damit,
Und Eines traf das Andere zu Tod.

Hagen (gleichgültig).

Er fängt was Neues an.   Nur zu, nur zu!   4300

Volker.

Nun ward es feuergelb, es funkelte,
Und wer's erblickte, der begehrte sein
Und ließ nicht ab.

Hagen.

       Dieß hab' ich nie gehört! —
Er träumt wohl!   Alles And're kenn' ich ja!

Volker.

Da giebt es wildern Streit und gift'gern Neid,   4305
Mit allen Waffen kommen sie, sogar
Dem Pflug entreißen sie das fromme Eisen
Und tödten sich damit.

Hagen (immer aufmerksamer).
     Was meint er nur?

Volker.

In Strömen rinnt das Blut, und wie's erstarrt,
Verdunkelt sich das Gold, um das es floß,   4310
Und stralt in hellerm Schein.

Hagen.

      Ho, ho!   Das Gold!

Volker.

Schon ist es roth und immer röther wird's
Mit jedem Mord.   Auf, auf, was schont Ihr Euch?

Erst, wenn kein Einz'ger mehr am Leben ist,
4315 Erhält's den rechten Glanz, der letzte Tropfen
Ist nöthig, wie der erste.

Hagen.

O, ich glaub's.

Volker.

Wo blieb's? — Die Erde hat es eingeschluckt,
Und die noch übrig sind, zerstreuen sich
Und suchen Wünschelruthen. Thörigt Volk!
4320 Die gier'gen Zwerge haben's gleich gehascht
Und hüten's in der Teufe. Laßt es dort,
So habt Ihr ew'gen Frieden!

(setzt sich und legt die Fiedel bei Seite)

Hagen.

Wachst Du auf?

Volker (springt wieder auf, wild).

Umsonst! Umsonst! Es ist schon wieder da!
Und zu dem Fluch, der in ihm selber liegt,
4325 Hat noch ein neuer sich hinzugesellt:
Wer's je besitzt, muß sterben, eh's ihn freut.

Hagen.

Er spricht vom Hort. Nun ist mir Alles klar.

Volker (immer wilder).

Und wird es endlich durch den Wechselmord
Auf Erden herrenlos, so schlägt ein Feuer
4330 Daraus hervor mit zügelloser Gluth,
Das alle Meere nicht ersticken können,
Weil es die ganze Welt in Flammen setzen
Und Ragnarofe überdauern soll.

(setzt sich)

Hagen.

Ist das gewiß?

Volker.

So haben es die Zwerge
In ihrer Wuth verhängt, als sie den Hort   1335
Verloren.

Hagen.

Wie geschah's?

Volker.

Durch Götter=Raub!
Odin und Loke hatten aus Verseh'n
Ein Riesenkind erschlagen, und sie mußten
Sich lösen.

Hagen.

Gab's denn einen Zwang für sie?

Volker.

Sie trugen menschliche Gestalt und hatten   1340
Im Menschenleibe auch nur Menschenkraft.

Zweite Scene.
Werbel (erscheint unter den Heunen, flüsternd).

Werbel.

Nun! Seid Ihr Spinnen, die man mit Musik
Verzaubert und entseelt? Heran! Es gilt!

Dritte Scene.
Kriemhild (mit Gefolge steigt herunter. Fackeln).

Hagen.

Wer naht sich da?

Volker.

Es ist die Fürstin selbst.
4345 Geht die so spät zu Bett? Komm, steh'n wir auf!

Hagen.

Was fällt Dir ein? Nein, nein, wir bleiben sitzen.

Volker.

Das brächt' uns wenig Ehre, denn sie ist
Ein edles Weib und eine Königin.

Hagen.

Sie würde denken, daß wir uns aus Furcht
4350 Erhöben. Balmung, thu nicht so verschämt!
            (legt den Balmung über's Knie)
Dein Auge funkelt dräuend durch die Nacht,
Wie der Komet. Ein prächtiger Rubin!
So roth, als hätt' er alles Blut getrunken,
Das je vergossen ward mit diesem Stahl.

Kriemhild.

4355 Da sitzt der Mörder!

Hagen.

      Wessen Mörder, Frau?

Kriemhild.

Der Mörder meines Gatten.

Hagen.

       Weckt sie auf,
Sie geht im Traum herum. Dein Gatte lebt,
Ich habe noch zur Nacht mit ihm gezecht
Und stehe Dir mit diesem guten Schwert
4360 Für seine Sicherheit.

Kriemhild.

O pfui! Er weiß
Recht wohl, von wem ich sprach, und stellt sich an,
Als wüßt' er's nicht.

Hagen.

Du sprachst von Deinem Gatten,
Und das ist Etzel, dessen Gast ich bin.
Doch, es ist wahr, Du hast den Zweiten schon,
Denkst Du in seinem Arm noch an den Ersten?   4365
Nun freilich, diesen schlug ich todt.

Kriemhild.

Ihr hört!

Hagen.

War das hier unbekannt? Ich kann's erzählen,
Der Spielmann streicht die Fiedel wohl dazu! —
(als ob er singen wollte)
Im Odenwald, da springt ein munt'rer Quell —

Kriemhild (zu den Heunen).

Nun thut, was Euch gefällt. Ich frag' nicht mehr,   4370
Ob Ihr's zu Ende bringt.

Hagen.

Zu Bett! Zu Bett!
Du hast jetzt and're Pflichten.

Kriemhild.

Deinen Hohn
Erstick' ich gleich in Deinem schwarzen Blut:
Auf, Etzels Würger, auf, und zeigt es ihm,
Warum ich in das zweite Eh'bett stieg.   4375

Hagen (steht auf).

So gilt's hier wirklich Mord und Ueberfall?
Auch gut!

(klopft auf den Panzer)

          Das Eisen kühlt schon all zu stark,
Und Nichts vertreibt den Frost so bald, wie dieß.

(zieht den Balmung)

Heran! Ich seh' der Köpfe mehr, als Rümpfe!
4380 Was drückt Ihr Euch da hinten so herum?
Der Helme Glanz verrieth Euch längst.

(legt aus)

                 Sie flieh'n!
Noch ist Herr Etzel nicht dabei! — Zu Bett!

Kriemhild.

Pfui! Seid Ihr Männer?

Hagen.

           Nein, ein Haufen Sand,
Der freilich Stadt und Land verschütten kann,
4385 Doch nur, wenn ihn der Wind in's Fliegen bringt.

Kriemhild.

Habt Ihr die Welt erobert?

Hagen.

          Durch die Zahl!
Die Million ist eine Macht, doch bleibt
Das Körnchen, was es ist!

Kriemhild.

         Hört Ihr das an
Und rächt Euch nicht?

Hagen.

Nur zu! Brauch' Deinen Hauch,
Ich blase mit hinein!

(zu den Heunen)

Kriecht auf dem Bauch   490
Heran und klammert Euch an uns're Beine,
Wie Ihr's in Euren Schlachten machen sollt.
Wenn wir in's Stolpern und in's Straucheln kommen
Und durch den Purzelbaum zu Grunde geh'n,
Um Hülfe schrei'n wir nicht, das schwör' ich Euch!   495

Kriemhild.

Wenn Ihr nur Wen'ge seid, so braucht Ihr auch
Mit Wen'gen nur zu theilen!

Hagen.

Und der Hort
Ist reich genug, und käm' die ganze Welt.
Ja, er vermehrt sich selbst, es ist ein Ring
Dabei, der immer neues Gold erzeugt,   500
Wenn man — Doch nein! Noch nicht!

(zu Kriemhild)

Das hast auch Du
Vielleicht noch nicht gewußt? Ihr könnt mir's glauben,
Ich hab's erprobt und theile das Geheimniß
Dem mit, der mich erschlägt! Es mangelt nur
Der Zauberstab, der Todte wecken kann!   505

(zu Kriemhild)

Du siehst, es hilft uns allen Beiden Nichts,
Wir können diesen spröden Sand nicht ballen,
D'rum steh'n wir ab.

(setzt sich nieder)

Kriemhild (zu Werbel).
Ist das der Muth?

Werbel.

　　　　　　　　　　　Es wird
Schon anders werden.

Volker (mit dem Finger deutend).

　　　　Eine zweite Schaar!
4410 Die Rüstung blitzt im ersten Morgenlicht,
Und abermals ein Geiger, der sie führt.
Hab' Dank, Kriemhild, man sieht's an der Musik,
Zu welchem Tanz Du uns geladen hast.

Kriemhild.

Was siehst Du? Wenn der Zorn mich übermannte,
4415 So tragt Ihr selbst durch Euren Hohn die Schuld,
Und wenn der Gast nicht schläft, so wird doch auch
Wohl für den Wirth das Wachen räthlich sein.

Hagen (lacht).

Schickt Etzel die?

Kriemhild.

　　　　Nein, Hund, ich that es selbst,
Und sei gewiß, Du wirst mir nicht entkommen,
4420 Wenn Du auch noch die nächste Sonne siehst.
Ich will zurück in meines Siegfrieds Gruft,
Doch muß ich mir das Todtenhemd erst färben,
Und das kann nur in Deinem Blut gescheh'n.

Hagen.

So ist es recht! Was heucheln wir, Kriemhild?
4425 Wir kennen uns. Doch merke Dir· auch dieß:
Gleich auf das erste Meisterstück des Hirsches,
Dem Jäger zu entrinnen, folgt das zweite,
Ihn in's Verderben mit hinab zu zieh'n,
Und eins von Beidem glückt uns sicherlich!

Vierte Scene.

Gunther (im Nachtgewand; Giselher, Gerenot u. s. w. folgen).

Gunther.

Was giebt es hier?

Kriemhild.

   Die alte Klägerin!   *4430*
Ich rufe Klage über Hagen Tronje
Und forb're jetzt zum letzten Mal Gericht.

Gunther.

Du willst Gericht und pochst in Waffen an?

Kriemhild.

Ich will, daß Ihr im Ring zusammen tretet,
Und daß Ihr schwört, nach Recht und Pflicht zu sprechen, *4435*
Und daß Ihr sprecht und Euren Spruch vollzieht.

Gunther.

Das weig're ich.

Kriemhild.

   So gieb den Mann heraus!

Gunther.

Das thu' ich nicht.

Kriemhild.

    So gilt es denn Gewalt.
Doch nein, erst frag' ich um. Mein Giselher
Und Gerenot, Ihr habt die Hände rein,   *4440*
Ihr dürft sie ruhig an den Mörder legen,
Euch kann er der Genossenschaft nicht zeih'n!
So tretet Ihr denn frei von ihm zurück
Und überlaßt ihn mir! — Wer zu ihm steht,
Der thut's auf seine eigene Gefahr.   *4445*

Gerenot und Giselher

(treten Hagen mit gezogenen Schwertern zur Seite).

Kriemhild.

Wie? In den Wald seid Ihr nicht mit geritten
Und habt die That verdammt, als sie geschah,
Jetzt wollt Ihr sie vertheidigen?

Gunther.

           Sein Loos
Ist uns'res!

Kriemhild.

    Doch!

Giselher.

        O, Schwester, halte ein,
4450   Wir können ja nicht anders.

Kriemhild.

        Kann denn ich?

Giselher.

Was hindert Dich? Wir häuften ew'ge Schmach
Auf unser Haupt, wenn wir den Mann verließen,
Der uns in Noth und Tod zur Seite stand.

Kriemhild.

Das habt Ihr längst gethan! Ihr seid mit Schmach
4455   Bedeckt, wie niemals noch ein Heldenstamm.
Ich aber will Euch an die Quelle führen,
Wo Ihr Euch waschen könnt.

(stößt Hagen vor die Brust)

        Hier sprudelt sie.

Hagen (zu Gunther).

Nun?

Gunther.

Ja, Du hätt'st zu Hause bleiben sollen,
Doch, das ist jetzt gleichviel.

Kriemhild.

Ihr habt die Treue
Gebrochen, als es höchste Tugend war,   1460
Nicht einen Finger breit von ihr zu wanken,
Wollt Ihr sie halten, nun es Schande ist?
Nicht die Verschwäg'rung und das nahe Blut,
Nicht Waffenbrüderschaft, noch Dankbarkeit
Für Rettung aus dem sich'ren Untergang,   1465
Nichts regte sich für ihn in Eurer Brust,
Er ward geschlachtet, wie ein wildes Thier,
Und wer nicht half, der schwieg doch, statt zu warnen
Und Widerstand zu leisten —
(zu Giselher)
Du sogar!
Fällt Alles das, was nicht ein Sandkorn wog,   1470
Als es Erbarmen mit dem Helden galt,
Auf einmal, wie die Erde, in's Gewicht,
Nun seine Wittwe um den Mörder klopft?
(zu Gunther)
Dann siegelst Du die That zum zweiten Mal
Und bist nicht mehr durch Jugend halb entschuldigt,   1475
(zu Giselher und Gerenot)
Ihr aber tretet bei und haftet mit.

Hagen.

Vergiß Dich selbst und Deinen Theil nicht ganz!
Du trägst die größte Schuld.

Kriemhild.

Ich!

Hagen.

Du! Ja, Du!
Ich liebte Siegfried nicht, das ist gewiß,
4480 Er hätt' mich auch wohl nicht geliebt, wenn ich
Erschienen wäre in den Niederlanden,
Wie er in Worms bei uns, mit einer Hand,
Die alle uns're Ehren spielend pflückte,
Und einem Blick, der sprach: Ich mag sie nicht!
4485 Trag einen Strauß, in dem das kleinste Blatt
An Todeswunden mahnt, und der Dich mehr
Des Blutes kostet, als Dein ganzer Leib
Auf einmal in sich faßt, und laß ihn Dir
Nicht bloß entreißen, nein, mit Füßen treten,
4490 Dann küsse Deinen Feind, wenn Du's vermagst.
Doch dieses auf Dein Haupt! Ich hätt's verschluckt,
Das schwör' ich Dir bei meines Königs Leben,
So tief der Groll mir auch im Herzen saß.
Da aber kam der scharfe Zungenkampf,
4495 Er stand, Du selbst verriethst es uns im Zorn,
Auf einmal eid= und pflichtvergessen da,
Und hätt' Herr Gunther ihm vergeben wollen,
So hätt' er auch sein edles Weib verdammt.
Ich läugne nicht, daß ich den Todesspeer
4500 Mit Freuden warf, und freue mich noch jetzt,
Doch Deine Hand hat mir ihn dargereicht,
D'rum büße selbst, wenn hier zu büßen ist.

Kriemhild.

Und büß' ich nicht? Was könnte Dir gescheh'n,
Das auch nur halb an meine Qualen reichte?
4505 Sieh diese Krone an und frage Dich!
Sie mahnt an ein Vermählungsfest, wie kein's
Auf dieser Erde noch gefeiert ward,

An Schauderküsse, zwischen Tod und Leben
Gewechselt in der fürchterlichsten Nacht,
Und an ein Kind, das ich nicht lieben kann!   1510
Doch meine Hochzeitsfreuden kommen jetzt,
Wie ich gelitten habe, will ich schwelgen,
Ich schenke Nichts, die Kosten sind bezahlt.
Und müßt' ich hundert Brüder nieder hauen,
Um mir den Weg zu Deinem Haupt zu bahnen,   1515
So würd' ich's thun, damit die Welt erfahre,
Daß ich die Treue nur um Treue brach.

(ab)

Fünfte Scene.

Hagen.

Nun werft Euch in die Kleider, aber nehmt
Die Waffen, statt der Rosen, in die Hand.

Giselher.

Sei unbesorgt! Ich halte fest zu Dir,   1520
Und nimmer krümmt sie mir ein Haar, auch hab'
Ich's nicht um sie verdient.

Hagen.

         Sie thut's, mein Sohn,
D'rum rath' ich, reite nach Bechlarn zurück!
Daß sie Dich ziehen läßt, bezweifl' ich nicht,
Doch mehr erwarte nicht von ihr, und eile,   1525
Sie hat ja Recht, ich that ihr grimmig weh'!

Giselher.

Du hast schon manchen schlechten Rath gegeben,
Dieß ist der schlechteste!

(ab mit Gunther und Gerenot in's Haus)

Sechste Scene.

Hagen.

Begreifst Du den?
Er hat kein mildes Wort mit mir gesprochen,
4530 Seit wir zurück sind aus dem Odenwald,
Und jetzt —

Volker.

Ich habe nie an ihm gezweifelt,
So finster seine Stirn auch war. Gieb Acht:
Er flucht Dir, doch er stellt sich vor Dich hin,
Er tritt Dir mit der Ferse auf die Zehen
4535 Und fängt zugleich die Speere für Dich auf!
Des Weibes Keuschheit geht auf ihren Leib,
Des Mannes Keuschheit geht auf seine Seele,
Und eher zeigt sich Dir das Mägdlein nackt,
Als solch ein Jüngling Dir das Herz entblößt.

Hagen.

4540 Es thut mir leid um dieses junge Blut! —
Der Tod steht aufgerichtet hinter uns,
Ich wickle mich in seinen tiefsten Schatten,
Und nur auf ihn fällt noch ein Abendroth.

(Beide ab)

Siebente Scene.

Etzel und Dietrich (treten auf).

Dietrich.

Nun siehst Du selbst, wozu Kriemhild sie lud.

Etzel.

4545 Ich seh's.

Dietrich.

Mir schien sie immer eine Kohle,
Die frischen Windes in der Asche harrt.

Etzel.

Mir nicht.

Dietrich.

Hast Du denn Nichts gewußt?

Etzel.

                             Doch, doch!

Allein ich sah's mit Rüdegers Augen an
Und dachte, Weiberrache sei gesättigt,
Sobald sie ausgeschworen.

Dietrich.

                 Und die Thränen?   1550

Das Trauerkleid?

Etzel.

              Ich hörte ja von Dir,
Daß Eure Weise sei, den Feind zu lieben
Und mit dem Kuß zu danken für den Schlag:
Ei nun, ich hab's geglaubt.

Dietrich.

               So sollt' es sein,
Doch ist nicht Jeder stark genug dazu.   1555

Etzel.

Auch dacht' ich mir, als sie so eifrig trieb,
Die Boten endlich doch hinab zu senden,
Es sei der Mutter wegen, denn ich weiß,
Daß sie nicht all zu kindlich von ihr schied,
Und auch, daß sie's bereut!   1560

Dietrich.

                Die Mutter ist
Daheim geblieben, und ich zweifle selbst,
Daß man sie lud. Die Andern aber haben
Den Hort, um den sie doch so viel gewagt,
Die Nacht vor ihrer Fahrt bei Fackelschein
4565 Auf Nimmerwiederseh'n im Rhein versenkt.

Etzel.

Warum denn blieben sie nicht auch daheim?
Sie fürchteten doch nicht, daß ich den Geigern
Mit Ketten und Schwertern folgte?

Dietrich.

                    Herr, sie hatten
Kriemhild ihr Wort gegeben, und sie mußten
4570 Es endlich lösen, denn wen gar Nichts bindet,
Den bindet das nur um so mehr, auch war
Ihr Sinn zu stolz, um die Gefahr zu meiden
Und Rath zu achten. Du bist auch gewohnt,
Dem Tod zu trotzen, doch Du brauchst noch Grund,
4575 Die nicht! Wie ihre wilden Väter sich
Mit eig'ner Hand nach einem lust'gen Mahl
Bei Sang und Klang im Kreise ihrer Gäste
Durchbohrten, wenn des Lebens beste Zeit
Vorüber schien, ja, wie sie trunk'nen Muths
4580 Wohl gar ein Schiff bestiegen und sich schwuren,
Nicht mehr zurück zu kehren, sondern draußen
Auf hoher See im Brudermörderkampf,
Der Eine durch den Anderen, zu fallen
Und so das letzte Leiden der Natur
4585 Zu ihrer letzten höchsten That zu stempeln,
So ist der Teufel, der das Blut regiert,

Auch noch in ihnen mächtig, und sie folgen
Ihm freudig, wenn es einmal kocht und dampft.

Etzel.

Sei's, wie es sei, ich danke Dir den Gang,
Denn nimmer mögt' ich Kriemhilds Schuldner bleiben,　　1590
Und jetzt erst weiß ich, wie die Rechnung steht.

Dietrich.

Wie meinst Du das?

Etzel.

　　　　　Ich glaubte viel zu thun,
Daß ich mich ihrer nach der Hochzeitsnacht
Sogleich enthielt —

Dietrich.
　　　　Das war auch viel.

Etzel.

　　　　　　Nein, nein,
Das war noch Nichts! Doch so gewiß ich's that,　　1595
Und noch gewisser, thu' ich mehr für sie,
Wenn sie's verlangt. Das schwör' ich hier vor Dir!

Dietrich.

Du könntest —

Etzel.

　　　　Nichts, was Du verdammen wirst,
Und doch wohl mehr, als sie von mir erwartet,
Sonst hätt' sie längst ein and'res Spiel versucht.　　1600
(im Abgehen)
Ja, ja, Kriemhild, ich schlage meine Schwäher
Nicht höher an, wie Deine Brüder Du,
Und wenn sie nur noch Mörder sind für Dich,
Wie sollten sie für mich was Bess'res sein!
(Beide ab)

Achte Scene.

Dom.

(Viele Gewappnete auf dem Platz. Kriemhild tritt mit Werbel auf.)

Kriemhild.

4605   Hast Du die Knechte von den Herrn getrennt?

Werbel.

So weit, daß sie sich nicht errufen können.

Kriemhild.

Wenn sie in ihrem Saal beisammen sitzen
Und essen, überfallt Ihr sie und macht
Sie Alle nieder.

Werbel.

Wohl, es wird gescheh'n.

Kriemhild (wirft ihren Schmuck unter die Heunen).

4610   Da habt Ihr Handgeld! — Reißt Euch nicht darum,
Es giebt genug davon, und wenn Ihr wollt,
So regnet's solche Steine noch vor Nacht.

(Jubelgeschrei)

Neunte Scene.

Rüdeger (tritt auf).

Rüdeger.

Du schenkst das halbe Königreich schon weg?

Kriemhild.

Doch hab' ich Dir das Beste aufgehoben.

(zu den Heunen)

4615   Seid tapfer! Um den Hort der Nibelungen

Kauft Ihr die Welt, und wenn von Euch auch Tausend
Am Leben bleiben, braucht Ihr nicht zu zanken,
Es sind noch immer tausend Könige!

(Die Heunen zerstreuen sich in Gruppen.)

Kriemhild (zu Rüdeger).

Hast Du nicht was zu holen aus Bechlarn?

Rüdeger.

Nicht, daß ich wüßte!

Kriemhild.

Oder was zu schicken?   1330

Rüdeger.

Noch wen'ger, Fürstin.

Kriemhild.

Nun, so schneide Dir
Mit Deinem Degen eine Locke ab,
Da stiehlt sich eine unter'm Helm hervor —

Rüdeger.

Wozu?

Kriemhild.

Damit Du was zu schicken hast.

Rüdeger.

Wie! Komm' ich denn nicht mehr nach Haus zurück?   1335

Kriemhild.

Warum?

Rüdeger.

Weil Du ein Werk, wie dieß, verlangst.
Das thut bei uns die Liebe an dem Todten,

Wenn sich der Tischler mit dem Hammer naht,
Der ihn in seinen Kasten nageln soll.

Kriemhild.

4630 Die Zukunft kenn' ich nicht. Doch nimm's nicht so!
Zu Deinem Boten wähle Giselher
Und gieb ihm auf, an keinem Blumengarten
Vorbei zu reiten, ohne eine Rose
Für seine Braut zu pflücken. Ist der Strauß
4635 Beisammen, steckt er ihn in meinem Namen
Ihr an die Brust und ruht sich aus bei ihr,
Bis sie aus Deiner Locke einen Ring
Für mich geflochten hat. Daß ich den Dank
Verdiene, wird sich zeigen.

Rüdeger.

Königin,
4640 Er wird nicht geh'n.

Kriemhild.

Befiehl es ihm mit Ernst,
Du bist ja jetzt sein Vater, er Dein Sohn,
Und wenn er den Gehorsam Dir verweigert,
So wirfst Du ihn zur Strafe in den Thurm.

Rüdeger.

Wie könnt' ich das!

Kriemhild.

Lock' ihn mit List hinein,
4645 Wenn's mit Gewalt nicht geht. Dann ist's so gut,
Als wär' er auf der Reise, und bevor
Er sich befreien kann, ist Alles aus,

Der jüngste Tag ist auch der kürzeste!
Erwied're Nichts! Wenn Deine Tochter Dir
Am Herzen liegt, so thust Du, was ich sage,   1650
Ich mache Dir ein königlich Geschenk,
Denn — — Doch Du kannst wohl selber prophezei'n!
Die blutigen Kometen sind am Himmel
Anstatt der frommen Sterne aufgezogen
Und blitzen dunkel in die Welt hinein.   1655
Die guten Mittel sind erschöpft, es kommen
Die bösen an die Reihe, wie das Gift,
Wenn keine Arzenei mehr helfen will,
Und erst, wenn Siegfrieds Tod gerochen ist,
Giebt's wieder Missethaten auf der Erde,   1660
So lange aber ist das Recht verhüllt
Und die Natur in tiefen Schlaf versenkt.

(ab)

Zehnte Scene.

Rüdeger.

Ist dieß das Weib, das ich in einem See
Von Thränen fand? Mir könnte vor ihr grauen,
Doch kenn' ich jetzt den Zauber, der sie bannt.   1665
Ich Giselher verschicken! Eher werf' ich
Des Tronjers Schild in's Feuer.

Eilfte Scene.

Die Nibelungen (treten auf).

Rüdeger.

Nun, Ihr Recken,
So früh' schon da?

Hagen.

Es ist ja Messezeit,
Und wir sind gute Christen, wie Ihr wißt.

Volker (deutet auf einen Heunen).

4670 Wie? Giebt es so geputzte Leute hier?
Man sagt bei uns, der Heune wäscht sich nicht,
Nun läuft er gar als Federbusch herum?
(zu Hagen)
Du frugst mich was.

Hagen.

Ei wohl, es geht zum Sterben,
Da muß ich Dich doch fragen: Stirbst Du mit?

Volker (wieder gegen den Heunen)

4675 Ist's aber auch ein Mensch und nicht ein Vogel,
Der rasch die Flügel braucht, wenn man ihn schreckt?
(wirft seinen Speer und durchbohrt ihn)
Doch! — Hier die Antwort! Lebt' ich nicht auch mit?

Hagen.

Brav, doppelt brav!

Werbel (zu den Heunen).

Nun? Ist es jetzt genug?
(Großes Getümmel)

Zwölfte Scene.

Etzel (tritt rasch mit Kriemhild und seinen Königen auf und wirft
sich zwischen die Heunen und die Nibelungen).

Etzel.

Bei meinem Zorn! Die Waffen gleich gestreckt!
4680 Wer wagt es, meine Gäste anzugreifen?

Werbel.

Herr, Deine Gäste griffen selber an:
Schau' her!

Etzel.

Das that Herr Volker aus Verseh'n!

Werbel.

Vergieb! Hier steht der Markgraf Rüdeger —

Etzel (wendet ihm den Rücken).

Seid mir gegrüßt, Ihr Vettern! Doch warum
Noch jetzt im Harnisch?

Hagen (halb gegen Kriemhild).

Das ist Brauch bei uns,   4685
Wenn wir auf Feste geh'n. Wir tanzen nur
Nach dem Geklirr der Degen, und wir hören
Sogar die Messe mit dem Schild am Arm.

Etzel.

Die Sitte ist besonders.

Kriemhild.

Die nicht minder,
Den größten Unglimpf ruhig einzustecken   4690
Und sich zu stellen, als ob Nichts gescheh'n.
Wenn Du dafür von mir den Dank erwartest,
So irrst Du Dich.

Dietrich.

Ich bin heut' Kirchenvogt,
Wer in die Messe will, der folge mir.

(Er geht voran, die Nibelungen folgen in den Dom.)

Dreizehnte Scene.

Kriemhild (faßt Etzel während dem bei der Hand).

4695 Tritt auf die Seite, Herr, recht weit, recht weit,
Sonst stoßen sie Dich um, und wenn Du liegst,
So kannst Du doch nicht schwören, daß Du stehst.

Etzel.

Herr Rüdeger, keine Waffenspiele heut'.

Kriemhild.

Vielleicht dafür ein allgemeines Fasten?

Etzel.

4700 Ich bitt' Euch, sagt's den Herrn von Dänemark
.Und Thüring auch. Der alte Hildebrant
Weiß schon Bescheid.

Kriemhild.

       Herr Rüdeger, noch Eins:
Was habt Ihr mir zu Worms am Rhein geschworen?

Rüdeger.

Daß Dir kein Dienst geweigert werden soll.

Kriemhild.

4705 Geschah das bloß in Eurem eig'nen Namen?

Etzel.

Was Rüdeger gelobte, halte ich.

Kriemhild.

Nun: König Gunther wandte still den Rücken,
Als Hagen Tronje seinen Mordspieß warf,
Hätt'st Du den Deinen heute auch gewandt,
4710 So wärst Du quitt gewesen gegen mich,

An Schauderküsse, zwischen Tod und Leben
Gewechselt in der fürchterlichsten Nacht,
Und an ein Kind, das ich nicht lieben kann!   4510
Doch meine Hochzeitsfreuden kommen jetzt,
Wie ich gelitten habe, will ich schwelgen,
Ich schenke Nichts, die Kosten sind bezahlt.
Und müßt' ich hundert Brüder nieder hauen,
Um mir den Weg zu Deinem Haupt zu bahnen,   4515
So würd' ich's thun, damit die Welt erfahre,
Daß ich die Treue nur um Treue brach.

(ab)

Fünfte Scene.

Hagen.

Nun werft Euch in die Kleider, aber nehmt
Die Waffen, statt der Rosen, in die Hand.

Giselher.

Sei unbesorgt! Ich halte fest zu Dir,   4520
Und nimmer krümmt sie mir ein Haar, auch hab'
Ich's nicht um sie verdient.

Hagen.

        Sie thut's, mein Sohn,
D'rum rath' ich, reite nach Bechlarn zurück!
Daß sie Dich ziehen läßt, bezweifl' ich nicht,
Doch mehr erwarte nicht von ihr, und eile,   4525
Sie hat ja Recht, ich that ihr grimmig weh'!

Giselher.

Du hast schon manchen schlechten Rath gegeben,
Dieß ist der schlechteste!

(ab mit Gunther und Gerenot in's Haus)

Sechste Scene.

Hagen.

Begreifst Du den?
Er hat kein mildes Wort mit mir gesprochen,
4530 Seit wir zurück sind aus dem Odenwald,
Und jetzt —

Volker.

Ich habe nie an ihm gezweifelt,
So finster seine Stirn auch war. Gieb Acht:
Er flucht Dir, doch er stellt sich vor Dich hin,
Er tritt Dir mit der Ferse auf die Zehen
4535 Und fängt zugleich die Speere für Dich auf!
Des Weibes Keuschheit geht auf ihren Leib,
Des Mannes Keuschheit geht auf seine Seele,
Und eher zeigt sich Dir das Mägblein nackt,
Als solch ein Jüngling Dir das Herz entblößt.

Hagen.

4540 Es thut mir leid um dieses junge Blut! —
Der Tod steht aufgerichtet hinter uns,
Ich wickle mich in seinen tiefsten Schatten,
Und nur auf ihn fällt noch ein Abendroth.

(Beibe ab)

Siebente Scene.
Etzel und Dietrich (treten auf).

Dietrich.

Nun siehst Du selbst, wozu Kriemhild sie lud.

Etzel.

4545 Ich seh's.

Dietrich.

Mir schien sie immer eine Kohle,
Die frischen Windes in der Asche harrt.

Etzel.

Mir nicht.

Dietrich.

Hast Du denn Nichts gewußt?

Etzel.

Doch, doch!

Allein ich sah's mit Rüdegers Augen an
Und dachte, Weiberrache sei gesättigt,
Sobald sie ausgeschworen.

Dietrich.

Und die Thränen?   4550

Das Trauerkleid?

Etzel.

Ich hörte ja von Dir,
Daß Eure Weise sei, den Feind zu lieben
Und mit dem Kuß zu danken für den Schlag:
Ei nun, ich hab's geglaubt.

Dietrich.

So sollt' es sein,

Doch ist nicht Jeder stark genug dazu.   4555

Etzel.

Auch dacht' ich mir, als sie so eifrig trieb,
Die Boten endlich doch hinab zu senden,
Es sei der Mutter wegen, denn ich weiß,
Daß sie nicht all zu kindlich von ihr schied,
Und auch, daß sie's bereut!   4560

Dietrich.

Die Mutter ist
Daheim geblieben, und ich zweifle selbst,
Daß man sie lud. Die Andern aber haben
Den Hort, um den sie doch so viel gewagt,
Die Nacht vor ihrer Fahrt bei Fackelschein
4565 Auf Nimmerwiedersehn im Rhein versenkt.

Etzel.

Warum denn blieben sie nicht auch daheim?
Sie fürchteten doch nicht, daß ich den Geigern
Mit Ketten und Schwertern folgte?

Dietrich.

Herr, sie hatten
Kriemhild ihr Wort gegeben, und sie mußten
4570 Es endlich lösen, denn wen gar Nichts bindet,
Den bindet das nur um so mehr, auch war
Ihr Sinn zu stolz, um die Gefahr zu meiden
Und Rath zu achten. Du bist auch gewohnt,
Dem Tod zu trotzen, doch Du brauchst noch Grund,
4575 Die nicht! Wie ihre wilden Väter sich
Mit eig'ner Hand nach einem lust'gen Mahl
Bei Sang und Klang im Kreise ihrer Gäste
Durchbohrten, wenn des Lebens beste Zeit
Vorüber schien, ja, wie sie trunk'nen Muths
4580 Wohl gar ein Schiff bestiegen und sich schwuren,
Nicht mehr zurück zu kehren, sondern draußen
Auf hoher See im Brudermörderkampf,
Der Eine durch den Anderen, zu fallen
Und so das letzte Leiden der Natur
4585 Zu ihrer letzten höchsten That zu stempeln,
So ist der Teufel, der das Blut regiert,

Auch noch in ihnen mächtig, und sie folgen
Ihm freudig, wenn es einmal kocht und dampft.

Etzel.

Sei's, wie es sei, ich danke Dir den Gang,
Denn nimmer mögt' ich Kriemhilds Schuldner bleiben,   4590
Und jetzt erst weiß ich, wie die Rechnung steht.

Dietrich.

Wie meinst Du das?

Etzel.

    Ich glaubte viel zu thun,
Daß ich mich ihrer nach der Hochzeitsnacht
Sogleich enthielt —

Dietrich.

   Das war auch viel.

Etzel.

     Nein, nein,
Das war noch Nichts! Doch so gewiß ich's that,   4595
Und noch gewisser, thu' ich mehr für sie,
Wenn sie's verlangt. Das schwör' ich hier vor Dir!

Dietrich.

Du könntest —

Etzel.

    Nichts, was Du verdammen wirst,
Und doch wohl mehr, als sie von mir erwartet,
Sonst hätt' sie längst ein and'res Spiel versucht.   4600

(im Abgehen)

Ja, ja, Kriemhild, ich schlage meine Schwäher
Nicht höher an, wie Deine Brüder Du,
Und wenn sie nur noch Mörder sind für Dich,
Wie sollten sie für mich was Bess'res sein!

(Beide ab)

Achte Scene.

Dom.

(Viele Gewappnete auf dem Platz. Kriemhild tritt mit Werbel auf.)

Kriemhild.

4605   Hast Du die Knechte von den Herrn getrennt?

Werbel.

So weit, daß sie sich nicht errufen können.

Kriemhild.

Wenn sie in ihrem Saal beisammen sitzen
Und essen, überfallt Ihr sie und macht
Sie Alle nieder.

Werbel.

Wohl, es wird gescheh'n.

Kriemhild (wirft ihren Schmuck unter die Heunen).

4610   Da habt Ihr Handgeld! — Reißt Euch nicht darum,
Es giebt genug davon, und wenn Ihr wollt,
So regnet's solche Steine noch vor Nacht.

(Jubelgeschrei)

Neunte Scene.

Rüdeger (tritt auf).

Rüdeger.

Du schenkst das halbe Königreich schon weg?

Kriemhild.

Doch hab' ich Dir das Beste aufgehoben.

(zu den Heunen)

4615   Seid tapfer! Um den Hort der Nibelungen

Ein jäher Schrei: Hier fällt ein Tropfen Bluts,
Man lauscht! Hinab! Husch, husch! Und Alles aus.

Rüdeger.

Und dieser Tropfen?

Dietrich.

    War von meinem Arm,
Ich hatte, aufgestützt, das Tuch verschoben   1850
Und kam so um das Beste, um den Schlüssel,
Jetzt aber, fürcht' ich, brauch' ich ihn nicht mehr!

Achtzehnte Scene.

Die Nibelungen (treten ein, von Iring und Thüring geführt.
Zahlreiches Gefolge).

Rüdeger.

Sie kommen.

Dietrich.
   Wie zur Schlacht.

Rüdeger.

      Nur Nichts bemerkt.

Hagen.

Ihr lebt hier still, Herr Dietrich. Wie vertreibt
Ihr Euch die Zeit?

Dietrich.
   Durch Jagd und Waffenspiel.   1855

Hagen.

Doch! Davon hab' ich heut' nicht viel erblickt.

Dietrich.

Wir haben einen Todten zu begraben.

Hagen.

Ist's der, den Volker aus Verseh'n erstach?
Wann wird das sein? Da dürfen wir nicht fehlen,
4860 Um Reu' und Leid zu zeigen.

Dietrich.

Wir erlassen's
Euch gern.

Hagen.

Nein, nein! Wir folgen!

Dietrich.

Still! Der König!

Neunzehnte Scene.

Etzel (tritt mit Kriemhild ein).

Etzel.

Auch hier in Waffen?

Hagen.

Immer.

Kriemhild.

Das Gewissen
Verlangt es so.

Hagen.

Dank, edle Wirthin, Dank!

Etzel (setzt sich).

Gefällt es Euch?

Kriemhild.

Ich bitte, wie es kommt.

Gunther.

Wo sind denn meine Knechte?

Kriemhild.

           Wohl versorgt.   1865

Hagen.

Mein Bruder steht für sie.

Etzel.

           Und ich, ich stehe

Für meinen Koch.

Dietrich.

     Das ist das Wichtigste!

Hagen.

Der leistet wirklich viel. Ich hörte oft,
Der Heune haue vom lebend'gen Ochsen
Sich eine Keule ab und reite sich   1870
Sie mürbe unter'm Sattel —

Etzel.

          Das geschieht,
Wenn er zu Pferde sitzt, und wenn's an Zeit
Gebricht, ein lust'ges Feuer anzumachen.
Im Frieden sorgt auch er für seinen Gaumen
Und nicht bloß für den undankbaren Bauch.   1875

Hagen.

Schon gestern Abend hab' ich das bemerkt.
Und solch ein Saal dabei! Auf dieser Erde
Kommt Nichts dem himmlischen Gewölb so nah',
Man sieht sich um nach dem Planetentanz.

Etzel.

Den haben wir nun freilich nicht gebaut! —   1880
Es ging mir wunderlich auf meinem Zug:

Als ich ihn antrat, war ich völlig blind,
Ich schonte Nichts, ob Scheune oder Tempel,
Dorf oder Stadt, ich warf den Brand hinein.
4885 Doch als ich wiederkehrte, konnt' ich seh'n,
Und halbe Trümmer, um die letzte Stunde
Mit Sturm und Regen kämpfend, brangen mir
Das Staunen ab, das ich dem Bau versagt,
Als er noch stand in seiner vollen Pracht.

Volker.

4890 Das ist natürlich. Sieht man doch den Todten
Auch anders an, als den Lebendigen,
Und gräbt ihm mit demselben Schwert ein Grab,
Mit dem man kurz zuvor ihn nieder hieb.

Etzel.

So hatt' ich auch dies Wunderwerk zerstört
4895 Und fluchte meiner eig'nen Hand, als ich's
Im Schutt nach Jahren wieder vor mir sah.
Da aber trat ein Mann zu mir heran,
Der sprach: Ich hab's das erste Mal erbaut,
Es wird mir auch das zweite Mal wohl glücken!
4900 Den nahm ich mit und darum steht es hier.

Zwanzigste Scene.

Ein Pilgrim (tritt ein, umwandelt die Tafel und bleibt bei Hagen
stehen).

Pilgrim.

Ich bitt' Euch um ein Brod und einen Schlag,
Das Brod für Gott den Herrn, der mich geschaffen,
Den Schlag für meine eig'ne Missethat.
              (Hagen reicht ihm ein Brod.)

Ich bitt'! Mich hungert, und ich darf's nicht essen,
Bevor ich auch den Schlag von Euch empfing.   4905

Hagen.

Seltsam!

(giebt ihm einen sanften Schlag. Pilgrim geht.)

Einundzwanzigste Scene.

Hagen.

Was war denn das?

Dietrich.

Was meint Ihr wohl?

Hagen.

Verrückt?

Dietrich.

Nicht doch! Ein stolzer Herzog ist's.

Hagen.

Wie kann das sein?

Dietrich.

Ein hoher Thron steht leer,
So lang' er pilgert, und ein edles Weib
Sieht nach ihm aus.

Hagen (lacht).

Die Welt verändert sich.   4910

Rüdeger.

Man sagt, er sei schon einmal heimgezogen
Und an der Schwelle wieder umgekehrt.

Hagen.

Fort mit dem Narren! Käm' er noch einmal,
So weckt' ich rasch mit einem andern Schlag
4915 Den Fürsten in ihm auf.

Dietrich.

      Es ist doch was!
Zehn Jahre sind herum, und endlich kommt er
Des Abends auf sein Schloß. Schon brennt das Licht,
Er sieht sein Weib, sein Kind, er hebt den Finger,
Um anzupochen, da ergreift es ihn,
4920 Daß er des Glückes noch nicht würdig ist,
Und leise, seinem Hund, der ihn begrüßt,
Den Mund verschließend, schleicht er wieder fort,
Um noch einmal die lange Fahrt zu machen,
Von Pferdestall zu Pferdestall sich bettelnd
4925 Und, wo man ihn mit Füßen tritt, verweilend,
Bis man ihn küßt und an den Busen drückt.
Es ist doch was!

Hagen (lacht).

      Ha, ha! Ihr sprecht, wie unser
Kaplan am Rhein!

Etzel.

      Wo bleiben aber heut'
Die Geiger nur?

Kriemhild.

      Es ist ja Einer da,
4930 Der alle Andern zum Verstummen bringt.
So spielt denn auf, Herr Volker!

Volker.

      Sei's darum,
Nur sagt mir, was Ihr hören wollt.

Kriemhild.

Sogleich!

(Sie winkt einem Diener, welcher abgeht.)

Giselher (erhebt den Becher und trinkt).

Schwester!

Kriemhild (gießt ihren Becher aus, zu Rüdeger,

Du haft Dein Haar zu lieb gehabt,
Jetzt wirst Du mehr verlieren!

Zweiundzwanzigste Scene.

Otnit (wird von vier Reifigen auf goldenem Schild herein getragen).

Etzel.

Das ift recht!

Kriemhild.

Seht Ihr dies Kind, das mehr der Kronen erbt,   1935
Als es auf einmal Kirschen essen kann?
So fingt und spielt zu seinem Ruhm und Preis.

Etzel.

Nun, Vettern? Ift der Junker groß genug
Für seine Jahre?

Hagen.

Gebt ihn erst herum,
Daß wir ihn recht befeh'n.

Kriemhild (zu Otnit).

Mach' Du den Hof,   1940
Bis man ihn Dir macht.

(Otnit wird herumgegeben; wie er zu Hagen kommt:)

Etzel.

Nun?

Hagen.

Ich mögte schwören,
Er lebt nicht lange!

Etzel.

Ist er denn nicht stark?

Hagen.

Ihr wißt, ich bin ein Elfenkind und habe
Davon die Todtenaugen, die so schrecken,
1945 Doch auch das doppelte Gesicht. Wir werden
Bei diesem Junker nie zu Hofe geh'n.

Kriemhild.

Ist dies das Lied? Da spricht wohl nur Dein Wunsch!
Macht Ihr es gut, Herr Volker, stimmt nicht länger,
Der junge König nimmt's noch nicht genau.

Dreiundzwanzigste Scene.

Dankwart (tritt in blutbedecktem Panzer ein).

Dankwart.

4950 Nun, Bruder Hagen, nun? Ihr bleibt ja lange
Bei Tische sitzen! Schmeckt's denn heut' so gut?
Nur immer zu, die Zeche ist bezahlt!

Gunther.

Was ist gescheh'n?

Dankwart.

Von allen den Burgunden,
Die Ihr mir anvertrautet, ist nicht Einer
4955 Am Leben mehr. Das war für Euren Wein.

Hagen (steht auf und zieht. Getümmel).

Und Du?

Kriemhild.

Das Kind!   Mein Kind!

Hagen (sich über Otnit lehnend zu Dankwart).

Du triefst von Blut!

Kriemhild.

Er bringt es um!

Dankwart.

Das ist nur rother Regen,
(Er wischt sich das Blut ab.)
Du siehst, es quillt nicht nach, doch alle Andern
Sind hin.

Kriemhild.

Herr Rüdeger!   Helft!

Hagen (schlägt Otnit den Kopf herunter).

Hier, Mutter, hier! —
Dankwart, zur Thür!

Volker.

Auch da ist noch ein Loch!   1960
(Dankwart und Volker besetzen beide Thüren des Saales.)

Hagen (springt auf den Tisch).

Nun, laßt denn seh'n, wer Todtengräber ist.

Etzel.

Ich! — Folgt mir!

Dietrich (zu Volker).

Platz dem König!
(Etzel und Kriemhild schreiten hindurch, Rüdeger, Hildebrant, Iring und
Thüring folgen; als sich auch Andere anschließen)

Volker.

Ihr zurück!

Etzel (in der Thür).

Ich wußte Nichts vom Mord an Euren Knechten
Und hätt' ihn so bestraft, daß Ihr mir selbst
4965 In's Schwert gefallen wär't. Dieß schwör' ich Euch!
Dieß aber auch: Jetzt seid Ihr aus dem Frieden
Der Welt gesetzt und habt zugleich die Rechte
Des Kriegs verwirkt! Wie ich aus meiner Wüste
Hervorbrach, unbekannt mit Brauch und Sitte,
4970 Wie Feuer und Wasser, die vor weißen Fahnen
Nicht stehen bleiben und gefalt'ne Hände
Nicht achten, räch' ich meinen Sohn an Euch
Und auch mein Weib. Ihr werdet diesen Saal
Nicht mehr verlassen, Ihr, Herr Dieterich,
4975 Bürgt mir dafür, doch was den Heunenkönig
Auf dieser Erde einst so furchtbar machte,
Das sollt Ihr seh'n in seinem engen Raum!
(ab. Allgemeiner Kampf)

Fünfter Act.

(Vor dem Saal. Brand, Feuer und Rauch. Er ist rings mit Amelungen=
Schützen umstellt. Zu dem Saale führen von beiden Seiten breite Stiegen
hinauf, die in einem Balkon zusammenstoßen.)

Erste Scene.

(Hildebrant, Dietrich.)

Hildebrant.

Wie lange soll der Jammer denn noch dauern?

Dietrich.

So lange, fürcht' ich, bis der Letzte fiel.

Hildebrant.

Sie werden Herr des Feuers. Seht nur, seht! 1980
Schon schluckt der Rauch die lichte Flamme ein.

Dietrich.

Dann löschen sie mit Blut.

Hildebrant.

Sie waten d'rin
Bis an das Knie und können ihre Helme
Als Eimer brauchen.

Zweite Scene.

(Die Thür des Saals wird aufgerissen, Hagen erscheint.)

Hagen.

Puh!
(kehrt sich um)
Wer lebt, der ruft!

Hildebrant.

Der edle Hagen, dem Ersticken nah'! 1985
Er taumelt!

Dietrich.

Etzel, Du bist fürchterlich!
Das Schreckgesicht, das Du geseh'n am Himmel,
Das stellst Du wohl auf Erden vor uns hin.

Hagen.

Komm, Giselher, hier giebt es frische Luft!

Giselher (von innen).

4990   Ich finde nicht!

Hagen.

So taste an der Mauer,
Und folge meiner Stimme.

(tritt halb in den Saal zurück)

Falle nicht,
Da ist der Todtenberg!

(führt Giselher heraus)

Giselher.

Ha! — Das erquickt!
Ich lag schon! Dieser Qualm! Noch eher Glut!

Dritte Scene.

Gunther, Dankwart und Gerenot (erscheinen mit Rumolt in ihrer
Mitte).

Gunther.

Da ist das Loch.

Dankwart.

Schnell! Schnell!

Gerenot (aufathmend).

Das ist was werth!

Gunther (zu Rumolt, der zu fallen anfängt).

4995   Dem hilft's nicht mehr.

Hagen.

Todt?

Dankwart.

Küchenmeister, auf! —

Vorbei!

Giselher.

Durst, Durst!

Hagen.

Ei, geh doch in die Schenke
Zurück, an rothem Wein gebricht's ja nicht,
Noch sprudelt manches Faß.

Hildebrant.

Versteht Ihr das?
(deutet auf den Todtenwinkel)
Die ausgelauf'nen Fässer liegen dort!

Dietrich.

Gott helfe uns!

Hagen.

Ein Glück nur, daß der Saal   5000
Gewölbt ist. Ohne diesen Ziegelrand,
Der uns beschirmte vor dem Kupferregen,
Hätt' Alles Nichts geholfen.

Gunther.

Brät'st Du nicht
In Deinem Eisen?

Hagen.

Stell' Dich an den Wind,
Jetzt können wir ihn brauchen.

Gunther.

Weht's denn noch?   5005

Vierte Scene.

Kriemhild (aus einem Fenster).

Nun, Waffenmeister?

Hildebrant.

Schießt!
(Die Schützen erheben ihre Bogen.)

Hagen.

Ich decke Euch!
(Er erhebt seinen Schild, dieser entfällt ihm und rollt die Treppe herunter.)
Hinein!

(ruft herab)
Beseht den Schild, bevor Ihr lacht!
Er ward nur schwerer, doch mein Arm nicht schwächer,
Denn alle Eure Speere stecken d'rin!
(folgt den Uebrigen)

Fünfte Scene.

Hildebrant.

5010　Ich halt' es nicht mehr aus. Wollt Ihr denn nicht
Ein Ende machen?

Dietrich.

Ich? Wie könnt' ich das?
Ich bin des Königs Mann und um so mehr
Verpflichtet, treu zu bleiben, als ich mich
Freiwillig und aus bloßem Herzensdrang
5015　Ihm unterwarf!

Hildebrant.

Vergeßt nicht!

Dietrich.

Davon Nichts.

Hildebrant.

Die Zeit ist abgelaufen, die Ihr selbst
Euch setztet, im Gehorsam Euch zu üben,
Und Eure Zeugen leben!

Dietrich.

Heute das?

Hildebrant.

Heut' oder nie!　Die Helden können sterben,
Die Gott bis jetzt so wunderbar verschont.　　　5020

Dietrich.

Dann soll ich eben bleiben, was ich bin!
Das setzt' ich mir zum Zeichen, wie Du weißt,
Ob ich die Krone wieder tragen, oder
Bis an den Tod zu Lehen gehen soll,
Und ich, ich bin zu Beidem gleich bereit.　　　5025

Hildebrant.

Nun, wenn Ihr selber schweigt, so rede ich!

Dietrich.

Das thust Du nicht!　Auch bessertest Du Nichts!
(legt ihm die Hand auf die Schulter)
Mein Hildebrant, wenn eine Feuersbrunst
Im Haus entsteht, so kehrt der Knecht noch um,
Der seiner Pflicht gerade ledig ward,　　　5030
Und hätt' er schon die Schwelle überschritten:
Er zieht die Feierkleider wieder aus
Und wirft sein Bündel hin, um mit zu löschen,
Und ich, ich zöge ab am jüngsten Tag?

Hildebrant.

Sie werfen wieder Todte aus den Fenstern.　　　5035
Herr, endigt jetzt!　Der Teufel hat genug!

Dietrich.

Wenn ich auch wollte, wie vermögt' ich's wohl?
Hier hat sich Schuld in Schuld zu fest verbissen,
Als daß man noch zu Einem sagen könnte:
5040 Tritt Du zurück! Sie stehen gleich im Recht.
Wenn sich die Rache nicht von selbst erbricht
Und sich vom letzten Brocken schaudernd wendet,
So stopft ihr Keiner mehr den grausen Schlund.

Hildebrant (ist auf die Seite gegangen und kehrt zurück).

Nun folgen unf're Edlen endlich auch
5045 Den armen Knechten nach. Die Meisten sind
Nur noch an ihrem Panzer zu erkennen,
Der tapf're Jring flog der Schaar voran.
Herr, geht nicht hin, Ihr könnt ihn doch nicht küssen,
Sein Kopf ist ganz verkohlt.

Dietrich.

      Das treue Blut!

Hagen (wird oben wieder sichtbar).

Hildebrant.

5050 Hagen noch einmal.

Sechste Scene.

Kriemhild (tritt auf).

Kriemhild.

Schießt!

Hagen (verschwindet wieder).

Kriemhild.

      Wie Viele leben

Denn noch?

Hildebrant (deutet auf den Todtenwinkel).

Wie Viele todt sind, siehst Du hier'

Dietrich.

Alle Burgunden, die in's Land gezogen,
Sind auch gefallen —

Kriemhild.

Aber Hagen lebt!

Dietrich.

An sieben tausend Heunen liegen dort —

Kriemhild.

Und Hagen lebt!

Dietrich.

Der stolze Iring fiel.   5055

Kriemhild.

Und Hagen lebt!

Dietrich.

Der milde Thüring auch,
Irnfried und Blödel und die Völker mit.

Kriemhild.

Und Hagen lebt! Schließt Eure Rechnung ab,
Und wär't Ihr selbst darin die letzten Posten,
Die ganze Welt bezahlt mich nicht für ihn.   5060

Hildebrant.

Unhold!

Kriemhild.

Was schiltst Du mich? Doch schilt mich nur!
Du triffst, was Du gewiß nicht treffen willst,
Denn, was ich bin, das wurde ich durch die,

Die Ihr der Strafe gern entziehen mögtet,
5065 Und wenn ich Blut vergieße, bis die Erde
Ertrinkt, und einen Berg von Leichen thürme,
Bis man sie auf dem Mond begraben kann,
So häuf' ich ihre Schuld, die meine nicht.
O, zeigt mir nur mein Bild! Ich schaud're nicht
5070 Davor zurück, denn jeder Zug verklagt
Die Basilisken dort, nicht mich. Sie haben
Mir die Gedanken umgefärbt. Bin ich
Verrätherisch und falsch? Sie lehrten mich,
Wie man den Helden in die Falle lockt.
5075 Und bin ich für des Mitleids Stimme taub?
Sie waren's, als sogar. der Stein zerschmolz.
Ich bin in Allem nur ihr Wiederschein,
Und wer den Teufel haßt, der spuckt den Spiegel
Nicht an, den er befleckt mit seiner Larve,
5080 Er schlägt ihn selbst und jagt ihn aus der Welt.

Siebente Scene.
Hagen (erscheint wieder).

Hagen.

Ist König Etzel hier?

Kriemhild.
Ich sprech' für ihn.
Was wollt Ihr?

Hagen.
Off'nen Kampf in freier Luft.

Kriemhild.
Das weigr' ich Euch, und wär's nach mir gegangen,
So gäb's auch d'rinnen keinen Kampf, als den
5085 Mit Hunger und Durst und Feuer!

Dietrich.
Der König selbst!

Achte Scene.

Etzel (tritt auf).

Hagen.

Herr Etzel, ist's gescheh'n mit Eurem Willen,
Daß man den Saal in Brand gesteckt, als wir
Die Wunden uns verbanden?

Etzel.

          Habt Ihr uns
Die Todten ausgeliefert? Habt Ihr mir
Nicht selbst mein Kind verweigert?

Dietrich.

          Das war schlimm! 5090

Etzel.

Wir pflegen uns're Todten zu verbrennen!
Wenn Euch das unbekannt gewesen ist,
So wißt Ihr's jetzt.

Hagen.

          Dann seid Ihr quitt mit uns!
Gewährt uns denn, was Ihr nicht weigern könnt,
Wenn Ihr den größten Schimpf nicht wagen wollt. 5095

Kriemhild.

Der größte Schimpf ist, Euch das Ohr zu leih'n.
Schießt! Schießt!

Hagen.

      Trägt sie die Krone?

Etzel.

          Was wollt Ihr mehr?
Ich legte Euer Loos in Schwesterhand.

Kriemhild.

Die Todten hielten sie als Pfand zurück,
5100 Um auch die Lebenden hinein zu locken,
Die nicht aus Thorheit kamen.

Etzel.

Stamm um Stamm!
Sie haben meinen ausgelöscht, sie sollen
Auch selbst nicht fortbesteh'n.

Kriemhild.

Was giebt's denn hier?
Der alte Rüdeger in Wuth?

Neunte Scene.

Rüdeger (jagt einen Heunen über die Bühne und schlägt ihn mit der
Faust zu Boden).

Rüdeger.

Da liege
5105 Und spei' noch einmal Gift.

Etzel.

Herr Rüdeger,
Ihr helft dem Feind? Wir haben der Erschlag'nen
Auch ohne Euch genug.

Kriemhild.

Was hat der Mann
Gethan?

Rüdeger (zu Etzel).

Bin ich Dein bloßer Zungenfreund?
Schnapp' ich nach Gaben, wie der Hund nach Fleisch?
5110 Trag' ich den Sack, der keinen Boden hat,
Und obend'rein ein festgeleimtes Schwert?

Etzel.

Wer sagt denn das?

Rüdeger.

Wenn man's nicht sagen darf,
So schilt mich nicht, daß ich den Buben strafte:
Der warf mir das so eben in's Gesicht,
Als ich mit Thränen all des Jammers dachte,   5115
Den diese Sonnenwende uns bescheert,
Und brüllend stimmte ihm sein Haufe bei.

Kriemhild.

So stand ein ganzer Haufe hinter ihm?
Herr Rüdeger, die Strafe war zu hart,
Denn Viele, wenn nicht Alle, denken so,   5120
Und eine beſſ're Antwort wär's gewesen,
Wenn Ihr sogleich das Schwert gezogen hättet,
Um auf die Nibelungen einzuhau'n.

Rüdeger.

Ich?   Hab' ich sie nicht selbst in's Land gebracht?

Etzel.

D'rum eben ist's an Dir, sie fort zu schaffen.   5125

Rüdeger.

Nein, König, das begehrst Du nicht von mir
Du hast mir kaum gestattet, Dir die Dienste
Zu leisten, die ich Dir entgegen trug,
Und solltest fordern, was ich weigern müßte,
Und hinge Haut und Haar und Alles d'ran?   5130
Ich kann und will sie nicht vertheidigen,
Doch hab' ich sie auf Treue hergeführt,
Und darf ich sie nicht schützen gegen Dich,
So leih' ich Dir doch auch nicht meinen Arm.

Kriemhild.

5135 Du thust, als wärst Du noch ein freier Mann
Und könntest Dich entscheiden, wie Du willst!

Rüdeger.

Kann ich's denn nicht? Was hindert mich, wenn ich
Die Lehen niederlege?

Kriemhild.

Was? — Dein Eid!
Du bist bis an den letzten Odemzug
5140 Mein Knecht, und darfst mir keinen Dienst verweigern,
Wohlan denn, dieser ist es, den ich will.

Rüdeger.

Ich kann nicht sagen, daß Du lügst, und doch
Ist's nicht viel besser, denn ein and'res Weib
Hat meinen Eid gefordert und erhalten,
5145 Ein and'res aber legt ihn heute aus.

Etzel.

Du sprichst von Treue, Rüdeger. Ich darf
Dich wohl zum Zeugen nehmen, daß ich sie
Heilig zu halten weiß. Doch, gilt das hier?
Sie stehen jenseits der Natur und brauchen
5150 Als Waffe, was im Abgrund still versank,
Eh' sich der Bau der Welt zusammen schloß.
Sie werfen uns den Koth der Elemente,
Der, ausgeschieden, unten sitzen blieb,
Als sich die Kugel rundete, hinein.
5155 Sie reißen alle Nägel aus und sägen
Die Balken durch. Da mußt auch Du den Damm
Wohl überspringen, wenn Du helfen willst.

Kriemhild.

So ist's. Der gift'ge Degen ist die Schande
Des Ersten, doch der Zweite schwingt ihn frei!

Rüdeger.

Es mag so sein, es ist gewiß auch so,　　　　5160
Ich will mit Euch nicht streiten. Doch bedenkt:
Ich habe sie mit Wein und Brot begrüßt,
Als sie die Donaugränze überschritten,
Und sie geleitet bis zu Eurer Schwelle,
Kann ich das Schwert wohl gegen sie erheben,　5165
Nun sie in ihren größten Nöthen sind?
Wenn alle Arme, die man zählt auf Erden,
Im allgemeinen Aufstand der Natur
Sich gegen sie bewaffneten, wenn Messer
Und Sensen blitzten und die Steine flögen,　　5170
So fühlte ich mich immer noch gebunden,
Und höchstens stände mir ein Spaten an.

Etzel.

Ich hab' Dich auch geschont, so lang' ich konnte,
Und ruf' Dich ganz zuletzt.

Rüdeger.

　　　　　Barmherzigkeit!
Was soll ich sagen, wenn mein Eidam mir,　　5175
Der junge Giselher, entgegen tritt
Und mir die Hand zum Gruße beut? Und wenn
Mein Alter seine Jugend überwindet,
Wie tret' ich wohl vor meine Tochter hin? —
　　　　　　(zu Kriemhild)
Dich treibt der Schmerz um den Verlorenen,　　5180
Willst Du ihn auf ein Kind, das liebt, wie Du,
Und Nichts verbrach, vererben und es tödten?

Das thust Du, wenn Du mich zum Rächer wählst,
Denn, wie das blut'ge Loos auch fallen mag,

5185 Ihr wird der Sieger immer mit begraben,
Und Keiner von uns Beiden darf zurück.

Kriemhild.

Das Alles hättest Du erwägen sollen,
Bevor der Bund geschlossen ward. Du wußtest,
Was Du geschworen!

Rüdeger.

          Nein, ich wußt' es nicht,

5190 Und, bei'm allmächt'gen Gott, Du hast es selbst
Noch weniger gewußt. Das ganze Land
War Deines Preises voll. In Deinem Auge
Sah ich die erste Thräne und zugleich
Die letzte auch, denn alle andern hattest

5195 Du abgewischt mit Deiner milden Hand.
Wohin ich trat, da segnete man Dich,
Kein Kind ging schlafen, ohne Dein zu denken,
Kein Becher ward geleert, Du hattest ihn
Gefüllt, kein Brot gebrochen und vertheilt,

5200 Es kam aus Deinem Korb: wie konnt' ich glauben,
Daß diese Stunde folgte! Eher hätt' ich
Bedächtig vor dem Eid den eig'nen Hals
Mir ausbedungen, als die Sicherheit
Der Kön'ge, Deiner Brüder. Wär's Dir selbst

5205 Wohl in den Sinn gekommen, wenn Du sie
Im Kreis um Deine alte graue Mutter
Versammelt sahst, um in den Dom zu geh'n,
Daß Du dereinst ihr Leben fordern würdest?
Wie sollte ich's denn ahnen und den Ersten

5210 Und Edelsten der Jünglinge verschmäh'n,
Als er um meine Tochter warb!

Kriemhild.

Ich will
Ihr Leben auch noch heute nicht! Die Thür
Steht offen für sie Alle, bis auf Einen:
Wenn sie die Waffen d'rinnen lassen wollen
Und draußen Frieden schwören wollen, sind sie frei.   5215
Geh hin und rufe sie zum letzten Mal.

Zehnte Scene.
Giselher. (erscheint oben).

Giselher.

Bist Du es, Schwester? Habe doch Erbarmen
Mit meinem jungen Leib.

Kriemhild.

Komm nur herab!
Wer jetzt bei'm Mahle sitzt, und wär' er noch
So hungrig, soll Dir weichen, und ich selbst   5220
Kredenze Dir des Kellers kühlsten Trunk!

Giselher.

Ich kann ja nicht allein.

Kriemhild.

So bringe mit,
Was Ute wiegte, daß sie nicht mit Schmerz
Begraben muß, was sie mit Lust gebar.

Giselher.

Wir sind noch mehr.

Kriemhild.

Du wagst, mich d'ran zu mahnen?   5225
Nun ist die Gnadenzeit vorbei, und wer

Noch Schonung will, der schlage erst das Haupt
Des Tronjers ab und zeig's!

Giselher.

Mich reut mein Wort!

(verschwindet wieder)

Eilfte Scene.

Rüdeger.

Du siehst!

Kriemhild.

Das eben ist's, was mich empört!
5230 Heut' sind sie untreu, morgen wieder treu:
Das Blut des Edelsten vergießen sie,
Wie schmutz'ges Wasser, und den Höllengischt,
Der in den Adern dieses Teufels kocht,
Bewachen sie bis auf den letzten Tropfen,
5235 Als wär' er aus dem heil'gen Graal geschöpft.
Das konnt' ich auch nicht ahnen, als ich sie
So mit einander hadern sah. Mein Grab
Im Kloster war nicht still genug, daß ich
Den ew'gen Zank nicht hörte: konnt' ich denken,
5240 Daß sie, die sich das Brot vergifteten,
Sich hier so dicht zusammen knäueln würden,
Als hingen sie an Einer Nabelschnur?
Gleichviel! Der grimm'ge Mörder sprach am Sarg
In bitt'rem Hohn zu mir: Dein Siegfried war
5245 Vom Drachen nicht zu trennen, und man schlägt
Die Drachen todt. Das wiederhol' ich jetzt!
Ich schlag' den Drachen todt und Jeden mit,
Der sich zu ihm gesellt und ihn beschirmt.

Etzel.

Ihr habt den Kampf verlangt, als ich gebot,
Sie mit den stillen Schrecken einzuschließen,   5250
Die nach und nach aus allen Wänden kriechen
Und wachsen, wie der Tag — Ihr habt den Hunger
Beneidet um sein Todtengräberamt,
Als ich's ihm übertrug, und statt zu lachen,
Wie die Verlor'nen Euch aus List verhöhnten,   5255
Um Euch hinein zu locken, Eure Wappen
Empor gehalten, und durch's erste Murren
Ein Ja von mir ertrotzt. Nun fechtet's aus!
Ich werd's auch an mir selbst nicht fehlen lassen,
Wenn mich die Reihe trifft, denn Wort ist Wort.   5260

Rüdeger.

So schwer, wie ich, ward noch kein Mensch geprüft,
Denn was ich thun und was ich lassen mag,
So thu' ich bös und werde d'rob gescholten,
Und laff' ich Alles, schilt mich Jedermann.

(aus dem Saal heraus Becherklang)

Kriemhild.

Was ist denn das? Es tönt wie Becherklang!   5265

Hildebrant *(steigt hinauf).*

Kriemhild.

Mich dünkt, sie höhnen uns! Das ist die Art
Der Fröhlichen. Sie scheppern mit den Helmen
Und stoßen an.

Hildebrant.

        Nur Einen Blick hinein,
So bist Du stumm! Sie sitzen auf den Todten
Und trinken Blut.   5270

Kriemhild.

Sie trinken aber doch!

Hildebrant.

Rührt Dich denn Nichts? Noch niemals standen Männer
Zusammen, wie die Nibelungen hier,
Und was sie auch verbrochen haben mögen,
Sie haben's gut gemacht durch diesen Muth
5875 Und diese Treue, die sie doppelt ehrt,
Wenn's ist, wie Du gesagt!

Rüdeger.

        Mein Herr und König,
Du hast mich so mit Gaben überschüttet
Und mir den Dank dafür so ganz erlassen,
Daß Dir kein Knecht verpflichtet ist, wie ich.
5880 Kriemhild, ich habe Dir den Eid geschworen
Und muß ihn halten, das erklär' ich laut
Für meine Pflicht und mäkle nicht daran.
Wenn Ihr mich dennoch nieder knieen seht,
So denkt des Hirsches, der in höchster Noth
5885 Sich auch noch gegen seinen Jäger wendet,
Und ihm die einz'ge blut'ge Thräne zeigt,
Die er auf dieser Erde weinen darf,
Ob er vielleicht Erbarmen in ihm weckt.
Ich flehe nicht um Gold und Goldeswerth,
5890 Nicht um mein Leben oder meinen Leib,
Nicht einmal um mein Weib und um mein Kind,
Das Alles fahre hin, ich fleh' zu Euch
Um meine Seele, die verloren ist,
Wenn Ihr mich nicht von diesem Eide lös't.

(zu Etzel)

5895 Ich biete nicht, was Dir von selbst verfällt,
Wenn des Vasallen Zunge auch nur stockt,

Und wenn sein Auge nicht vor Freuden funkelt,
Sobald Du winkst: mein Land ist wieder Dein!

(zu Kriemhild)

Ich sage nicht: wenn Du mein Leben willst,
So nimm es hin, und wenn Du meinen Leib   5300
Verlangst, so spann' mich morgen vor den Pflug!

(zu Belben)

Ich biete mehr, obgleich dies Alles scheint,
Was Einer bieten kann: wenn Ihr es mir
Erlaßt, den Arm in diesem Kampf zu brauchen,
Soll er mir sein, als hätt' ich ihn nicht mehr.   5305
Wenn man mich schlägt, so will ich mich nicht wehren,
Wenn man mein Weib beschimpft, sie nicht beschützen
Und, wie ein Greis, den die gewalt'ge Zeit
Von seinem Schwerte schied, in voller Kraft
An einem Bettelstab die Welt durchzieh'n.   5310

Kriemhild.

Du thust mir leid, allein Du mußt hinein!
Glaubst Du, daß ich die Seele rettete,
Als ich nach einem Kampf, dem keiner gleicht,
Mit Etzel in das zweite Ehbett stieg?
O sei gewiß, der kurze Augenblick,   5315
Wo ich den Frauengürtel lösen sollte
Und fest und immer fester um mich knüpfte,
Bis er ihn zornig mit dem Dolch zerschnitt,
Der Augenblick enthielt der Martern mehr,
Als dieser Saal mit allen seinen Schrecken,   5320
Mit Glut und Brand, mit Hunger, Durst und Tod.
Und wenn ich endlich überwand im Kampf
Und, statt den Dolch zu rauben und zu tödten,
Gleichviel, ob mich, ob ihn, sein Bett beschritt,
So war's Dein Eid, der mir die Kraft verlieh,   5325
So war es dieser Tag, auf den ich hoffte,

Und diese Stunde, die ihn krönen muß.
Nun sollt' es enden, wie ein Possenspiel,
Ich hätt' mich selbst als Opfer dargebracht
5830 Und sollte doch verzichten auf den Preis?
Nein, nein, und müßte ich der ganzen Welt
Zur Ader lassen, bis zur jüngsten Taube
Herunter, die das Nest noch nicht verließ,
Ich schauderte auch davor nicht zurück.
5835 D'rum, Markgraf Rüdeger, besinnt Euch nicht,
Ihr müßt, wie ich, und wenn Ihr fluchen wollt,
So flucht auf die, sie zwingen Euch, wie mich.

Rüdeger (zu den Seinen).

So kommt!

Kriemhild.

Erst noch die Hand.

Rüdeger.

Bei'm Wiederseh'n.

Hildebrant.

Herr Dieterich von Bern, jetzt mahn' ich Euch:
5840 Werft Euren schnöden Wächterspieß bei Seite
Und schreitet ein, wie's einem König ziemt.
Zurück noch, Rüdeger, er darf's und kann's,
Er trat auf sieben Jahr in Etzels Dienst,
Und die sind um, es galt nur ein Gelübde,
5845 Und wer's nicht glaubt, dem stell' ich Zeugen auf.

Etzel.

Dein Wort genügt.

Dietrich
(der die Schwurfinger in die Höhe hob, während Hildebrant sprach).

So war's, mein Herr und König,
Doch weiß mein alter Waffenmeister nicht,

Daß ich's im Stillen neu beschworen habe,
Indem er sprach, und dies Mal bis zum Tod.

Hildebrant (tritt Rüdeger aus dem Weg).

So zieht! Doch reicht mir noch zum letzten Mal　　　5250
Die Hand, denn niemals wird es mehr gescheh'n,
Ob Ihr nun siegen oder fallen mögt.

Rüdeger.

Herr Etzel, Euch befehl' ich Weib und Kind
Und auch die armen Land'svertriebenen,
Denn was Ihr selbst an mir gethan im Großen,　　　5255
Das hab' ich Euch im Kleinen nachgemacht.

Zwölfte Scene.

Hagen und die Nibelungen (schauen aus, wie Rüdeger mit den
Seinigen emporsteigt).

Giselher.

Es giebt noch Frieden. Seht Ihr? Rüdeger!

Hagen.

Es gilt den letzten und den schwersten Kampf,
Jetzt soll sich würgen, was sich liebt.

Giselher.

　　　　　　　　　　　Du meinst?

Hagen.

Trat die Versöhnung je in Eisen auf?　　　5260
Braucht man den Panzer, um sich zu umarmen,
Treibt man die Küsse mit den Schwertern ein,
Und nimmt man all sein Volk als Zeugen mit?

Giselher.

Wir tauschten Alle in Bechlarn die Waffen,
Ich trag' die seinen, er die meinigen,　　　5265

Und das geschieht in aller Welt doch nur,
Wenn man sich niemals wieder schlagen will.

Hagen.

Hier gilt das nicht. Nein, reicht Euch nur die Hände
Und sagt Euch gute Nacht. Wir sind am Ziel.

Giselher (tritt Rüdeger entgegen).

5370 Willkommen!

Rüdeger.

Ich bin taub! — Musik! Musik!
(rauschende Musik)

Hagen.

Hätt' ich nur einen Schild!

Rüdeger.

Dir fehlt der Schild?
An einem Schilde soll's Dir nimmer fehlen,
Hier ist der meinige.
(reicht Hagen seinen Schild, während Hildebrant ihm den seinigen wiedergiebt)
Musik! Musik!
Schlagt an die Panzer, rasselt mit den Speeren,
5375 Ich habe jetzt das letzte Wort gehört!
(tritt mit den Seinigen in den Saal. Kampf)

Dreizehnte Scene.
Etzel.

Bringt mir den Helm!

Hildebrant (in den Saal schauend, ballt die Hand gegen Kriemhild).

Du, Du!

Kriemhild.

Wer ist gefallen?

Hildebrant.

Dein Bruder Gerenot.

Kriemhild.

Er hat's gewollt.

Hildebrant.

Was ist das für ein Licht, das mich so blendet?
Ich seh' nicht mehr! — Der Balmung! — Hagen schreitet
In einem Meer von Funken, wo er haut;　　　　5380
In Regenbogenfarben tanzen sie
Um ihn herum und beißen in die Augen,
Daß man sie schließen muß. Das ist ein Schwert!
Es schlägt die tiefsten Wunden, und es macht
Sie unsichtbar durch seinen Blitz. Jetzt hält　　　　5385
Der Schnitter ein! Wie steht's? Der hat gemäht!
Nur wenig Halme heben noch ihr Haupt.
Auch Giselher —

Kriemhild.

Was ist mit Giselher?

Hildebrant.

Er liegt.

Kriemhild.

Er liegt? Nun wohl, so ist es aus.

Hildebrant.

Der Tod hat wieder Odem, und es bricht　　　　5390
Von Neuem los. Wie wüthet Rüdeger!
Der löf't den Eid so treu, als thät' er's gern,
Doch ist er jetzt schon ganz allein!

Kriemhild.

So hilf!

Hildebrant.

Man schlägt die Nibelungen ohne mich! —
5395 Dankwart, Du lehnst Dich müßig in die Ecke,
Statt Deine Pflicht zu thun? Siehst Du's denn nicht,
Daß Volker stürzt? — Ach, er hat guten Grund,
Die Mauer hält ihn aufrecht, nicht der Fuß,
Der ihn durch tausend schwere Kämpfe trug! —
5400 O Gott!

Kriemhild.

     Was giebt's?

Hildebrant.

     Sie liegen Brust an Brust!

Kriemhild.

Wer?

Hildebrant.

     Rüdeger und der Tronjer!

Kriemhild.

       Schmach und Tod!

Hildebrant.

Spar' Dir den Fluch! Sie waren Beide blind
Vom angespritzten Blut und tasteten
Herum, um nicht zu fallen.

Kriemhild.

      Da verzeih' ich's.

Hildebrant.

5405 Jetzt wischen sie die Augen, schütteln sich,
Wie Taucher, küssen sich und — Willst Du mehr,
So steige selbst herauf und schau' hinein.

Kriemhild.

Was könnt' es nun noch geben, das mich schreckte?
(steigt empor)

Hagen (ihr entgegen, als sie die Treppe halb erstiegen hat).

Der Markgraf Rüdeger bittet um sein Grab!

Etzel (greift nach dem Helm, den ihm ein Diener reicht).

Nun ist's an mir, und Keiner hält mich mehr   5410

Dietrich.

Es ist an mir, der König kommt zuletzt.
(geht in den Saal)

Hildebrant.

Dem Herrn sei Preis und Dank! Die Kraft der Erde
Ward in zwei Hälften unter uns vertheilt,
Die eine kam auf all' die Millionen,
Die and're kam auf Dietrich ganz allein.   5415

Vierzehnte Scene.

Dietrich (bringt Hagen und Gunther gefesselt).

Da sind sie!

Hagen (deutet auf seine Wunden).

Alle Hähne steh'n schon auf,
Man braucht nicht erst zu dreh'n.

Gunther.

Ich mögte mich
Ein wenig setzen. Giebt's hier keinen Stuhl?

Hagen (wirft sich auf Hände und Füße nieder).

Hier, edler König, hier, und einer, der
Dir selbst sogar gehört.   5420

Dietrich.

Begnadigt sie
So weit, daß Ihr's dem Tode überlaßt,
Ob er ein Wunder dulden will.

Etzel.

Sie sollen
Bis morgen sicher sein! Dann steht's bei ihr!
Führt sie in's Haus.

(Hagen und Gunther werden abgeführt.)

Kriemhild.

Herr Hagen Tronje, hört!

Hagen (kehrt um).

5425 Was wollt Ihr, Frau?

Kriemhild.

Sogleich! — Ist König Etzel
Der einz'ge Heunen=Recke, der noch lebt?

(deutet auf den Todtenwinkel)

Mir däucht, dort rührt sich was!

Etzel.

Ja wohl! Ein Zweiter
Kriecht mühsam aus dem Todtenberg hervor,
Er braucht sein Schwert als Krücke.

Kriemhild.

Tritt heran,
5430 Verstümmelter, wenn die gebroch'nen Glieder
Dich tragen wollen, daß ich Dich bezahle,
Denn ich bin Deine Schuldnerin!

Ein Heune (tritt heran).

Kriemhild.

　　　　　　Herr Hagen,
Wo ist der Hort? Ich frag' das nicht für mich,
Ich frag's für diesen Mann, dem er gehört.

Hagen.

Als ich den Hort versenkte, mußt' ich schwören,　　　5435
Ihn keiner Menschenseele zu verrathen,
So lange Einer meiner Kön'ge lebt.

Kriemhild (heimlich zu dem Heunen).

Kannst Du das Schwert noch brauchen? Nun, so geh
Und haue den gefang'nen König nieder
Und bringe mir sein Haupt.

Heune (nickt und geht).

Kriemhild.

　　　　　　Der Schuldigste　　　　　5440
Von Utes Söhnen soll nicht übrig bleiben,
Das wär' ein Hohn auf dieses Weltgericht!

Heune (kommt mit Gunthers Haupt zurück).

Kriemhild (deutet darauf).

Kennst Du dies Haupt? Nun sprich, wo ist der Hort?

Hagen.

Da ist das Ende! Wie ich's mir gedacht!
　　　　　　(klatscht in die Hände)
Unhold, ich hab' Dich wieder überlistet,　　　　5445
Nun ist der Ort nur Gott und mir bekannt,
Und Einer von uns Beiden sagt's Dir nicht.

Kriemhild.

Dann, Balmung, leiste Deinen letzten Dienst!
(reißt ihm den Balmung von der Seite und erschlägt ihn, ohne daß er sich wehrt)

Hildebrant.

Kommt hier der Teufel doch noch vor dem Tod?
5450 Zurück zur Hölle!

(Er erschlägt Kriemhild.)

Dietrich.

Hildebrant!

Hildebrant.

Ich bin's.

Etzel.

Nun sollt' ich richten — rächen — neue Bäche
In's Blutmeer leiten — Doch es widert mich,
Ich kann's nicht mehr — mir wird die Last zu schwer —
Herr Dietrich, nehmt mir meine Kronen ab
5455 Und schleppt die Welt auf Eurem Rücken weiter —

Dietrich.

Im Namen dessen, der am Kreuz erblich!

——— — ———

Anhang.

Nibelungen=Brocken.

An seiner Waffe kenne Deinen Feind,
Die wählt er nach der innersten Natur!

„Wer die Vögelsprache kennt, der wünscht in der ersten Stunde schon, taub zu seyn." 5

Im Thier tritt die Natur dem Menschen hülflos und nackt entgegen und spricht: ich that so viel für Dich; was thust Du jetzt für mich?

Lesarten und Anmerkungen.

22*

Abkürzungen.

Bw. = Fr. Hebbels Briefwechsel mit Freunden und berühmten Zeitgenossen. Herausgegeben von F. Bamberg. Zwei Bände.

Tgb. = Fr. Hebbels Tagebücher. Herausgegeben von F. Bamberg Zwei Bände.

Nachlese = Fr. Hebbels Briefe. Nachlese. Herausgegeben von R. M. Werner. Zwei Bände.

———

Schwabacher Lettern = Gestrichenes. *h* = Hebbel eigenhändig

Die Nibelungen.

Handschriften.

H in Octav, Papier verschiedener Grösse und Farbe, wie sonst bei Hebbels ersten Niederschriften, mit dem Titel: Die Nibelungen. | Eine Tragödie | in | drei [über zwei] Abtheilungen ꟾ von | Friedrich Hebbel. | — | Den Beginn macht auf einem Grossquartblatt ein Vorwort, das Hebbel auf der Rückseite bezeichnet hat: Ungedruckt gebliebene Vorrede zu den Nibelungen. Diese Vorrede lautet:

An den geneigten Leser.

Der Zweck dieses Trauerspiels war, den dramatischen Schatz des Nibelungen-Liedes für die reale Bühne flüssig zu machen, nicht aber den poetisch-mythischen Gehalt des weit gesteckten altnordischen Sagen-
5 Kreises, dem es selbst angehört, zu ergründen, oder gar, wie es schon zum Voraus auf eine jugendliche, vor bald zwei Decennien publicirte und überdieß noch arg gemißdeutete Vorrede hin in einer Litteratur-Geschichte prophezeit wurde, irgend ein modernes Lebens-Problem zu illustriren. Die Gränze war leicht zu treffen und kaum zu verfehlen,
10 denn der gewaltige Schöpfer unseres National-Epos, in der Conception Dramatiker vom Wirbel bis zum Zeh, hat sie selbst haarscharf gezogen und sich wohl gehütet, in die Nebel-Region hinüber zu schweifen, wo seine Gestalten in Allegorien umgeschlagen und Zaubermittel an die Stelle allgemein gültiger Motive getreten wären. Ihm mit schuldiger
15 Ehrfurcht für seine Intentionen auf Schritt und Tritt zu folgen, so weit es die Verschiedenheit der epischen und dramatischen Form irgend gestattete, schien dem Verfasser Pflicht und Ruhm zugleich, und nur bei den klaffenden Verzahnungen, auf die der Geschichtschreiber unserer National-Litteratur bereits mit feinem Sinn und scharfer Betonung hin-

---

6 [rasch] publicirte   7f Gottschall?   18 Gervinus.

wies, ist er nothgedrungen auf die älteren Quellen und die historischen ²⁰
Ergänzungen zurückgegangen.

Es ist nämlich gar nicht genug zu bewundern, mit welcher
künstlerischen Weisheit der große Dichter den mystischen Hintergrund
seines Gedichts von der Menschen=Welt, die doch bei oberflächlicher Be=
trachtung ganz darin verstrickt scheint, abzuschneiden gewußt, und wie er ²⁵
dem menschlichen Handeln trotz des bunten Gewimmels von verlockenden
Riesen und Zwergen, Nornen und Balkyrien seine volle Freiheit· zu
wahren verstanden hat. Er bedarf, um nur die beiden Hauptpuncte
hervor zu heben, auf der einen Seite zur Schürzung des Knotens
keiner doppelten Vermählung seines Helden und keines geheimnißvollen ³⁰
Trunks, durch den sie herbeigeführt wird; ihm genügt als Spiral=Feder
Brunhilds unerwiederte Liebe, die eben so rasch unterdrückt, als ent=
brannt, und nur dem tiefsten Herzenskenner durch den voreiligen Gruß
verrathen, erst der glücklichen Nebenbuhlerin gegenüber wieder als Neid
in schwarzen Flammen auflobert und ihren Gegenstand auf alle Gefahr ³⁵
hin nun lieber dem Tode weiht, als ihn dieser überläßt Er über=
schreitet aber auch, obgleich ihm dieß oft und nicht ohne anscheinenden
Grund vorgeworfen wurde, auf der andern Seite bei der Lösung des
Knotens eben so wenig die Linie, wo das Menschliche aufhört, und das
tragische Interesse erlischt, ja er wagt sich noch lange nicht so weit, wie ⁴⁰
Aeschylos in seiner Klytämnestra, die, von neuen Begierden aufgeregt, weit
mehr oder doch wenigstens eben so sehr durch ihren heimtückischen Mord
den Besitz des errungenen zweiten Gatten vertheidigt, als die Manen der
hingeschlachteten Tochter sühnt. Denn, wie Kriemhilds That uns auch
anschauern mag: er führt sie langsam, Stufe nach Stufe, empor, keine ⁴⁵
einzige überspringend und auf einer jeden ihr Herz mit dem unendlichen,
immer steigenden Jammer entblößend, bis sie auf dem schwindligen
Gipfel anlangt, wo sie so vielen mit bitterm Schmerz gebrachten und
nicht mehr zurückzunehmenden Opfern das letzte, ungeheuerste noch hin=
zufügen oder zum Hohn ihrer dämonischen Feinde auf den ganzen ⁵⁰
Preis ihres Lebens Verzicht leisten muß, und er söhnt uns dadurch
vollkommen mit ihr aus, daß ihr eigenes inneres Leid selbst während
des entsetzlichen Rache=Acts noch viel größer ist als das äußere, was
sie den Anderen zufügt.

---

26 bunten über verlockenden   37 f. und — Grund am Rand für
Schuld   39 wo über bei der   und [mit ihm] erlischt, über
aufhört,   43 Besitz des am Rand zugesetzt   47 f. zuerst sie
den … Gipfel erreicht,

55 Alle Momente des Trauerspiels sind also durch das Epos selbst
gegeben, wenn auch oft, wie das bei der wechselvollen Geschichte des
alten Gedichts nicht anders sein konnte, in verworrener und zerstreuter
Gestalt oder in sprödester Kürze. Die Aufgabe bestand nun darin, sie
zur dramatischen Kette zu gliedern und poetisch zu beleben, wo es nöthig
60 war. Auf diese hat der Verfasser volle sieben Jahre Arbeit verwandt,
und die in Weimar Statt gefundene Darstellung bewies, daß er seinen
Zweck nicht verfehlt hat, denn Franz Dingelstedts geniale Leitung
erreichte mit Kräften, die zum größeren Theil doch nur für bescheidene
gelten können, einen Erfolg, der das Schicksal des Stücks auf allen
65 Bühnen sicher stellt, wo man ihm mit gutem Willen entgegen kommt,
da das moderne Virtuosenthum mit seinen verblüffenden Taschen=
spielereien nicht den geringsten Antheil daran hatte. Weitere Auf=
führungen in Berlin und Schwerin stehen bevor. Der geneigte Leser
aber wird gebeten, auch in dem Trauerspiel hinter der „Nibelungen
70 Noth" Nichts zu suchen, als eben „der Nibelungen Noth" selbst, und
diese Bitte freundlichst mit den Umständen zu entschuldigen.

Ob wir in dieser Vorrede jenen Prolog oder Epilog besitzen,
in dem Hebbel nach seinem Scherz im Brief vom 29. Februar 1862
an Julius Campe (Nachlese II S. 206) seine eigene Vortrefflichkeit aus
einander setzte, weiss ich nicht; Hebbel sagt von diesem Aufsatz: Er
ist mir schwer genug geworden, und ich fühlte mich bei der Abfassung
fast in unseren Prater versetzt, wo ein gewisser, sehr bunt angezogener
Mann die fünf Welttheile rühmt, und dann zum Eintritt einladet.
Aber . . . es muß seyn, und ich habe also in aller Kürze entwickelt, was
ich wollte, worin ich mich von meinen Vorgängern unterscheide, und wie
es mir, dem Theater und meinen bisherigen Kritikern gegenüber geglückt
ist. Es wäre daher immerhin möglich, dass diese Zuschrift an den
Leser und der wohl unterdrückte „Prospect" (Nachlese II S. 210)
identisch sind; schon Kuh theilte sie im Anhang zu seiner Ausgabe
mit, trotzdem spricht A. von Berger (Die Wage II S. 782) von
einer unveröffentlichten Erklärung Hebbels über die Nibelungen und
liess meine Anfrage leider unbeantwortet, ob er eine andere Quelle
benutzt habe. — Auf einem gleichen Grossquartblatt, wie diese Vor-

---

56 wie [das bei der mannigfaltigen] 57 konnte, am Rand
zugesetzt 58 oder über und 61 bewies, aus aller drei hat be=
wiesen, 62 zuerst nicht ganz verfehlt haben kann, 69 wird
[ersucht] 70 „der Nibelungen über diese 71 Bitte [mit dem
schon vor Erscheinung des Werks bereits gleich im Anfang]

rede steht dann die Widmung. — Anfangs der 2. Abteilung hat
sich noch das alte Titelblatt erhalten, indem Hebbel die Rückseite
für das Personenverzeichnis benutzte: Der Tragödie | Erste Ab-
theilung | Siegfrieds Tod. | Die Arbeit an dem Werke reicht vom
October 1855 bis zum März 1860, Hebbel rühmt einmal (Tgb. II
S. 443): nie habe ich ein reineres Manuscript gehabt, fast kein Wort
ist ausgestrichen, und auch jetzt glaube ich nicht, daß ich viel zu corri-
gieren nöthig habe.

Eine Abschrift von *H*, deren Fehler er Bw. II S. 393 und
508 beklagt, stellte Hebbel dem Schweriner Hoftheater zur
Verfügung und musste dann (Nachlese II S. 193) das Stück
daraus für sich copieren lassen, da er ganz ohne Manuscript
war. Diese Handschrift scheint beim Brande des Schweriner Hof-
theaters im Jahre 1882 zu Grunde gegangen zu sein, denn wieder-
holte Durchsuchungen, die auf meine Bitte in der Bibliothek und
dem Archiv angestellt wurden, ergaben kein Resultat. Für diese
verlorene Handschrift bietet einigen Ersatz

Th Für Weimar liess Hebbel durch seinen Abschreiber Lettfass
(vgl. Nachlese II S. 140) die ersten Theile copieren; den dritten
musste er in Weimar 1861 fast zur Hälfte abschreiben (vgl. Nachlese II
S. 141). Dieses Soufflierbuch hat sich erhalten in zwei Grossquart-
bänden: Die Nibelungen. Eine Tragödie in drei Abtheilungen von
Friedrich Hebbel. Ursprünglich stand in zwei Abtheilungen, Hebbel
corrigierte es. Bei dem Untertitel: Der Tragödie Erste Abtheilung:
steht Der gehörnte Siegfried. Vorspiel in einem Act. auf Rasur von
Hebbel eigenhändig, der auch das Personenverzeichnis hinzusetzte.
h in *Th*. Diese Handschrift aus dem Besitze des Weimarer Theaters
musste darum berücksichtigt werden. Aus ihr stammt

M das Münchner Soufflierbuch, das Hebbel am 28. August 1862
selbst in Weimar einrichtete und auf die Post gab. Dieses Original
scheint sich nicht erhalten zu haben, wenigstens zeigen die beiden
mir von der Kgl. Hofintendanz gütigst übersandten Exemplare der
ersten Teile keine Spur Hebbelscher Correcturen oder Striche.
M besteht nur aus dem eingerichteten Drucke der beiden ersten
Teile, und enthält die nötigen Kürzungen und ein par Zusätze, von
denen nur ein einziger (V. 1137) mit *Th* stimmt. Die übrigen —
es sind nur wenige -- verzeichne ich, weil mir das Verhältnis von
M zu Hebbels Einrichtung nicht klar ist, an den betreffenden
Stellen, ohne sie dadurch für Hebbel in Anspruch nehmen zu wollen,
sie müssen einem anderen Bearbeiter zugehören.

Drucke.

J^1 Jahrbuch Deutscher Belletristik auf 1857. Herausgegeben von Siegfried Kapper. Prag. Carl Bellmann's Verlag. S. 253—263: Die Niebelungen. [sic] Eine Tragödie von Friedrich Hebbel. Erster Act. Erste Scene. Diese erste Probe des Dramas bietet die Verse 52—265. Auf S. 218 steht eine Bemerkung darüber, dass ein Zufall aus der Feder zweier unserer gefeiertesten Dichter — Geibel und Hebbel — Scenen aus dramatischen Dichtungen dem Jahrbuch zuführte, die beide, stofflich wenigstens, zu einander in nächster verwandtschaftlicher Beziehung stehen. Aus Geibels „Brunhild" bringt J^1 S. 219—230 die Scenen IV 2—3.

J^2 Westermanns Jahrbuch der Illustrirten Deutschen Monatshefte. Neunter Band. Braunschweig 1861. No. 51. December 1860 S. 304—306: Die Werbung. Fragment aus Friedrich Hebbels Nibelungen. Es umfasst die Verse 797—940 mit folgender Anmerkung: Die Nibelungen. Eine Trilogie in drei Abtheilungen. Erste Abtheilung: Der gehörnte Siegfried. Vorspiel in einem Act. Zweite Abtheilung: Siegfrieds Tod. Tragödie in fünf Acten. Dritte Abtheilung: Kriemhilds Rache. Tragödie in fünf Acten. Das mitgetheilte Fragment ist aus dem ersten Act der zweiten Abtheilung. Die Redaction bemerkt einleitend: Wir sind dem Herrn Verfasser für Zusendung dieses Fragmentes, das wir hiermit zuerst der Oeffentlichkeit übergeben, zu besonderm Dank verpflichtet. Andere Proben scheinen in Zeitschriften nicht erschienen zu sein, wenigstens fand ich keine Spur.

Nach einer Copie aus dem Schweriner Manuscript (Nachlese II S. 193) wurde hergestellt:

E Die | Nibelungen. | — | Ein deutsches Trauerspiel | in drei Abtheilungen | von | Friedrich Hebbel. | Erster Band. | Der gehörnte Siegfried. Siegfrieds Tod. | — | Hamburg. | Hoffmann und Campe. | 1862.| 4 Bll. und 210 Seiten. Auf der Rückseite des Haupttitels (Bl. 2b) steht folgende Notiz:

Dies Trauerspiel wurde unter der genialen Leitung und liebevollen Pflege Franz Dingelstedts gleich nach seiner Vollendung in Weimar zur Darstellung gebracht, und zwar die ersten zwei Abtheilungen: „Der gehörnte Siegfried" und „Siegfrieds Tod" zuerst am 31. Januar 1861, alle drei zusammen aber, mit „Kriemhilds Rache" abschließend, am 16. und 18. Mai d. J., und zwar mit dem vollständigsten Erfolg. Den

Bühnen gegenüber ist es Manuscript; weitere Aufführungen stehen zunächst in Berlin und Schwerin bevor.

Bl. 3ᵃ Die Widmung. Bl. 4ᵃᵇ das Widmungsgedicht. S. 1 Erste Abtheilung. | Der gehörnte Siegfried. | — | Vorspiel in einem Act. | — | S. 43 Zweite Abtheilung. | Siegfrieds Tod. | — | Ein Trauerspiel in fünf Acten. | — |

Dann unter dem gleichen Titel Zweiter Band. | Kriemhilds Rache. 2 Bll. und 218 Seiten 8.⁰ Wien. Druck von Jacob & Holzhausen. Auf der Rückseite des Haupttitels 2ᵇ steht nur Den deutschen Theatern gegenüber Manuscript. S. 1 Dritte Abtheilung. | Kriemhilds Rache. | — | Ein Trauerspiel in fünf Acten. | — |

Der erste Band war am 30. Januar 1862 gedruckt, während Hebbel der zweite, wenn auch nur in Kleinigkeiten, noch immer beschäftigte (Tgb. II S. 512); über den Druck vgl. Hebbels Briefe an Julius Campe in der Nachlese. Hebbel war mit der Druckerei ausserordentlich zufrieden, hatte nur hie und da ein Komma in ein Semikolon zu verändern (Nachlese II S. 204).

Ich hielt es für angemessen, in den Anmerkungen auf Hebbels Quelle zu verweisen. und bezeichne mit

L das Nibelungenlied, das Hebbel gewiss nur in Übersetzung las. Ich besitze als Geschenk der Witwe sein Exemplar von Ludwig Braunfels' Übersetzung (Frankfurt am Main. 1846) in dem von Hebbels Hand bei einzelnen Versen und Strophen Bleistiftstriche stehen (= *bezeichnet h*). Wo ich es für angezeigt hielt, citiere ich diese Übersetzung. Hier wird das Lied in zwei Hälften unter dem Titel: Siegfrieds Tod und Kriemhildens Rache getheilt.

Ausserdem verweise ich auf ein Paar Stellen von Raupachs Tragödie in fünf Aufzügen, mit einem Vorspiel: Der Nibelungen=Hort nach der Ausgabe Ernst Raupachs dramatische Werke ernster Gattung Zweiter Band. Hamburg. Bei Hoffmann und Campe 1835 S. 169—354. Es geschieht, weil vielleicht unbewusst Einzelheiten in Hebbels treuem Gedächtnis haften geblieben waren.

Lesarten und Anmerkungen.

Titel. Eine Tragödie in drei [über zwei] *H*

Widmung. 1ff. vgl. Tgb. II S. 443: Hiebei fällt mir der Moment ein, wo ich das Nibelungen=Epos zum ersten Mal zu Gesicht bekam. Es war in Hamburg, als ich Amalia Schoppe zum ersten Mal,

aus Dithmarschen zu dem Zweck herüber gekommen, besuchte und bei
ihr zu Tisch gewesen war; sie schlief nach dem Essen und ich unterhielt
mich mit Büchern in ihrem Garten. Unter diesen befand sich, neben
Helmina von Chezys Werken, das alte Lied, und ich las den Gesang,
der Siegfrieds Tod erzählt.   33 Ernst Raupachs Nibelungenhort.
34 ff. Über Christines Spiel in diesem Stück vgl. den Brief an
Charlotte Rousseau, Wien, 11. November 1846 (Nachlese I S. 187):
Ich selbst habe nie einen mächtigeren Eindruck erfahren, als von ihrer
Chriemhild in Raupachs Nibelungenhort, so über alles Maaß elend
das Machwerk an sich auch ist. vgl. die ähnlichen Äusserungen Bw. II
S. 71. 189. Tgb. II S. 279. Nachlese I S. 191. 419   38 ff Damit
wird auf den 4. Auftritt des 4. Aufzugs in Raupachs Stück an-
gespielt.

Erste Abteilung.

Personen. 10 Ute, die Mutter des Königs. *H*   12 Recken.
fehlt *H*

Vorspiel. vor (Burgund] Erster Akt. Vorspiel. *H* Erster Act.
Erste Scene. *J*¹   Burgund fehlt *J*¹   Gunthers aus Günthers *H*
Hebbel bessert das Günther mitunter, aber nicht immer zu Gunther,
was nicht weiter verzeichnet wird.   Volker] Volcker *H* die
Orthographie schwankt öfter   Recken über Ritter *H*

Erste Scene. Sceneneinteilung fehlt *J*¹   52 Gunther.]
Giselher. *HJ*¹   65 läuen *HJ*¹   125 zuerst sein Schwert
fällt aus der Hand, *H*   nach 125 Er merkt es nicht in seinem
sel'gen Traume, *H*   131 Heh *H*   134 Blitze über Flammen
H Flammen *J*¹   142 Flammen-Burg, über Eisen-Burg, über
ehrner Burg, *H* Eisenburg, *J*¹   nach 143 Die unsichtbar in
Nebelkappen lauern [über kämpfen] *H*   144 Die über Und *H*
neben 149 steht 1. [= 100] *H*   155 f. am Rand zugesetzt *H*
vor 160 nah.) *H*   160 vgl. *L* 88.   163 vgl. *L* 60.   vor 164
gleichfalls fehlt *J*¹   167 Haus doch über Hause *H*   170 vgl.
L 102, 8.   171 vgl. *L* 102, 9.   179 zuerst geh' ich auch. *H*

Zweite Scene. vor 180 Recken über Rittern *H* seinen Rittern
*H*¹   181 ff. vgl *L* 109 ff   187 vgl. *L* 107.   196 ff. vgl.
L 43, zugleich Anspielung auf *L* 65, 7 ff, wo Siegfried wirklich
nach seiner Heimkehr den Thron erhält.   199 sein Zepter *J*¹
212 [fort] ab *H*   220 Wenn Du nicht ganz empfändest, wie *J*¹

233 verdrießt, *H J*[1]   241 vgl. *L* 129 ff   256—265 mit Bleistift gestrichen *H*   256 packte wurde von der Fürstin Wittgenstein getadelt, was Hebbel sehr begründet fand, er wollte das Wort beseitigen: Die Deutsche Sprache bietet mir gewiß einen Ausdruck, der den Wirbel der Empfindungen, die mir hier vorschwebten, mit milderen Farben malt. 14. December 1858 (Bw. II S. 533).   259 kam — Sinn, über fiel mir wieder ein, *H*   260 vgl *L* 61.   263 Kopf über Sinn *H*   nach 265 (Alle ab. Verwandlung.) *J*[1] .

Dritte Scene. Frauen-Saal. *H Th* Über diese Änderung vgl. Bw. II S. 67.   auf.)] ein.) *H*   266 ff. bezieht sich auf *L* 13 ff.   nach 301 Vor'm Regen ducken darf, dem es beliebt? *H*   304 ff. vgl. *L* 132   305 [purzeln,] kugeln, *H* 307 und 308 Rede über Ritter *H*   313 [soll] kann. *H*   325 später zugesetzt *H*   340 [so] ich *H*   341 ff. Ähnlich lässt Raupach I 5 durch Sirith und andre Frauen den Kampf zwischen Brunhild und Günther vom Fenster aus beobachten und beschreiben   347 zuerst Fremde. Ach, mein armer *H*   bei 349 steht 3. [= 300] *H*   357 Einen [Zoll] *H*   362 später zugesetzt *H*   401 zuerst Herr Hagen an *H*   421 später zugesetzt *H*   der Tronjer über Herr Hagen *H* Herr Hagen *Th*

Vierte Scene. Großer Trinksaal. *H Th*   Reden über Ritter *H*   440 mit [welchem] *H*   455 mir All? *H*   466 sich über mir *H*   468 f. über Ein grinsend Antlitz zeigte. *H* 508 [willst] magst!   511 vgl. *L* 332 *H*   520 thut's. Wie *H* 521 sein! aus Dein! *H*   521 fast wörtlich nach *L* 429, 3. 524 Thorheit!] Tollheit! *H*   526 vgl. *L* 437   nach 526 Das Andre aber durch die eig'ne Kraft! *H*   530 den Kukuk machen, d. h. meinen eigenen Namen wiederholen, meine Thaten verkünden. 531 zuerst Wenn Ihr mir trauen sollt! Doch *H*   532—534 denn — seh'n! später zugesetzt *H*   536 f. Wir — thun. am Rand zugesetzt *H* fehlt *Th*   538 ff. vgl. *L* 90 ff.   541 Niflungs *H Th*   549 erschien,] daher kam, *H Th*   551 Fremder über Fremdling *H*   567—569 zuerst gespießt, so sehr ich ihrer schonte, Und ich war Erbe! das andere später zugesetzt *H*   601 wissen, über ahnen, *H*   nach 614 mit Bleistift auf Beil[age] 1 verwiesen. die aber fehlt *H*   615—659 lauten in *H Th*

Ja, auch die Vögelsprache! Was die zwitschern,
Kann ich verstehn. Auch das ging von dem Wurm
Mit auf mich über   Doch entbehrt' ich's [gerne *H*] lieber,

Denn alle guten schweigen und die bösen
Sind voll von Blut und Flüchen. Eine Dohle
Zwar sollt' ich loben, weil sie mir zuerst
Vertraulich keck mir auf die Achsel hüpfend,
Als Alberich mir knieend Treue schwur,
Von Brunhild sprach und mir verkündigte,
Daß sie in meine Hand gegeben sey.
Doch denk' ich auch an die nicht gern, denn nur
Die Neugier trieb mich, ihrem Wink zu folgen,
Auch setzt' ich meine Nebelkappe auf,
Um nicht bemerkt zu werden. Als ich nun
Der Burg mich näherte, in der sie wohnt,
Zog ich, so hatte Alberich gerathen,
Den Balmung aus der Scheide. Da erlosch
Der Flammensee, der ihre Burg umgab,
Und sie erschien auf einer hohen Zinne
Und spähte in die Weite. Doch sie rührte
Mir nicht das Herz, wie sie dort oben stand,
Und also kehrt' ich, zwar nicht unbemerkt,
Dieß hatte ich dem tück'schen Zwerg zu danken,
Doch ungesehen, um. Nun wißt Ihr Alles,
Und seyd Ihr noch bereit, so zieh'n wir gleich.

Hagen.

Du kannst ihm trauen, so viel ist gewiß,
Ich meine, daß er hält, was er verspricht.

Volker.

Auch giebt's kein and'res Mittel, aber besser
Wär's abzustehen, als durch solche Künste
Um sie zu [werben *H*] frei'n.

Giselher.

Ja wohl.

Gunther.

Et was, mir scheint's
So wenig schimpflich, als in's Schiff zu steigen,

vor 664 steht — an fehlt *H Th*   664 endet den ersten Act *H*
665—670 als Beilage ab Act 1 auf bes. Blatt, mit Bleistift ist
beigesetzt: Vorspiel. Nach: — feiern wir zugleich.   *H*

Zweite Abteilung.

Hier als Rückseite des Personenverzeichnisses noch das alte
Titelblatt: Der Tragödie Erste Abtheilung. Siegfrieds Tod. *H*
Ein Trauerspiel] Tragödie *H*. Der Tragödie zweite Abtheilung: Sieg=
frieds Tod, Tragödie in fünf Acten. *h in Th*

Personen. 3 Sein Oheim Hagen Tronje. *H*   4 Dank=
wart, dessen Bruder. *H*   5 Volcker, der Spielmann. *H*   6 f.
Brüder des Königs. *H*   8 f. Recken. fehlt *H*   10 Rumolt,
[für Runolb] der Küchenmeister. am Rand *H*   nach 11 Kaplan.
Ein Kämmerer. *H*   12 Ute, die verwittwete Königin. *H*   13
Kriemhild, ihre Tochter. *H*   nach 13 Frigga, eine Alte. *H*
14 Island. *H*   16 f. fehlen hier *H*

Erster Act.

Erster Act. zugesetzt, daneben gestrichen (Alle ab) *H*, was
der Schluss des Vorspiels war, so dass sich Hebbels Bemerkung
Tgb. II S. 439 bestätigt: Aus den beiden Nibelungen=Acten des
vorigen Winters habe ich, auf einfach=mechanische Weise durch Weg=
nehmen des Zwischenstrichs, einen einzigen gemacht und einen zweiten
hinzugefügt, der, wenn ich nicht sehr irre, schon etwas Zaubergold des
versunkenen Horts enthält. In der ersten Gestalt enthielt der ganze
erste Teil, zuerst „Kriemhilds Leid“, dann „Siegfrieds Tod“ ge=
nannt, drei Acte (vgl. Tgb. II S. 443)   Island. *H Th*

Erste Scene. 673 zerbrach, über verschwand, *H h in Th*
682—685 Ich sollte Dir erzählen! — Merke auf! *H Th*   686 So
war's! Aus unserm Feuerberge trat *H Th*   689—691 Wie —
Wohl — fehlt *H Th*   706 f. und — Gestalt] an Größe und Gestalt
H Th   721 Nur weiter!] Der Arme! *H Th* am Rand für

Wir sahen
Uns wieder nach dem Greise um. Er war *H*
722 Frigga — war fehlt *H*   726 der — nicht über er niemals
H   747 Brunhild (ausbrechend). *H*   750 Hella, über Berge,
H   neben 778 steht 7. [= 700] *H*   795 stößt *H*   796
fehlt *H Th*

Zweite Scene. Vor 797 Island. (Brunhild, von ihren
Mägden umgeben, auf dem Thron   Frigga, die Amme, ihr zur Seite.

Siegfried, Gunther, Hagen', Dankwart und Volcker treten auf.)
J²   798 zuerst Nicht sterben und nicht werben, Königin! *H*   799
vgl. *L* 399.   803 Der Ruf von ihrer [Brunhilds] Schönheit . . .
ist übers Meer zu uns gedrungen. Raupach S. 210   810 f. zuerst
Wenn Du auch vor mir stehst, Als könnt'st Du einen vollen *H*
816 f. Laß Dir erst die bleichen Häupter zeigen, Die der Walkühr'
in gleichem Kampf verfallen. Raupach S. 211   826 zuerst her,
Siegfried, für dies warme Wort! *H*   nach 830 Voll Pracht und
Herrlichkeit, die Du nicht kennst? *H*   832 Riff, für Wrack, *H*
833 entsetzt über mit° Angst *H*   neben 867 steht mit Bleistift
Weil ✕ doch fehlt diese Beilage, die ganze Stelle bis 874 ist mit
Bleistift gestrichen *H*   870 Frigga — Brunhild — fehlt *H*
873 zuerst Die goldnen Sterne werd' *H*   876—879 auf Rasur *H*
876 gar über noch *H*   877—879

> Wie wird ihr? Sind die Nornen wirklich da
> Und haben sie das Auge ihr entsiegelt,
> Weil ihr zur Nacht das Ohr verschlossen war? *H*

neben 879 steht 8. [800] *H*   880 statt] um *H*   883 fehlt *H*
889 Farb'ge über glüh'nde *H*   898 ihn über sie *H*   nach 899
nicht gestrichen

> Dieß ist ein Zeichen, daß sich's heut' entscheidet,
> Doch auch ein Zeichen, daß sie siegen wird! *H*

908 lies Sohn ohne Komma   916 bemuthsvoll, *J² E*   vor 930

Gunther.

> Für solche Güter hätt' ich Nichts zu bieten
> Und wär' ich aller Kön'ge König auch.

darnach nicht gestrichen

Volcker.

> Mir däucht, die ist zum Weibe nicht bestimmt
> Und wär' ich Du, so kehrt' ich [um!] jetzt noch um! *H*

930—933 Friggas Rede fehlt *H*   vor 934 Laß, laß! *H*   935 f.
über Ich künd' es Dir nachher! *H*   935 bis Schluss lauten

Brunhild
(nimmt den Bogen).

Hagen
(zu Siegfried).

> Du bist des Siegs

Noch jetzt gewiß?

Achte Scene.   2601 Ruft auch aus Rufe *H*   nach 2601
zugesetzt, weil die neunte Scene gestrichen wurde:

> Und rüstet die Posaune, wenn er kommt,
> Stellt Euch im Kreise her, sein Blut wird fließen,
> Noch einmal fließen, wenn der Mörder naht.

Kaplan.

> Nicht so, Kriemhild! Der todte Bruder hier
> Er sucht den Frieden — und was suchest Du? darauf folgt
> 2612 *M*

Neunte Scene. Vgl. Tgb. II 418f. aus dem Jahre 1855:
Wenn die Kaiser von Oesterreich begraben werden, so werden sie auf dem
nächsten Wege aus der Burg zur Kapuzinergruft geführt. Angelangt
mit dem Sarg, klopft der Ceremonienmeister mit seinem Stabe an die
verschlossene Pforte und verlangt Einlaß. „Wer ist da?" antwortet
von innen der Guardian, ohne zu öffnen. „Se. Majestät, der aller=
durchlauchtigste u. s. w." Stimme von innen: „Den kenn' ich nicht!"
Der Ceremonienmeister klopft zum zweiten Mal. „Wer ist da?" —
Der Kaiser von Oesterreich! — „Den kenn' ich nicht!" Der Ceremonien=
meister klopft zum dritten Mal. „Wer ist da?" — Unser Bruder Franz!
— Augenblicklich rasselt die Pforte auf und der Sarg wird versenkt.
(Dr. Frankl.)   klopft.) gestrichen, dafür wird mit einem [eisernen]
Hammer an die Thür geklopft.) *H*   2605 Trophäen über Siegen *H*
auf Rasur *h* in *Th* Der Vers durch die Änderung gestört.   2614 f.
allein — vergilt! über vergilt! *H*   2614 daneben 8 [= 800] *H*
2624 ff. Röpe „Über die dramatische Behandlung der Nibelungen=
sage in Hebbels Nibelungen und Geibels Brunhild" (Hamburg 1865
S. 11) verweist auf Paulus Phil. 2, 5–11: Ein Jeglicher sei gesinnt
wie Jesus Christus auch war, welcher … gehorsam ward bis zum
Tode, ja bis zum Tode am Kreuze, daß sich jegliches Knie ihm
beuge … und alle Zungen bekennen sollen, daß Jesus Christus der
Herr sei, zur Ehre Gottes des Vaters.   2628—2637 gestrichen, dafür

> Er litt, wie Keiner litt, und war allmächtig
> Und doch gehorsam bis zum bittern Tod! *M*

2629 der Welt am Rand zugesetzt *H*   2632 zuerst Die Creatur
bedroh'n, auch Deinen Schmerz! *H*   2633 später zugesetzt *H*
2636 vgl. Tgb. vom 1. Januar 1857 (II S. 440): Schellings Vor=
lesung über das Wort: Er war gehorsam bis zum Tode am Kreuz!
Der Philosoph deducirte, daß Christus auch vom Vater hätte abfallen
können, und verlegte damit den Teufel unmittelbar in Gott hinein.

Seine Eröffnungsrede: „Ich hoffe. daß kein Schurke unter uns ist!"
2637 Er [aber] *H*   2639 unergründlichen über unbegreiflichen *H*
auf Rasur *h* in *Th*   2640 versagen? über verweigern? *H*   vor
2649 Giselher (die Hände erhebend). *H*   2653 ff. angeregt durch
L 984 f.   2657 f. O — Blick! später zugesetzt *H*   2658 Un=
glückliche aus Unglückseelige! *H*   2659 f. die — genug! später zu=
gesetzt *H*   2661 f. am Rand zugesetzt *H*   2688 zuzutrauen,
H   2691 [Schutz] Hut! *H*   2692 zuerst Er mußte doch den
Lindwurm erst *H*   2693 schlug er über Dich und *H*   2694—
2696 am Rand zugesetzt, aber mit Bleistift gestrichen *H*   2704
Gedenk' der ewigen Barmherzigkeit! *M*   vor 2707 [Kaplan] Ute.
H   2708 daneben 890 *H*   nach 2708 die schauerlichen Verse
zugesetzt:

> Die ganze Erde mag zu Grunde geh'n,
> Was hat sie noch? Der Beste ist erschlagen,
> Und Rache fordert das vergoßne Blut;
> Ich zahle diese heil'ge Schuld, ich schwöre!
> Jetzt aber laßt mich weinen, weinen, weinen!
> Mein Siegfried! mein Geliebter! todt! todt! todt! *M*

Dritte Abteilung.
Kriemhilds Rache.

Zuerst Titelblatt: Die Nibelungen. | Eine Tragödie | in Drei Ab=
theilungen | von | Friedrich Hebbel. Dann auf einem neuen Blatt der
besondere Titel, wobei Dritte Abtheilung. fehlt *H*   Eine Tragödie
H Th Der Tragödie dritte Abtheilung: *h* in *Th*

Personen. 12 sein Waffenmeister. fehlt *H*   14 f. nordische
Könige. fehlt *H* zugesetzt *h* in *Th*   16 f. Etzels Geiger. fehlt
H Geiger der Heunen *h* in *Th*   18 Brunhild. *H*   20
Rüdigers Gemahlin. fehlt *H*   21 deren Tochter fehlt *H*   22—25
stumm fehlt *H h* in *Th*   25 fehlt *H*   nach 25 Frigga. *h* in *Th*

Erster Act.

Erste Scene. Ute, Brunhild pp. *H Th*   Frigga,
Edewart. *h* in *Th*   2719 vgl. *L* 1110   2720 Ersetzen] Ver=
dunkeln *H Th*   2724 kannst, über darfst, *H*   2729 f. vgl. *L* 1125.

Zweite Scene   2766 ff. vgl. *L* 1143 f.   2770 Und — das? unter Aus welchem Grund? *H*   2771 Und — das! über Aus welchem Grund! *H*   2776 wieder [drückte] *H*   2779 f. Den — Der] Die dünne Hülle abzureißen wagst, Die *H Th* Lemma *h* in *Th* 2783 schleuderst;] wirfst; *H Th*   2791 jetzt, jetzt] heute *H Th* Lemma *h* in *Th*   2792 das verbieten, über untersagen, *H*   2793 nicht — Haß, über gegen Dich *H*   2797—2823 Doch — Gunther.]

Doch sonst — Was blieb von Allem, was sie war?

Ute.

Mein Sohn —

Gunther.

      Sie hört es nicht. Und wenn sie's hört,
So trifft sie's nicht. Das kenn' ich längst an ihr.
Das mild'ste Wort entlockt ihr nie ein Lächeln   [2818]
Und hätt' ich's Volkers frischem Liedermund   [2819]
In einer gold'nen Stunde abgefangen,   [2820]
Das härteste noch minder eine Thräne,   [2821]
Sie kennt die Lust und auch den Schmerz nicht mehr.   [2822]

Ute.

Mein Töchterchen —

Brunhild.

      Was willst Du? Sag's nur an,
*10   Ich thu' ja Alles.

Ute.

Komm und küsse mich!

---

*1 sonst blieb Nichts *h* in *Th*   nach *8 Wer rief sie her? *h* in *Th*   *9 Mein Töchterchen — Kein Mensch, sie kam von selbst! *h* in *Th*   *9—*11 gestrichen, dafür am Rand

Gunther.

Wie Eine, die der Mond vom Schlafe weckt
Und auf die Dächer schickt. (zu Frigga) Ein ander Mal
Hab' besser Acht! Sonst wirst Du abgesetzt.
     (zu den Recken) *h* in *Th*

Brunhild
(thut's).

Ich küsse Dich.

Gunther.

Da ist mein Glück gemalt! — *H Th*
2824 blickt — b'rein, über steht sie da, *H*   daneben 1 [= 100] *H*
2830 blind] denn *H*   2833 Steht — so!] Ist das möglich! *H Th*
2847 kann — sein: aus nur ist wahr: *H*   2850 dieß] das *H Th*
2853 wohl!] nicht. *H Th*   2861 vgl. *L* 1053 ff.   2865 pochte,
über glühte, *H*   2868 Du [selbst] *H*   2873 vgl. *L* 1051 ff.
2879 nur fühlen, über beklagen, *H*   2880 gift'ge über tapf're *H*
2901 mögte über wünscht sich *H*   2908 ff. vgl. *L* 1076 f.
2915—2938 vgl. *L* 1000 f. und 1067 ff., aber auch Raupach IV 1,
wo Hagen sagt (S. 291 f.):

>   reiches Gut vertheilte
> Frau Chriemhild schon bei Siegfrieds Leichenfeier,
> Gebete heischend für des Gatten Seele.
> Sie gab so reichlich Maaß, daß selbst die Aermsten
> Die Last des Tragens scheuend, sich gleichgültig
> Abwendeten von ihrer vollen Hand.
> Und später nahm sie jeden Anlaß wahr
> An Edle Gold zu spenden und an's Volk,
> Und diese Spenden, mächtig unterstützt
> Von ihrer Schönheit, ihrem tiefen Leid,
> Gewannen ihr die Herzen, und man sprach
> Von Siegfrieds Unglück und von ihrem Gram,
> Und eine Mordthat schalt man unf're Rache.
> Das stritt mit meines Königs Wohl und Ehre,
> Und darum nahm ich ihr den bösen Schatz.

2927 über Der] Im *H*   2928 Spender hier aus Spenderin *H*
2930 Den Stein über Das Herz *H*   2940 glaubst über meinst *H*
2945 treisen über fliegen *H*   nach 2945 wurden am Rand zwei
Verse zugesetzt, aber wieder ausradiert *H*   2947 wirft — dem
über nimmt den todten *H*

   Vierte Scene. 2956 Jeder *H Th*   2957 es] er *H Th*
2959—2964 dieses — lieben! fehlt, dafür

>   oder lehren gleich
> Zu mir zurück und das ist meine Lust. *H Th*

---

*11 vor Da] Nun seht Euch satt! *h* in *Th*

Von diesem Zusatze spricht Hebbel in einem Briefe [vom
Januar 1862] an Strodtmann: „Die tobten Eichkätzchen ... werden
in meinen „Nibelungen" in fünf neu hinzugefügten Versen ihre Grab=
schrift finden." Vgl. Nachlese II S. 203. Über Herzi, Lampi, Schatzi,
das erste Eichkätzchen, und seinen Tod vgl. Tgb. II S. 500—505
und über Semmi, das zweite, II S. 510 f. Schon am 19. October
1859 (Tgb. II S. 466) begegnet der Vers:

> „— Kätzchen, schönes Elf,
>   Gottes einz'ges Sonntagsstück."

Unter Hebbels ungedruckten Papieren bietet ein Streifen mit
Bleistift beschrieben, den Beginn eines Gedichtes:

> Auf mein Eichkätzchen.

> Allerliebstes Elfenkind
>   Hast Du Dich verspätet,
> Als beim frischen Morgenwind
>   Sich der Tag geröthet?
>
> Mußt Du jetzt zur Strafe
>   Den Tag mit durchmachen?
> Gottes einzges Sonntagsstück
>   Lauter Lust und Leben.

> Wie Maienblüthe hingehaucht,
>   Durchsichtig fast, wie Federn.

2961 Immerhin, fehlt *H Th*   2967 ff. Bei Raupach sagt Siegfried III 4 vor dem Mord auf Hagens Bemerkung, der Tiere Liebe
sei ohne Wechsel, ohne Grenzen treu:

> Du redest wahr: die treue Dogge legt
> Sich auf das Grab des Herrn, und alle Nahrung
> Verschmähend stirbt sie dem Geliebten nach.
> Was könnte mehr der Mensch?

2971 da über als *H*   2972 später zugesetzt *H*   2987 später
zugesetzt *H*   2995 ff. vgl. zu diesem Motiv Tgb. II S. 144 vom
Februar oder März 1845: Eine sehr gute Idee, die ich in meinen
alten Papieren aufgezeichnet finde, ist diese: ein Mensch, der in eine
Mährchen= und Unschuldswelt hinein gehört, tritt in die wirkliche, wie
in eine Mährchen=Welt hinein; er begreift sie nicht, er hält alle Menschen

für bezaubert, die sich um Dinge bemühen, die in seinen Augen keinen
Werth haben, und sich dagegen um andere, die ihn reizen, nicht
kümmern u. s. w. 3013 vgl. *L* 661, wo Frau Siegelinds Tod
berichtet wird. es über ihn *H* 3016 noch zweifeln aus ver=
zweifeln *h* in *Th* auf Rasur 3017 Hofe der Burgunden! *H Th*

Fünfte Scene. 3046 das geschieht am Gründonnerstag.
3048 wol zu Pfingsten. 3050 so — sind, über mehr schmecken
wollen, *H* 3074 Zum aus In *H* vor 3079 (zu der Mutter)
H 3081 zuerst Durch seinen letzten Abschieds=Druck *H* 3092
Du's [denken!] *H* 3098 den Tronjer über Herrn Hagen *H h* in
Th 3103 der Tronjer über Herr Hagen *H h* in *Th* 3111
Bessern] Andern *H Th* 3118 den Tronjer über Herrn Hagen. *H*
h in *Th* 3120 später zugesetzt *H* 3134 hättest Du im ersten
Schmerz Dir zugeschworen [über den Schwur geleistet] *H Th* 3136
daneben 4. [= 400] *H*

Sechste Scene. 3147 in Demuth über noch einmal *H* 3156
immer über nur so *H* 3158 zuerst haben, da Du feiertest *H*
3159 im Lande über auf Erden *H* 3162 (erhebt — langsam) fehlt
H Th nach 3168 ungestrichen Und harrt im Winter, wie im
Sommer aus. *H* gestrichen *Th* 3170 und lieber friert und
hungert, *H Th* 3173 zuerst Und werde Klage rufen *H* nach
3178 Erwäg' es doch und nimm Dein Wort zurück. *H* 3187
Dein ganzes *H Th* 3203 bevor es Kön'ge *H h* in *Th* auf Rasur
3206 der Tronjer über Herr Hagen *H h* in *Th* auf Rasur 3208
Einen Rock] Ein Kleid [über Tuch] *H* Ein Kleid *Th* Lemma *h* in *Th*
aber gestrichen 3214 Bei — Burgunden über An dieser Stelle
H 3216 vgl. das Epigramm Grün ist die Farbe. 3224—3310
h in *Th*, auf besonderen Blättern statt vierer ausgeschnittener
3224 bestimmst. über entscheidest. *H* 3226 alte aus edle *H*
3229 (zu den Uebrigen) *H*

Achte Scene. 3251 fliehen] fliegen *E* 3258f. hättest Du
auch nur das Ammenlied Behorcht, womit man jetzt die *H* 3268
das Schwert,] gewiß *H* 3269 Nicht wahr,] Das Schwert, *H* 3274
Du? über was Du selbst vermagst? *H* Was ich vermag, später
zugesetzt *H* 3277 (für — gewiß! fehlt *H*

Neunte Scene. (treten ein) fehlt, dafür gestrichen Hagen folgt.
H 3291 Wir huld'gen *H* (Er zieht den Degen. Ebenso sein Gefolge.)
H fehlt *Th* vor 3292 vor ihr fehlt *H* 3293—3310 (zu — ab)
fehlt *H* 3293—3305 (zu — sie! fehlt *Th* 3306 Nun — Gruft!]

Ich habe jetzt noch einen Gang zu machen, *Th* Lemma von fremder
Hand zugesetzt.　　3307 indeß — Uebrige!] indessen das Geleit!
Th　　vor 3308 (Sie geht, bleibt aber vor Edewart stehen.) *Th*　　3308 ff.
L 2321 *(bezeichnet h)* und 645.　　3308 Mein] Der *Th*　　3309
ob] wenn *Th*

Zweiter Act.

Erste Scene. 3324 Das ist wahr!] In der That! *H Th*　　3341
uns über mich *H*　　3350 Ihr die Geburt am Ende noch bezweifeln
H Th　　3353 mit] in *h* in *Th* auf Rasur　　3362 Was heimlich
möglich ist, das mag gescheh'n! *H Th*　　3365 der Tronjer über
freund Hagen *H h* in *Th*　　nach 3366 Sieh, da kommt Hagen
mit der letzten Fracht. zugesetzt *Th*　　vor 3668 Kaplan, [Der sein
Meßgeräth zusammenpackt)] *H*　　vgl. *L* 1515.　　3668 erst später
zugesetzt *H*　　3372 ff. vgl. *L* 1473 ff.　　3379 ff. vgl. *L* 1521 ff.
3390 vgl. *L* 1476, 1　　3395 f. Lindenkrone — bergend: auf Rasur
H　　3411 daneben 1. [= 100] *H*　　3440 f.

> Wo Du bist, sind zwei And're auch, Dein Schatten
> Und ich. Herr Etzel wird Dich nimmer fragen:
> Wo blieb Dein Held? Und Frau Kriemhild nicht spotten:
> Die Todten haben ihm den Weg verlegt!
> Es ist mir nur um Dich und nicht um mich. *H Th*

vor 3442 (zu Hagen) fehlt *H Th*　　3453—3459

Gunther.

Ein guter Eintritt in das Baierland.
So braucht's nur fort zu geh'n, und Alles kommt [über
　　　　　　　　　　　　　　　　　　　wird *H*]
Von selbst so, [über So kommen *H*] wie Du glaubst.

Hagen.

　　　　　　　　Das wird es auch. *H Th*
3451 ff. vgl. *L* 1500 ff., nur nennt Hebbel den Fährmann Gelfrat,
wie in *L* dessen Herr heisst; Gelfrat wird von Dankwart getödtet
3460 Netz] Bann *H Th*　　3463 wohl, es ist nicht neu; wir waren's
stets. *H Th*　　vor 3467 scharf und schroff fehlt *H Th*　　3467—3469
Sonst — Volker) fehlt, dafür

> Denn eilen müßen wir, als ob
> Wir barfuß über glüh'ndes Eisen liefen,

Wie Ordalisten, die sich reinigen,
Sonst wird der Zoll zum zweiten Mal verlangt.

(Alle ab) *H Th*

nach 3471 (Alle ab) *H*   3475 fehlt *H Th*   nach 3489 (folgen)
H Th   3490—3493 fehlen *H Th*

Zweite Scene.   Dietrich von Bern *H Th*   ihnen her
H Th   3510 edle] gute *Th*   3515—3523 vgl. an Prinzessin
Wittgenstein, Orth 10. Juli 1859 (Bw. II S. 483): Mir kommt vor,
als ob die Uhr von Europa zerschlagen wäre. Radetzky, Humboldt und
Metternich schienen, der Eine immer auf die Rechnung des Anderen, nur
so los zu leben, und wer auf sie sah, der glaubte gar nicht sterben zu
können.   3516 daneben 2. [= 200] *H*   3520 später zugesetzt
H   3524—3583 lauten in *H*

Thüring.

Ein Wunder ist's.

Iring.

Wenn ich mich selbst betrachte,
So muß ich immer an den Balken denken,
Den man so oft in Fischerhütten trifft.
Wer sieht's ihm an, daß er einmal als Mast
Des kühnsten Schiffes Stolz gewesen ist,
Nun er das Dach des nied'ren Mannes stützt,
Der ihn dem Meer als Trümmer abgewann?
Ei, Freund, das Wunder ist nicht allzu groß: [3584
Einst saßen wir auf unf'ren eignen Thronen,   [3595
10   Jetzt sind wir hier, um für den Hunnen-König   [3596
Die Nibelungen-Gäste [=Vettern *Th*] zu begrüßen   [3597]
Und nur Herr Dietrich kam aus freier [über ei'gner *H*] Wahl.

---

*1—*9 bietet auch *Th*, dann sind Blätter ausgeschnitten und
auf einem bes. Blatte von Hebbel eigenhändig *10—*12 geschrieben,
dann:

Iring.

So ist's, und dennoch brauchen wir uns nicht
Zu schämen, denn der Sturm, der uns die Kronen
Vom Haupte fegte, hat auch unf're Götter
Gestürzt und unf're stolzen Scepter modern
Bei'm Hammer Thors und Odins Zauberstab.
So blies noch keiner seit die Erde steht.

hierauf folgt 3584—3595 *h* in *Th*

Gotelinde.

Was macht denn meine Herrin, Frau Kriemhild?
Ihr habt sie doch geseh'n?

Iring.

         Sie scheint sich sehr
Zu freuen, daß die Ihren endlich kommen.   *15

Dietrich.

Ich glaub's!

Iring.

       Denn oft schon lud sie, doch [über sie *H*] umsonst.

Dietrich.

Auch dies Mal, hoff' ich!

Iring.

       Wie?

Dietrich.

         Ich weiß, warum'

Iring.

Sie sind schon unterwegs.

Dietrich.

       Man kann sich plötzlich
Entschließen, umzukehren.

Iring.

       Mir wär's recht,
Ich seh' sie gar nicht gern! Ich habe Siegfried   *20
Gekannt und mögte Dem die Hand nicht reichen,
Der ihn erschlagen hat.

Dietrich.

       Nimm das nicht so!

Iring.

Ist's denn nicht wahr?

Dietrich.

       Wie wahr es immer sey:
Es steht damit ganz eigen.

Iring. [hinter Hildebrant *H*]
Sprich.

Dietrich.

Nicht gerne,
*25   Denn Dinge giebt's, die Jedem schädlich werden,
Der sie erzählt, und Jedem, der sie hört.
Doch sey's, nur fragt mich nicht, woher ich's weiß,
Und sagt's nicht weiter.

Rübeger
(tritt mit Hildebrant, Iring und Thüring dicht an ihn heran).
Dessen sey gewiß.

Dietrich.
Wenn tausend Jahre abgelaufen sind,
*30   Kommt jedes Mal ein Jahr und in dem Jahre
Ein Tag und in dem Tage eine Stunde
Und in der Stunde noch ein Augenblick:
Wer diesen trifft, der zeugt ein Riesenkind
Und wär' er selbst ein Zwerg.

Rübeger.
War das der Fall
*35   Mit Siegfried?

Dietrich.
Kennst Du seinen Vater nicht? —
Dann werden alle Thiere plötzlich schwach,
Der Leue schrumpft zum Bären ein, obgleich
Er die Gestalt behält, der Bär zum Wolf
Und so herab, der Knabe aber saugt
*40   Ihr bestes Mark und bricht schon in der Wiege
Das Eisen, wie der stärkste Mann das Holz.

Hildebrant.
Das sah ich selbst.

Dietrich.
Es ist, als ob die Welt,
In ihrem tiefsten Grunde aufgewühlt,
Die Form verändert. Das Vergangene

24*

Ringt aus dem Grabe, und das Künftige   *45
Drängt zur Geburt, das Gegenwärt'ge aber
Setzt sich zur Wehre.

Rüdeger.

          Davon hört' ich auch.
Man sagt, es giebt ein großes Sternen=Jahr,
Das, über alles menschliche Gedächtniß
Hinaus, in langer Pause wieder kehrt.   *50
Dann sollen so, wie Thier und Pflanze jetzt,
Die Arten selbst vergeh'n und sich erneuern,
Ja, die Planeten ihren Stand vertauschen
Und Sonne und Erde mit den Rollen wechseln
Und was nicht weichen will, verschrumpft.   *53

Dietrich.

             Das trifft.
Denn stören kann man's, und ich glaube fest,
Man hat es jetzt gestört! — So wie der Knabe
Empfangen ist, wird ihm die Braut geweckt,
Mit der er Wunder=Kinder zeugen soll.
Das thun die todten Götter, diese dürfen   *60
Ein Mägdlein, das denselben Augenblick
Verschied im Arm der Mutter, neu beleben
Und ihm vererben, was sie selbst besaßen,
Und solch ein Mägdlein, glaub' ich, war Brunhild.

     [Hildebrant *H*] Jring.
Paßt denn das Alter?

        [Rüdeger. *H*] Dietrich.
       Ja.
       [Dietrich. *H*] Rüdeger.
          Das Uebrige   *65
Paßt ganz gewiß.
       [Rüdeger. *H*] Dietrich.
           Wenn diese Beiden sich
Vermählen, kommt ein anderes Geschlecht
Und droht der Menschheit mit dem Untergang.
Dann aber regt auch die sich, wie noch nie,

*70   Und eine zweite Braut, mit jedem Reiz
           Geschmückt, den je ein Weib besessen hat,
           Tritt mit der ersten in den Kampf. Wenn sie
           Den Sieg behält, so ist die Welt gerettet
           Und rollt auf's Neue Tausend Jahre fort,
*75   Doch sind die Drei dem Tode auch geweiht
           Und immer kleiner wird das irb'sche Maaß.

3568 ff. vgl. an Elise, 31. December 1842 (Bw. I S. 113): In der
Jugend denkt man sich den Jahreswechsel als etwas Geheimnißvolles.
Man glaubt, das große Räderwerk der Zeit sey abgelaufen und werde
nun von Gottes Hand wieder aufgewunden.   3374 ff. vgl. Tgb.
vom October 1853 (II S. 375):   Ein Fluch, den der Verfluchte
nicht hört, wie er ausgestoßen wird, weil er Lärm machen läßt, und
den er Wort für Wort in der Seele vernimmt, in dem Moment,
wo er sich vollzieht.   vor 3584 nur Götelinde. *H*   3584 Da
— sie. über Sie kommen. *H*   darnach (Trompeten) *H*   3585 den
Tronjer!] Herrn Hagen. *H*   (zu den Recken) fehlt *H Th*   denn,] nun
H   3586—3590

                          Dietrich
                        (zu Ihring).

           Begreifst Du jetzt? Ein Mord ist zwar ein Mord,
           Doch, däucht mir, spricht aus Hagens dunkler That
           Ein Haß, den die Natur vertreten muß! —
           Schweigt aber, schweigt! Der mir's erzählte, ist
           Todt umgefallen, als er fertig war,
           [Weh] Und wehe dem, der redet ohne Noth.
                        (Alle ab) *H*

nach 3588 (Die Könige u. s. w. ab) *Th*   3589—3590 fehlt *Th*
     Dritte Scene.   vor 3591 Götelinde (am Fenster). *H*   3593
nur Gudrun. *H* Gudrun (folgt, dann plötzlich aufschreiend). *Th* vgl. *L* 1604 f.
3594 zuerst Den Hagern mit den fürchterlichen Augen, *H*   3601 ff.
vgl. *L* 1311.   3605 uns] wir *h* in *Th* auf Rasur
     Vierte Scene.   3617 meinen guten *H Th*   eilig fehlt *H Th*
3627 ff. nach *L* 1636 ff.   nach 3644

                          Götelinde.

           Ja, leider! Hätt' ich sonst wohl Den gewählt? *H*
3647 trotz'ger unter starker *H*
     Fünfte Scene.   Diese Scene ist angeregt durch *L* 1614.
3665 später zugesetzt *H*   3666 aus!] fort! *H Th*   3668

[Gewiß] Ja *H*　　　3682 glaub' über that *H*　　　3689 großen über
Eurem *H*　　mir [recht] *H*　　　3690 über Nach einem andern
brenne ich. *H*

Sechste Scene. 3692 später zugesetzt *H*　　　3694 So haben
wir bei Etzel einen Freund. (folgt) *H Th*

Siebente Scene. 3701 daneben 4. [= 400] *H*

Achte Scene. Volker (auftretend). *H Th*　　　3712 Wo] Wer *H*
just!] her! *H Th*

Neunte Scene. 3714 später zugesetzt *H* zugesetzt *h* in *Th*
3722 halt' — dann. über halte treu, *H*　　　vor 3724 (winkt Göteltnden
und Gudrun). *H Th*　　　3725 vgl. 3733 und 3750 f.　　　3748 (zu Hagen)
fehlt *H Th*　　　3750 Hände! (es geschieht.) *H Th*　　　3753 Doch [Nur]
H　　　3758 vgl. *L* 1662 *bezeichnet h*

Eilfte Scene. 3768 weise über Deine *H*　　　Zauberborn] Schooß
der Donau *H Th*　　　3778—3854 auf eingeklebten Blättern *h* in *Th*
3778 Du Dich entfernst, *H Th*　　　3780 Befiehlst Du's *H Th*　　ge-
bieten] befehlen *H Th*　　　3784—3792

Volker.

Zu Tisch! [Wie käm' er nur durch's Baierland.]
(folgen den Andern) *H*
Und wenn der Tod uns wirklich dräuen sollte,
So bringen wir ihn mit. Doch, komm nur Tod!
(Er schlägt Hagen auf die Schulter und Beide folgen den Anderen.) *Th*

Dritter Act.

Erste Scene. 3793—3810 fehlen *H Th*　　.3811 Brunhild,
die Königin, geseh'n? *H Th*　　　3812 f.

Werbel.

Mit keinem Blick, so höflich wir auch baten.

Kriemhild.

Auch ihre Amme nicht?

Werbel.

Die lebt nicht mehr,
Man fand sie todt bei ihren Runentafeln
Und wunderliche Reden gehen um. *H*

3812 Die — Mensch.] Mit keinem Blick. *Th*   3813 Gar wunder=
liche *Th*   3814 geflüstert,] erzählt, *Th*   3814—3826 lauten in *H*

Werbel.

      Man erzählt sich so.
Die Königin ist plötzlich ohne Sinne,
Sie hört und sieht nicht mehr und setzt den Becher,
Aus dem sie eben trinkt, nicht wieder ab,
Als wär' er ihr am Munde festgewachsen,
So daß die Gäste es mit Grausen seh'n.
Da eilt man zu der Alten in die Kammer,
Wo sie die Nacht hindurch zu rechnen pflegt,
Und trifft sie an, wie sie im Todeskrampf
Den Stift zerbricht, den sie in Händen hält,
Und wie das letzte Röcheln ihr entfährt.

Kriemhild.

Und Brunhild?

Werbel.

      Bleibt, wie eine Sanduhr, steh'n,
Die man nicht länger dreht, als hätt' sie nur
Durch Zauberkunst gelebt und ihren Odem
Aus fremder Brust gesogen.

Kriemhild.

       Starb sie auch? [über Ist sie todt?]

Werbel.

Wohl nicht! Man hätt' sie doch begraben müssen,
Und davon weiß kein Mensch! Doch ward dies Alles
In Stall und Küche heimlich aufgelesen,
Der König sprach, sie komme mit zum Fest.

Kriemhild.

Das ist die Strafe. Habt Ihr Euch denn auch
Erkundigt nach der Schuld?

Werbel.

      Wie Du gebotst.

Kriemhild.

Und habt Ihr etwas Anderes vernommen,
Als ich gesagt?

Werbel.

Wir haben umgefragt
In Hütten und Palästen, und wir hörten
Dein Echo überall.

Kriemhild.

So wißt Ihr denn,
Daß ich nur will, was heilig und gerecht
Erfunden wird bei Heiden, wie bei Christen,
Und was das letzte Weib noch wollen darf,
Doch sollt Ihr es mit eig'nen Ohren hören,
Daß sich der Mörder selbst zur That bekennt.

Werbel.

Der Mörder selbst?

Kriemhild.

Er läugnet's sicher nicht,
Denn groß, wie seine Bosheit, ist sein Trotz.

Werbel.

Uns gilt es gleich.

Kriemhild.

Mir aber liegt daran,
Daß auch sein eignes Zeugniß mir nicht fehlt.
Und wie man heft'ger auf die Schlange tritt,
Wenn sie den Stachel zeigt, als wenn sie bloß
Im gleißnerischen Farbenschimmer prunkt,
So wird ihn Euer Schwert auch grimm'ger treffen,
Wenn Ihr ihn seht in seinem Uebermuth.

Werbel.

Den kennen wir auch ohne das genug.

Kriemhild.

Und meine Mutter ...

3816 f.

Kriemhild.

Wie das?

Werbel.

Als Du's verlaffen, hat fie's gleich bezogen, *Th*

3817 Wochen] Tagen *Th*   3823 vgl. Tgb. vom 4. Januar 1860
(II S. 479): Wenn es ihnen [den Nationen] aber wirklich einmal
gelingt, ihn [den Deutschen] zu verdrängen, wird ein Zustand ent=
stehen, in dem sie ihn wieder mit den Nägeln aus dem Grabe kratzen
mögten. Vgl. zu V. 1204 ff.   3823—3827 lauten in *Th*

Kriemhild.

Die feige Reue

Der Mörderin.

Werbel.

Der König gab im Zorn
Schon einmal den Befehl, sie einzumauern,
Da setzte ihre alte graue Amme
Sich eilig in die Thür! — Doch ward dieß Alles
In Stall und Küche heimlich aufgelesen,
Uns sagte man, sie komme mit zum Fest.

Kriemhild.

Das ist die Strafe. Habt Ihr Euch denn auch
Erkundigt nach der Schuld?

Werbel.

Wie Du gebotst.

Kriemhild.

Und habt Ihr etwas Anderes vernommen,
Als ich gesagt?

Werbel.

Wir haben umgefragt
In Hütten und Paläften und wir hörten
Dein Echo überall.

Kriemhild.

So wißt Ihr denn,
Daß ich nur will, was heilig und gerecht
Erfunden wird bei Heiden wie bei Christen,
Und was das letzte Weib noch wollen darf.
Doch sollt Ihr es mit eig'nen Ohren hören,
Daß sich der Mörder selbst zur That bekennt.

Werbel.

Der Mörder selbst?

Kriemhild.

Er läugnet's sicher nicht,
Denn groß, wie seine Bosheit, ist sein Trotz.
(Sie erhebt eine Locke, die sie in der Hand hält.)
Und meine Mutter ...

3828 fügte zur Erklärung Nichts hinzu? *H*   3834 fehlt, dafür

Denn sie war ganz so munter, als gesund,
Und hatte keinen Kummer, als den einen,
Daß sie ihr Enkelkind nicht sehen [soll] kann. *H*

3835 ff. dieser Traum nach *L* 1449.   3837—3844

Vom Himmel niederfallen, Groß und Klein   [3837]
Und Zahm und Wild, den Adler, wie die Taube,
Den Geier, wie den Spatz. Nicht Einer blieb
Am Leben und die Kinder scharrten sie   [3838]
Zusammen mit den Füßen, wie die Blätter   [3839]
Im Herbst. Das hat sie so erschreckt, daß sie
Am Morgen ganz verwandelt war. Sie rieth
Auf einmal von der Reise ab, zu der
Sie sonst mit allem Fleiß getrieben hatte,   [3834]
Und schnitt, als das nicht half, mit vielen Thränen   [3842]
Vom greisen Haupt die Locke sich herunter   [3843]
Und gab sie uns wie einen Brief für Dich. *H*   [3844]

3845 dafür in *H Th*

Kriemhild.

Ihr wißt, daß Ihr nur Einen treffen dürft.

Werbel.

Doch wenn die Andern dicht um ihn sich schaaren?

Kriemhild.

Das wird nicht seyn. Nun geht und werbt für mich.
Und noch einmal gelob' und schwör' ich Euch:
Der ganze Nibelungenhort ist Euer,
Sobald Ihr den erschlagen, der ihn stahl.
Ich will kein Stück davon zurück, was fehlt,

Das ward für fromme Werke ausgegeben
Und an die Rache wend' ich jetzt den Rest.

Werbel und Swemmel
(ab).

Zweite Scene. vor 3846 nochmals erhebend) *Th*   3846—3849
Sey unbesorgt, ich halte nur den Einen,
Die Andern mögen geh'n, so wie sie kommen,
Mein Herz ist todt für sie und auch für Dich! *H*

Dritte Scene. 3858 Das *H Th*   3885 wenn über da *H*
3894—3930 lauten in *H Th*

Etzel.

Wie sollt' ich das verweigern, was ich selbst
Erbitten will. Nur laß mich Deiner Huld   [3905
Den edlen Dieterich von Bern empfehlen: [3906
Wenn Du ihn ehrst, so thust Du, was mich freut.   [3907

Kriemhild.

Es soll gescheh'n, und das von Herzen gern.   [3908·

Etzel.

Er ist der Einzige von Allen hier,
Der ganz aus freien Stücken zu mir kam,
Denn niemals hätt' ich ihn bedräuen dürfen,
Wie die von Thüring und von Dänemark
10   Und all die Andern, die mir huldigten,
Ja, hätt' ich auch vorher die ganze Welt
Mir unterworfen, bis auf seinen Theil,
Es hätt' mir Nichts geholfen wider ihn.
Er hätte sagen können, er allein,
Kein Zweiter auf der Erde: Komm heraus,
Mann gegen Mann! und sicher wär' ich ihm
Im Kampf erlegen, wenn auch ohne Schimpf,
Denn er ist stark, wie's nur noch Einer war.

Kriemhild.
Weißt Du's gewiß?

---

*16 f. zuerst sicher ist's, daß ich Erlegen wäre, *H*   *18 ist —
war. gestrichen, darüber ist über allem Menschenkind. *h* in *Th*
*19 gestrichen, dafür 3922—3924 *h* in *Th*

Etzel.

Ich sah die Probe selbst.

5,   Du kennst die Heunen: tapfer, wie sie sind,   *20

]   Muß ich den Uebermuth gewähren lassen,

Der sie vom Wirbel bis zum Zeh erfüllt.

Was ich im Krieg gebrauche, darf ich nicht

Im Frieden selbst ersticken, wer zerbricht

Das Schwert, wenn's müßig in der Halle hängt,   *25

Weil man sich leicht daran die Finger ritzt?

8]   Wer's Handwerk kennt, der weiß, daß der Soldat

9]   Im Feld nur darum unbedingt gehorcht,

]   Weil er im Stall zuweilen trotzen darf,

3932 Spange] Schnalle *H Th*   3933 so hoch bezahlt. *H Th*
3948—3988 lauten in *H Th*

Kriemhild.

Wenn er so stark ist, warum dient er denn?

Etzel.

Ich weiß es nicht, und fragen mag ich nicht.

]   Erräthst auch Du es nicht? Er ist ja Christ

]   Und Ihr habt dunkle Sitten und Gebräuche,

]   Die uns so unverständlich sind, als fremd.

Ich kannte Einen, der den rechten Arm

Nicht brauchen durfte, weil er irgend wen

Damit erschlagen hatte, Andre steigen

8]   Auf hohe Säulen, und sie bleiben steh'n,

9]   Bis sie der Wirbelwind herunter wirft,   *10

6]   Und Manche schließen sich in Höhlen ein.

Vielleicht ist Dietrich auch ein solcher Büßer

Und Heiliger, das Eine ist gewiß:

]   Um Vortheil kam er nicht! Ich hätt' ihn gern

]   Mit meinem reichsten Lehen ausgestattet,   *15

0]   Doch nahm er Nichts, als einen Meierhof,

1]   Und auch von diesem schenkt er Alles weg

2]   Bis auf ein Oster-Ei, das er verzehrt.

Kriemhild.

Ich werd' ihn, nun ich dieses Alles weiß,

---

*7 irgend wen über seinen Bruder *H*   *13 Und Heiliger über
Wie Ihr es nennt, *H*

Mit Ehren überhäufen, doch ich hoffe,
Daß ich mich auch bis heut' noch nicht verging.

Etzel.

Schenk' ihm ein Lächeln, faff' ihn bei der Hand   [3974f.]
Und sag' ihm irgend was, er hat's verdient,
Denn ganz von selbst ist er hinabgezogen,   [3911]
Die Deinen zu begrüßen.

Kriemhild.
                              Ganz von selbst?

Etzel.

Wie hätt' ich mir den kleinsten Wink erlaubt?

Kriemhild.
Das ist sehr viel.

Etzel.
                              Nicht wahr? So dank's ihm auch.   [3914]

Werbel und Swemel
(treten ein).

Mein Fürst, sie nah'n.   [3976f.]

Etzel
(zu Kriemhild).
                              Nun dann!

Kriemhild.
                                        Ich geh' hinunter 2.

Und führ' sie in den Saal, Du aber bleibst   [3978]
Und schreitest ihnen einen Schritt entgegen,
Wenn sie erscheinen!

Etzel.
                              Einen einz'gen Schritt?

Es sey, doch erst betracht' ich sie durch's Fenster,   [3988]

---

*32 f. überklebt mit einem Zettel h in *Th*

Kriemhild.
Du lachst?

Etzel.
                              Weil ich der alten Zeit gedenke!

Im Schritt zu geh'n und gar dabei zu zählen,
Hab' ich erst spät gelernt.   Doch sey's darum.
Ich kann derweil die Helden mir betrachten,
Komm, Swemmel, zeig' mir einen jeden an.

84]   Komm, Swemmel, zeig' mir jeden Helden an.

(Alle ab)

3990 ff. vgl. *L* 1754, 5 ff.

     Sechste Scene. 3990 Der — Euch, über Dort wird gespeist,
H   4000 f. vgl. Tgb. II S. 435 vom November 1856 (ungedruckt):
Nach Cassiodor sagte Theodorich der Große: Die Völker stellen sich ihre
Kaiser vor, wie sein Haus aussieht. (Eitelbergers Vorlesung.)

     Siebente Scene. großem fehlt *H Th*   4011 ff. vgl. *L* 1675, 3
bezeichnet h   vor 4014 (zu Dietrich von Bern) *H Th*   4017 ff.
vgl. *L* 1676 *bezeichnet h*: Die Könige und die Mannen grüßt man
verschiedner Art.   nach 4019 vgl. *L* 1675, 4: Das sah von Tronje
Hagen; den Helm er da fester band.   4020 ff. vgl. *L* 1725 ff.
4025 vgl. *L* 1677 *bezeichnet h*: Seid dem willkommen, der Euch mag
gerne seh'n ... Sagt, was Ihr mir bringet ... Deßhalb Ihr mir so
höchlich solltet willkommen sein?   4053 trugen über hatten *H*
4055 vgl. *L* 1682.   4057 f.

     Herr Etzel hat bis diesen Tag geborgt,
       Vielleicht erläßt er Euch die ganze Schuld, *H Th*

4079 ff. vgl. *L* 1678 *bezeichnet h* auch die folgenden Reden
nach *L*   4059 f. vgl. · *L* 1683.   4061 f. vgl. *L* 1684.
4064 sind uns Adlern *H Th*   4065 ff. vgl. *L* 1685 *bezeichnet h*
4069 Vogt über Herr *H*   4075 zuerst sie verirren sollten auf *H*
4083—4108 lauten in *H* und in *Th*, wo aber auf einem besonderen
Blatt der Text eigenhändig zugesetzt ist,

              Kriemhild.

                   Fordre Diese auf, 3.
    Die Waffen her zu geben, wenn Du Frieden,
    Statt Krieg zu bringen denkst. Wie soll Herr Etzel
    Die Vettern wohl empfangen, wenn sie ihm
    Nicht bloß die Morgengabe weigern, sondern
    Auch noch geharnischt kommen? Kehr' Dich doch
    An meine Thränen nicht! Ich weinte viel,
    Allein ich litt auch viel. Soll ich's erleben,
    Daß neuer Kampf entbrennt, und daß von Neuem
    Ein Opfer fällt, das ich begraben muß?

              Dietrich.
    Das sollst Du nicht, wenn ich's verhindern kann.

---

*33 Swemmel, über Werbel, *H*

Kriemhild
(deutet auf Hagen).
So nimm ihm Schild und Schwert.

Dietrich.

Ich steh' Dir ein,
Daß er fie nicht gebraucht.

Kriemhild.

Du kennft ihn nicht
Und weißt nicht, was er wagt.

vor 4089 Hagen (lacht). *h* in *Th*   4097 ff. vgl. *L* 1802.   4098
es — nicht] ihm Nichts davon *h* in *Th*   4120 ff. vgl. *L* 1741.
4120 scheint mir, über denk' ich *H*   4124 lösen mußt. über halten
follt. *H*   nach 4124 (ab mit Rüdeger) *H Th*

Achte Scene.   4129 glupt [nd. lauern, heimtückisch sein] über
glotzt *H*   4131 ff. angeregt durch Volkers Worte *L* 1759.   1439 ff.
vgl. zu dem Motiv neben Fouqué Contessas Märchen: „Das Schwert
und die Schlangen" in den „Schriften" hg. von Ernst von Hou-
wald V S. 256 (Hebbel hatte diesen Band gelesen Tgb. I S. 265):
„Da er jetzo faft erschrocken um sich schaut, und seine Augen sich indeß
an die Dämmerung in der Höle gewöhnt haben, sieht er auf dem
Boden und an den Wänden neben ihm, und an dem Gewölbe über
ihm sich alles regen und bewegen, und gewahret endlich, daß es taufend
und abertaufend Schlangen find, die sich durcheinander ringeln, und ihn
mit glänzenden Augen anftarren." nach 4144 Durch mich aus ihrem
Tagsschlaf aufgeftört *H Th*   4169—4171

Bah! Alräunchen werden's feyn,
Die durch ihr Schreien tödten. *H Th*
die Lesart des Textes *h* in *Th*

Neunte Scene.   ihnen — Edewart fehlt *H Th*   4171 Nun,
Ihr Recken, *H Th*   4176—4299 auf eingeklebten Blätter *h* in *Th*
vor 4177 Werbel (fährt fort, wie vorher). *H*   4180—4187 (Es — uns.
fehlt *H*   4180 Beifall zu. *h* in *Th*

Zehnte Scene.   zurück] wieder aus dem Palaft *H*   4187—4197
Was giebt's?

Dankwart.
Ich halt' mich hier, wie Du befahlft.

Hagen.

Nun, Etzel ist ein Mann, der mir gefällt.

Jetzt sieh auch Du Dich um nach Tisch und Bett. *H*

4189 Eckewart heisst so *L* 1338.   4199—4203

Ja, für den Einen, kleinen, kurzen Schritt

War er fast gar zu mild.

Volker.

Er mahnte mich

An meinen Dachs, der immer doppelt wedelt, *H*

Ja, für den Einen, kleinen, kurzen Schritt

War er fast spaßhaft mild.

Dankwart.

Bei Einem Schritt

Hat er es drinnen auch bewenden lassen?

Hagen.

Ei freilich! Doch er hat ihn so gethan,

Daß Keiner sich beleidigt fühlt.

Volker.

Ich dachte

An meinen Hund, der immer doppelt wedelt, *h* in *Th*

4205 nach Thür.]

Hagen.

So war es auch,

Doch stand's ihm gut. Sein Weib hat ihm das Eine

Verboten, aber durch das And're brachte

Er's reichlich wieder ein. *H*

Hagen.

So war es auch.

Kriemhild hat ihm das Eine unter Schmätzen

Verboten, aber durch das And're brachte

Er's reichlich wieder ein. *h* in *Th*

4205—4208 Ich — schont. am Rand zugesetzt *H*   4206 Hund,]
Dachs, *H*   4207 f. zuerst Der eine Eisenkette gleich zerreißt, Doch
nicht ein Kinderhaar. *H*   4208 Kinderhaare *H*   4210 und Swemme
fehlt *H*   führ' *H*   wenn Du magst. *H*   4211 dafür

Werbel
(zu Swemmel).

Thu Du's! Nur sorge, daß kein Heune folgt, 4.
Sie haben unf're Brüderschaft verschmäht,
Nun laß sie zechen mit dem Mann im Mond.

(heimlich)

Du weißt: abseits, getrennt von diesen hier,
Die Unf'ren schickst Du nach und nach zurück,
Sie dürfen Alle trinken, nur nicht schlafen,
Ich geh' jetzt um das Wort zur Königin. *H*

Edewart — sichtbar. fehlt *H* Edewart bleibt zurück. *h* in *Th*

Eilfte Scene. 4213 bricht. *H*   4214—4217 fehlen *H*
4215—4217

Er freut sich, daß er endlich Götter hat,
Wie wir, wobei er schwören kann, und hält
Schon darum seine Eide spiegelblank. *h* in *Th*   4219 f.
und ganz besonders ist Der Geiger mir verdächtig. *H*

Eilfte bis Dreizehnte Scene. 4221—4265

Volker.

Der ist falsch,
Wie's erste Eis! Ein Kämm'rer sprach zu ihm,
Und das so laut, daß ich es hören mußte
Und hören sollte: Hast Du denn den Schlüssel
Zum Hort der Nibelungen schon am Gürtel,
Daß Du auch halten kannst, was Du versprichst?
Das war ein Wink für uns. Der Mann ist Einer
Von Denen, die sie herbegleitet haben,
Und weiß gewiß, worauf sie sinnt.

Hagen.

Er weiß
Nicht mehr, wie wir.

Volker.

Wir kennen zwar den Tod,
Doch nicht die Krankheit, die ihn bringen wird,
Und fast hätt' ich den Alten, wie er murmelnd
Und halbe Worte in die Lüfte raunend,
Mir vor die Füße ging, das Ohr gelieh'n,
Auf das er zählte.

Hagen.

Bah!

Volker.

Er sprach umsonst,
Mein Degen klirrte gar zu stark darein,
Wie ich die Marmortreppe niederstieg,
Auch klappte eine Spange auf dem Schild.

Hagen.

Dein Degen hatte Recht. Der Teufel hole
Die ganze Jagd, wenn ich den Busch schon kenne,　　　*20
In dem er sitzt! Da kommen auch die Andern!

Gunther
(hinter der Scene).

Nicht weiter! Gute Nacht.
(tritt auf mit Giselher und Gerenot)

Volker.

War das Herr Etzel,
Der von Euch schied?

Giselher.

Es war Herr Dieterich.

Hagen.

Herr Etzel [über Ei wohl! Er] setzt den König ganz bei Seite
Und giebt sich nur als Schwäher.

Giselher.

Das ist recht.　　　*25

Gunther.

Ihr schöpft noch frische Luft?

Hagen.

Da irrst Du sehr,
Wir sind schon in den Betten. Geht nur auch
Und merkt Euch Eure Träume, wie Frau Ute.
Wir passen auf, daß sie sich nicht sogleich
Verwirklichen.　　　*30

Giselher.

Ihr wollt nicht schlafen geh'n?   [4951]

Hagen.

Nein, wenn uns nicht Herr Rüdeger selbst entkleidet.   [4952]

Rüdeger.

Bewahr' mich Gott.

Giselher.

Dann wache ich mit Euch.   [4953]

Hagen.

Nicht doch, wir sind genug und steh'n Euch gut   [4954]
Für jeden Tropfen Bluts bis auf den einen,   [4955]
Von dem die Mücke lebt.

Giselher.

                        So glaubt Ihr Beide,   [4956]
Daß Etzel sich verstellt?

Hagen.

                        Ich schwör' auf ihn,
Er ist so treu, wie Deine Schwester falsch,
Doch sie hat hier Gewalt, die Menge Boten,
Die sie empfing bei Tafel, kamen nicht
Aus Küch' und Keller.

Gerenot.

                        Ja, des Flüsterns war
Ein wenig viel. Es hörte gar nicht auf.

Hagen.

Nun gute Nacht.

Gunther.

Ihr ruft?

Hagen.

                        Seyd unbesorgt,   [4959]
Es wird Euch Keiner rufen, als der Hahn.   [4960]
(Rüdeger führt die Könige ab.)

Volker.

5]   Recht hast Du.

Hagen.

Die da seh'n noch immer Nichts.

Volker.

Doch! Gunther wohl! Er ist nur noch zu stolz, *H*   **·45**

4221—4224 Auch — vor. fehlt *Th*   4226 wie — redet. fehlt *Th*
4234 Hagen (unterbricht ungestüm). *h* in *Th*   4255 ff. vgl. *L* 1766.
4267 sähe,] merkte, *H*   4269—4270

Am meisten! Alle sind in ihren Banden,
Wenn nicht mit ihr im Bund!

Volker

(deutet auf die Heunen, die nach und nach zurück schleichen).

Schau' hin, schau' hin!

Hagen.

Komm, ... *H*

4269 (Die Heunen schleichen von allen Seiten zurück.) *h* in *Th* vgl. *L* 1775.
4270 Doch — wohl] Ganz, wie ich es mir *h* in *Th*   nach 4271
den Rücken gegen die Heunen gewandt) *H* sich auf die Stiege und kehren den Heunen
den Rücken zu.) *h* in *Th*

    Vierzehnte Scene.   erscheint oben auf der Stiege mit *H*
4275—4276 fiel Und das Dazwischenstehende fehlt *H*   4275 ff.
vgl. *L* 1705 ff.   4277 So stürzt die ganze Schaar hervor. *H*
4278 Tausend.] Hundert. *H*   4283 fehlt, dafür

Hinab! Der kleine Haufe ist genug
Zum Zeugen, nicht zum Streiten. Mit der Krone
Will ich Dir folgen und den Mörder schelten,
Ihr Alle werdet seh'n, er läugnet Nichts.

(Beide ab nach verschiedenen Seiten) *H*

nach 4283 Hinab!]

Der kleine Haufe ist genug zum Zeugen,
Zum Streiten nicht! Fort! Fort! Mit meiner Krone
Will ich Dir folgen und den Mörder schelten,
Ihr Alle werdet seh'n, er läugnet Nichts.

(Beide ab) *h* in *Th*

Funfzehnte Scene. vgl. *L* 1771 ff.   4284 mehr, ich
schlafe ein. *H*   (schlägt — Fiedel) fehlt *H*   4284—4286

Ist dieß
Das Lied, das in Bechlarn dem alten Dietrich
So in die Beine fuhr? Auch mir gefällt's! 480 *H*

Vierter Act.

Erste Scene. herum, Einige am Boden kauernd. *h* in *Th*   4296
wenn ein Pferdehuf es trat! *h* in *Th* wenn's ein Huf zerspaltete. *H*
4299 zu] zum *H h* in *Th*   vor 4300 (gleichgültig) fehlt *H* (ohne
Aufmerksamkeit) *h* in *Th*   4303 Hagen (etwas aufmerksamer) *h* in *Th*
4304 fehlt *H Th*   4308 (immer aufmerksamer) fehlt *H* (gespannt) *h* in *Th*
vor 4323 wild fehlt *H Th*   4327 ist über wird *H*   vor 4328
(immer wilder) fehlt *H Th*   4329 Auf Erden über Vollkommen *H*
4335 zuerst Verhängt in ihrer Wuth *H*

Dritte Scene. angeregt durch *L* 1710 ff.   4347 f. vgl.
L 1718.   4349 ff. vgl. *L* 1719 ff.   4351—4354 fehlt *H Th*
4352 vgl. *L* 1721 ein edler Jaspis, grüner als das Gras.   4358
gezecht] gespeis't *H Th*   4369 (als — Quell — später zugesetzt *H*
h in *Th*   4371 Ob] Wie *H*   4377 f. vgl. *L* 1787.   4383 ff.
erinnert an *L* 1961 ff.   4387 f. bleibt — ist!] wird Das Körnchen
drum nicht größer. *H Th* Lemma hergestellt *H*   4390 [Als
Wind] Ich *H*   4392 Schlachten über Kriegen *H*   4407 zuerst
können Etzels Schlachten=Sand *H*   4411 fehlt *H* zugesetzt *h* in *Th*
4412 man — Musik,] hab' Dank! Nun weiß ich doch, *H Th* Lemma
h in *Th*   4414 siehst] weißt *H Th*   4421—4423 fehlt *H* zugesetzt *h* in *Th*   4429 aus Eines von dem Weiben glückt uns
schon. *H Th* corrigiert *h* in *Th*

Vierte Scene. 4433 zuerst stehst in Waffen da *H*   4439 f.
ich weiter. Gerenot Und Giselher *H Th*   4442 Euch zeiht er
nimmer der Genossenschaft. *H Th*   vor 4446 mit — Schwertern fehlt
H Th   4471 Helden] Opfer *H Th* Lemma *h* in *Th*   vor 4474
(zu Gunther) fehlt *H Th*   4475 zuerst darfst nicht mehr von Deiner
Jugend sprechen, *H*   vor 4476 (zu — Gerenot) fehlt *H Th*   4494
zuerst Dein scharfes Zungenspiel *H*   4496 daneben 2. [200] *H*
4510 später zugesetzt *H*   4515 Haupt den Weg *H Th*   4516
würd'] werd' *H Th*

Fünfte Scene. 4518 f. vgl. *L* 1791 Nun traget, statt der Rosen, die Waffen in der Hand.   4522 Sohn,] Freund, *H*   4525 f. fehlen *H* zugesetzt *h* in *Th*

Sechste Scene. 4536—4539 am Rand zugesetzt *H* vgl. dazu Tgb. vom 6. Juli 1856 (II S. 430) den Hexameter: Nicht sein Herz zu entblößen, ist die Keuschheit des Mannes. und Brief vom 13. Juli 1856 (Bw. II S. 439): die Keuschheit des Mannes besteht darin, daß er sein Herz verhüllt.   nach 4539 (folgen den Uebrigen) *H Th* am Rand zugesetzt Hagen. So wach' ich über ihn, wie seine Braut. *h* in *Th*   4540—4604 fehlen *H Th* über diesen Zusatz vgl Bw. II S. 78

Neunte Scene. 4615—4619 Seid — Rüdeger) am Rand zugesetzt *H* auf einem Zettel *h* in *Th* lauten zuerst

> Seid tapfer! Wißt, die Welt ist zweimal da,
> Einmal in Koth, einmal in Gold, und die
> Ist Euer, wenn Ihr nur den Schlüssel holt.
> <div align="center">(zu Rüdeger) <i>Th</i></div>

4616—4618 und — Gruppen.) Nun haltet Euch bereit! *H* und bleiben Tausend übrig Von Euch, so sind's auch tausend Könige. *h* in *Th* 4625—4630

> Wie! Komm' ich selbst denn nicht zurück nach Haus,
> Daß ich lebendig und mit eigner Hand
> Von meinem Haupt das letzte Angedenken
> Für Weib und Kind herunter schneiden soll?
> Das thut bei uns die Liebe an dem Todten,
> Wenn er im Sarge liegt.

Kriemhild.

So mein' ich's nicht. H Th

4652 Denn [über Und] grause Dinge stehen vor der Thür. *H Th*

Zehnte Scene. 4666 Eher [stehle] [werfe] *H*   werf' ich] werfe *H Th* Lemma corrigiert *H*   4667 Des — Schild] unter Ich Hagen seinen Schild *H* Ich Hagens Schild *Th*

Eilfte Scene. (zu den Nibelungen, die inzwischen aufgetreten sind) *H Th*   4667 Recken, [seyd Ihr] *H*   neben 4668 steht 3. [= 300] *H*   4669 später zugesetzt *H* vgl *L* 1788.   4670 ff. vgl. *L* 1822 ff.   4676 die [Antwort] *H*   braucht,] zeigt, *H*   4677 Doch! (zu Hagen) *H Th* vgl. *L* 1827.   1678 ff. vgl. *L* 1830 f.

Zwölfte Scene. mit — auf] mit den Königen auf *H* mit der Königin
auf *Th* 4649 ff. vgl. *L* 1831 ff.   4679 gleich gestreckt! über aus
der Hand! *H*   4684 ff. vgl. *L* 1801:   4691 fehlt *Th*

Dreizehnte Scene. während dem fehlt *H*   4698 ff. vgl.
L 1812.   4700 ff. vgl. *L* 1814 f.   4703—4714 lauten in *H Th*

Was habt Ihr mir gelobt?

Rüdeger.

Dir jeden Dienst
Zu leisten, den Du fordern wirst von mir.

Kriemhild.

Hast Du das bloß in Deinem eig'nen Namen
Geschworen, oder —

Etzel.

Nein, in meinem auch.

Kriemhild.

*5 Wohlan [über Nun denn *H*] so bringt mir Hagen Tronjes
Haupt.

Etzel.

Ich werd' es thun, wenn er Dir nicht das meine
Zu Füßen [wirft] legt. *H Th* dafür stehen auf eingeklebtem
Zettel 4703—4706 und

Kriemhild.

So seyd Ihr mir denn Beide gleich verpfändet?

Etzel.

Was fragst Du noch? Befiehl, wir sind bereit! *h* in *Th.*
woran sich die Verse *5—*7 von *Th* Kriemhild. Wohlan — legt.
schliessen   4719 f. fehlen *H* am Rand zugesetzt *h* in *Th*   nach
4725 später zugesetzt *H*

Vierzehnte Scene. 4727 Brecher und über ewigen *H*   4733
Dir [jetzt] *H*   4741 Euer über Christi *H*   4762 wenn's sich
H Th   4768 [spürt] fühlt, *H*   4774 f. Für all Dein Leid, nur
müssen sie von hier *H Th*   4774—4776 auf eingeklebtem Zettel
h in *Th*   4777 daneben 4. [= 400] *H*   4784 was] das *H*
4789 das über ein *H*

Funfzehnte Scene. 4796—4806 auf eingeklebtem Zettel
h in *Th* für

Krieg! Was soll mir der Krieg! Der Drache sitzt
Im Loch: Du willst ihn wieder laufen lassen,
Als hätt' er Rechte, wie ein edles Thier?
Nein, keine Jagd! Er könnte Dir entkommen,
Denn er ist flink. Hier heißt es: Mord um Mord,
Und wenn Du Dich nicht eher regen willst,
Als bis er Dich gestochen hat, wie mich,
So soll er's thun, Du hast [ein Weib, *H*] ein Kind! Ein
        Kind! [Du hast ein Weib, ein Kind! *Th*]
      (folgt) *H Th*

4806 Ja — thun!] Du hast ein Kind! Ein Kind! *h* in *Th*

Siebzehnte Scene. Großer Saal. (Banquett. Die Nibelungen.
Dietrich, Thüring und Rüdeger. Zahlreiches Gefolge.) *H Th*   4809—
4852 fehlen *H Th*

Achtzehnte Scene. 4853 fehlt *H Th*   4856 erblickt über
gesehen *H*

Neunzehnte Scene. 4862 f. vgl. *L* 1835, 5—12.   4865
meine [Mannen?] *H*   4880 ff. vgl. Tgb vom Frühjahr 1856
(II S. 429): Jener römische Consul, der seinen Soldaten gebot, die
griechischen Statuen nicht zu zerbrechen, weil sie sie sonst wieder machen
lassen müßten, sprach ein prophetisches Wort aus. Denn allerdings muß
der Barbar das Buch, das er zerreißt u. s. w. wieder schreiben, freilich
erst nach Jahrhunderten.   4884 warf — hinein. über steckte Alles
an. *H*

Einundzwanzigste Scene. 4911 ff. Das Motiv notierte
sich Hebbel schon im October oder November 1836 aus Tiecks
„Dichterleben" (1. Teil) im Tgb. I S. 35 (ungedruckt) für eine
Tragödie vgl. Bd. 5.   4915 vgl. Tgb. vom November 1862
(II S 519): Die Gegner des christlichen Princips, die es aus Gründen
der Schönheit sind, wie H. Heine, sollten sich doch fragen, ob denn die
Welt der Resignation, der freudigen Entsagung, nicht ihre eigenthümliche
Schönheit habe und ob sie diese auslöschen mögten.   4925 daneben
5. [500] *H*   nach 4932 welcher] der *H*

Zweiundzwanzigste Scene. vgl. *L* 1849 f. nur heisst
der Knabe in *L* Ortlieb.   4936 auf — Kirschen] es sein Lebtag
[über sein Leben] Apfel *H Th* Lemma *h* in *Th*   4938 f. vgl. *L*
1851 f.   4941 f. vgl. *L* 1855.

D r e i u n d z w a n z i g s t e S c e n e. 4950 ff. vgl. *L* 1888 ff.
bezeichnet h 4951 so [schön] *H* gut?] sehr? *Th* 4952 vgl.
L 1897. vor 4956 Hagen (lehnt sich über Dtnit) *H Th* Du —
Blut! über Wie siehst Du aus? *H* 4956 f. vgl. *L* 1892 f.
4959 Helft! fehlt *H Th* vgl. *L* 1857. 1898. 1894. 4960 vgl.
L 1914 ff. nach 4960 die beiden *H* 4962 vgl. *L* 1932.
4977 daneben 550. *H*

Fünfter Act.

mit] von *H Th*

Z w e i t e S c e n e. 4988 wohl] jetzt [über hier] *H* jetzt *Th*

D r i t t e S c e n e. 4996 vgl. *L* 2052 f. 4998 Faß [und
wenn's nicht sprudelt So sickert's doch gewiß.] *H Th* 4999
(deutet — dort] später zugesetzt *H* 5000 ff. vgl. *L* 2057, 5
5001 Mauerrand *H Th* 5002 fehlt *H Th* 5004 f. vgl. *L* 1995.

V i e r t e S c e n e. 5006 von Dankwart berichtet *L* 1881.
5009 Denn tausend [über alle] Eurer Speere *H Th*

F ü n f t e S c e n e. 5012 mehr] eher *E* 5013 treu — bleiben,
über ihm zu dienen, *H* 5014 bloßem [Opfer] Drang des Herzens
H Th 5016—5047 auf bes. Blatt *h* in *Th* 5017 im Gehor=
sam] in der Demuth *H h* in *Th* 5019 f. dafür

> Ihr spracht: ich geh' an König Etzels Hof
> Und will ihm sieben Jahre lang gehorchen,
> Dann aber, das erklär' ich hier vor Euch,
> Die abgelegte Krone wieder tragen.
> Ereilt der Tod Euch, so betracht' ich sie,
> Als hätt' ich sie verwirkt, doch wenn er Euch
> Verschont, so ruf' ich Euch zur rechten Stunde
> Und Ihr bekräftigt, was ich jetzt gesagt.

> **Dietrich.**
> Das wird gescheh'n, doch diese Stunde ist
> •10 Noch nicht gekommen.

> **Hildebrant.**
> Herr, verschiebt es nicht.
> Sie können heut' den treuen Mund noch öffnen,
> Wer weiß, ob's morgen auch noch möglich ist. *H*

5022—5027 Das — Schulter) fehlt *H*   5032f. am Rande zugesetzt
H   5034 zöge ab über kündigte *H*   5039 könnte:] kann: *H*
5047 tapfre über edle *H*

Sechste Scene. 5051 ben Todtenwinkel über die Seite *H*   5057
später zugesetzt *H*   die — mit. unter so Mancher mehr — *H*
5074 daneben 1. [100] *H*   5080 und — Welt.] zuerst damit er
weiter geht. dann So thut denn Eure Pflicht. dann Lemma *H*

Siebente Scene. 5082f. vgl. *L* 2033.   5083 Euch. *H*
5083—5085 und — Feuer! fehlt *H Th*   5085 Der] Da kommt
der *H Th*

Achte Scene. nach 5100

    Und einzeln abzuthun. Da dieser Plan
    Mißlang, obgleich sie Dich genug geschwächt, *H Th*

5101 Die — kamen.] Nun [über So] mögten sie in's Weite. *H Th*
vgl. *L* 2227.

Neunte Scene. diese Scene nach *L* 2075 ff. *bezeichnet h*
nach 5109

    Und brauch' nicht einmal meine guten Zähne,
    Wie der, wenn ich was And'res beißen soll? gestrichen *H*
                                               ungestrichen *Th*
5116 uns [gebracht] *H*   5137 mich? *H Th*   5137 f. wenn —
niederlege? fehlt *H Th*   5138 Was? — fehlt *H Th*   5138—
5141 Dein — will. auf Zettel *h* in *Th*   5139—5141

    Du schwurst am Rhein, mir jeden Dienst zu leisten,
    Nun, ich verlange den, und das sogleich. *H Th*

5154 ründete, *H*   nach 5159

    Wie Du den Feind nur an der Waffe kennst,
    So mußt Du auch die Waffe mit ihm theilen,
    Da bleibt Dir keine Wahl, Du triffst ihn nur
    Durch das, wodurch er Dich zu treffen glaubt. am Rande
zugesetzt, aber wieder gestrichen *H* gestrichen *Th*   5163 die
Donaugränze] am Rhein die Gränze *H Th* Lemma *h* in *Th*   5175
daneben 2. [200] *H*   5186 Und über Denn *H*   5196 trat,
über kam, *H*   5200 Korb: wie über Ofen: *H*   5201 folgte!
über käme? *H*   5209 ich es *H Th*   und [die Hand] *H*

Zehnte Scene. nach *L* 2037 ff. *bezeichnet h*   5223—
5225   daß sie ihre Brut
    Nicht auch begraben muß.

Giselher.

Wir sind noch mehr. H Th
5225 Du — mahnen? fehlt H   5228 [Horch] Mich H

E i l f t e S c e n e. 5241 dicht zusammen knäueln sollte geändert
werden in einander knäueln dann dicht und fest verknäueln H dicht
und fest verknäueln Th Lemma h in Th   5242 darnach gestrichen

Gleichviel! Wenn sie die Rolle der zusammen=
Gewachsnen Drillinge, die sich zerkratzten
Und doch vertheidigten, zu Ende [bringen] spielen,
So ändert's Nichts. Der Mörder... H Th

5243 grimm'ge] blut'ge Th   5249—5260 lauten in H Th [Es
fehlt die von h in Th erwähnte Beilage mit der neuen Lesung]:

Etzel.

Ich könnte Maurer rufen und die Thür
Mit Kalk und Steinen stopfen, Vipern schleudern:
Ich thu's nicht, weil Herr Dietrich für sie bat.
Nun aber rüste Dich und dann hinein,
Sonst geh' ich selbst. Ich will das Ende sehn!

5261 zuerst Ein Leib, wie dieß, hat noch kein Mensch getragen, H
5269 f. vgl. L 2019 bezeichnet h 2051.   neben 5280 steht 3 [300]
H   5300 hin,] Dir, H Th   nach 5311

Ich kann's Dir nicht ersparen und ich bleibe
Auch Dir noch in den Qualen weit voran. H gestrichen Th

5317 Und [ich ihn] H   um mich am Rand zugesetzt H
5318 Bis ihn der König mit H Th   5327 [soll] muß. H   5330
doch über jetzt H   5337 Euch [auch] H   5346 (der — sprach)
fehlt H Th   5348 zuerst Daß ich's auf's Neue bis zum Tod be=
schwur. H   5349 später zugesetzt H   5353 ff. vgl. L 2101
bezeichnet h

Z w ö l f t e S c e n e. Diese Scene nach L 2108 ff. bezeichnet h
wie — emporsteigt fehlt H Th   5359 vgl. L 2137 bezeichnet h
zuerst sollst Du würgen, was Du liebst. H   5364 vgl. L 1633 ff.
5371 ff. vgl. L 2131 ff.   5372 [darf] soll's H

D r e i z e h n t e S c e n e. 5376 ballt — Kriemhild fehlt H Th
Du, Du!] O weh'! H Th   neben 5378 steht 4. [400] H   5379 ff.
vgl. L 2112. 2242.   5380 wo] wenn H Th   5384 f. fehlt
H Th   5386 Der Schnitter] Jetzt hält er H Th   5395—5399
gestrichen, dafür Zettel h in Th

Hildebrand.

Jetzt wischen sie die Augen, schütteln sich,
　Wie Taucher, küssen sich — — Genug, genug —
nach 5399 (wendet sich) *H Th*　　5400—5406 fehlen *H Th*　　5407
Wer mehr verlangt, der schaue selbst hinein! *H Th*　　5408 Kriem=
hild (steigt empor). *H Th*　　nun] jetzt *H Th*　　vor 5409 Hagen
(ruft herunter, wie sie *H Th*　　vor 5410 reicht] hält *H*　　5411 mir!
Ich bin der Letzte erst. *H Th*

　　Vierzehnte Scene. vgl. *L* 2290. 2297.　　5417 [Diet=
rich] Gunther. *H*　　5424 ff. vgl. *L* 2304 ff.　　5432 tritt] hintt *H*
5440 nickt] winkt *E*　　5444 vgl. *L* 2306 f.　　5448 Dann — Dienst!]
So nimm denn auch [über gleich] den Lohn, der Dir gebührt. *H Th*
Lemma *h* in *Th* vgl. *L* 2309 f.　　ohne — wehrt fehlt *H Th*　　5449
vgl. *L* 2313.　　5451—5456 citiert Hebbel am 20. Juli 1860 im
Uechtritz (Bw. II S. 272) = *H*ᵃ　　5452 Doch — mich,] ich vermag
es nicht — *H*ᵃ　　5453 kann *H*ᵃ　　5456 daneben 470. *H*

Anhang.

Nibelungen-Brocken.

1—8 Im Tgb. vom 7. März 1860 (II S. 481) erhalten.   4f. vgl. zu 615 ff.   6 ff. vgl. Tgb. vom April 1860 (II S. 484): Das Thier war der Lehrer des Menschen. Dafür dressirt der Mensch das Thier. und das am 25. April 1860 entstandene Gedicht „Auf das Thier".

Über

Karl Söhle

Musikantengeschichten

Gebunden M. 3.50

urteilt Ferdinand Avenarius im Kunstwart:

Was mich an Karl Söhles „Musikantengeschichten" entzückt, das ist die kerngesunde Ursprünglichkeit dieses Talents. Wir werden in die Lüneburger Heide geführt, in eine Gegend unweit des malerberühmten Worpswede, wo Söhle einst selbst Dorfschulmeister gewesen ist, bis gute Leute das Musikertalent in ihm ausbilden lassen wollten, das sich jetzt von seinem Poetentalente überflügelt sieht. So hören wir denn davon, wie in dem jungen Lehrer im Heidedörfchen Frau Musika gegen die pädagogischen Pflichten zu rebellieren beginnt, wie er in einem Zeitungsblatt, vom Konzerte des berühmten Bülow liest, wie er sich aufmacht, die große Stadt zu erreichen, wie die „Eroica" über seine Seele hinbraust, wie er die Nacht durch heimwärts wandert und im Morgenjubel der Vögel Trost und Hoffnungszuspruch findet. Und von des alten Kantor Konring Orgelweihe lesen wir, und vom Amtsgerichtsrat im Städtchen, wesmaßen und wie er dem ehemaligen Stabstrompeter und späteren Cellisten Hackert, diesem schlichten Edelmenschen, das neue Violoncello schenkt, und von Hanjochen, der an der neuen Organisation des Hahnebütteler Schützenkorps, aber auch noch an anderem, zu Grunde geht, und von Wilhelm Bolte, dem Bierzapf zu Strulleborn, der ein erhabener Heldentenor wird. Von dem allen lesen wir? Nein, das alles sehen und hören wir, denn um unsern Söhle leben sie alle leibhaftig, die Gestalten, und so sind auch wir mitten unter ihnen, wenn wir auch nur zu ihnen treten... Ihr Musiker unter unseren Lesern, wollt ihr einen hören, der euer Leiden und Freuden im Innersten mitmacht? Geht zu Söhle. Ihr Bauernfreunde, wollt ihr wieder den norddeutschen Bauer sehen, ganz echt, wie er ist? Geht zu Söhle Ihr Naturfreunde, wollt ihr wieder mal ein großes Kinder-, d. h. ein echtes Künstlerherz belauschen, wie sichs an Heide und Vogelgesang erfreut? Ihr Freunde des Humors, des keuschen, der im Dämmerdunkel des Herzens wohnt, nicht bei dem hellen Licht im Kopfe sucht ihr etwas für euch? Ihr Freunde der deutschen Art, der ehrlichen kernigen, die ihr gern aus dem internationalen Litteratensalon heim in die Gotteswelt wollt, fragt ihr, wohin? Geht zu Söhle. In all euren Namen darf ich ihm Gruß und Handschlag bieten im deutschen Schrifttum: nun laßt euch's wohl sein bei den Poeten, Herr Musikant, und bleibt bei ihnen!

Ähnlich begeistert lauten die Urteile über:

Karl Söhle.

Musikanten und Sonderlinge.

Neue Musikantengeschichten.

Gebunden M. 3.50 (auch geheftet für M. 2.50).

Tägliche Rundschau. Mögen recht viele zu dem neuen Buche Söhles greifen; es ist eine richtige Sommer= freude, voll Sonnenscheins und jubilierenden Frohsinns.

Bayreuther Blätter. Auf den ersten Band der köstlichen Musikantengeschichten haben wir schon mehrfach hingewiesen. In diesem Bande begegnen uns dieselben urwüchsigen und derb lebensvollen niedersächsischen Winkelgestalten, aber in ihr stilles oder auch recht buntes Musiktreiben hinein bringt hier schon mitunter der erst so fremdartige und doch urverwandte Klang der „neuen Kunst" von Bayreuth.

Leipziger Zeitung. Meisterstücke der Heimatkunst.

Österreichische Schul=Zeitung. . . . . gehet also hin, Lehrer= und Musikkollegen, suchet die Bekanntschaft dieses ganz einzigen Dichters! Ihr werdet es uns danken und den zwei Bänden einen Ehrenplatz in eurer Bücherei anweisen.

Beide Bände erschienen in B. Behr's Verlag (E. Bock).